Waters / Die Konzilien in Australien (1842–1917)

KONZILIENGESCHICHTE

Herausgegeben von
WALTER BRANDMÜLLER

Reihe A: Darstellungen

Ian Benjamin Waters

Die Konzilien in Australien

1842 – 1917

1994

FERDINAND SCHÖNINGH

PADERBORN · MÜNCHEN · WIEN · ZÜRICH

Aus dem Englischen übersetzt von Berthold Janker M. A.

Die Deutsche Bibliothek – CIP-Einheitsaufnahme

Waters, Ian Benjamin:
Die Konzilien in Australien: 1842–1917 / Ian Benjamin Waters. [Aus dem Engl. übers. von Berthold Janker]. – Paderborn; München; Wien; Zürich: Schöningh, 1994
(Konziliengeschichte: Reihe A, Darstellungen)
ISBN 3-506-74696-0

Gedruckt auf umweltfreundlichem, chlorfrei gebleichtem Papier

Printed in Germany. Herstellung: Ferdinand Schöningh, Paderborn

ISBN 3-506-74696-0

Inhalt

Vorbemerkung VII

Quellen und Literatur IX

Abkürzungen XXVII

Einleitung 1

I. Historischer Hintergrund 7

1. Frühe Missionarische Aktivitäten in Neu Holland 7
2. Das Apostolische Vikariat Neuholland und Van Dieman's Land 11
3. Die Errichtung der Hierarchie im Jahre 1842 12
4. Die Errichtung weiterer Diözesen und Provinzen 14
5. Synoden werden abgehalten 17

II. Die sechs australischen Synoden 27

1. Die Erste Provinzialsynode von 1844 27
2. Die Zweite Provinzialsynode von 1869 33
3. Das Erste Plenarkonzil von 1885 38
4. Das Zweite Plenarkonzil von 1895 48
5. Das Dritte Plenarkonzil von 1905 55
6. Die Erste Provinzialsynode von Melbourne von 1907 62

III. Konziliare Gesetzgebung in Australien und im übrigen englischen Sprachraum. Ein themenbezogener Vergleich. 67

1. Leben und Dienst der Priester 67
   Kanoniker oder Konsultoren? 68
   Pfarrer oder ständige Rektoren? 74
   Beteiligung von Priestern bei Bischofsernennungen 83

2. Katholische Volksschulerziehung 90
3. Konfessionsverschiedene Ehen 108
4. Kirchendisziplin 117
Reservierte Sünden 118
Kanonische Strafen 122
5. Verwaltung von Kirchengut 128
6. Evangelisierung der Eingeborenen 133

IV. Die übergreifende Bedeutung der Synoden und Konzilien . 139

1. Der Beitrag der Synoden zum Fortschritt der Kirche 139
Priester und bischöfliche Pastoral 139
Eintracht durch einheitliche Gesetzgebung 142
Ausbau der Diözesanstrukturen 146
Einheitliche Position zu Erziehung und konfessionsverschiedenen Ehen. 148
Hirtenbriefe 150
2. Vergleich mit anderen Ortskirchen: Übereinstimmungen und Unterschiede 153
Leben und Dienst der Priester 153
Katholische Volksschulerziehung 154
Konfessionsverschiedene Ehen 155
Kirchendisziplin 156
Kirchengüter 156
Mission bei den Eingeborenen 157
Die Quellen für die australische Gesetzgebung 157

V. Zusammenfassung und Ausblick 161

VI. Anhang

1. Chronologische Entwicklung der Diözesen Australiens ... 171
2. Vergleich der Originalversionen (=O) mit den korrigierten Fassungen (=K) der Dekrettexte zu Diözesankonsultoren . 174
3. Provinzialsynoden und Plenarkonzilien des 19. und 20. Jahrhunderts in Großbritannien, Irland und Nordamerika . 176

Register 181

Vorbemerkung

Der Verfasser ist dem Erzbischof von Melbourne, M. Rev. T.F. Little, zu besonderem Dank verpflichtet, nicht nur, weil er ihn diese Studien zur Erlangung der Doktorwürde durchführen ließ, sondern auch für seine beständige Unterstützung und Ermunterung.

Dank gebührt auch meiner Mutter, meiner Familie und meinen Freunden, die mir während der Studienzeit liebevolle Unterstützung erwiesen.

Besonders dankt der Verfasser auch den Mitgliedern der Abteilung für Kirchenrecht der Universität Saint Paul, insbesondere dem Dekan, Rev. Jean Thorn, und dem Direktor für Dissertationen, Professor Michel Thériault.

Quellen und Literatur

A. Quellen

Archivalien

Archivio della Sacra Congregazione de Propaganda Fide, Rom

Acta della Sacra Congregazione de Propaganda Fide, 1847-1918,
Bde. 210 (1847), 213 (1851), 218 (1854), 228 (1864), 229 (1865), 238 (1872), 241 (1874), 257 (18879, 264 (1894), 265 (1895), 271 (1900), 277 (1905), 278 (1905), 285 (1912, 286 (19139, 288 (1916), 289 (1917-1918)

Lettere e decreti della Sacra Congregazione e Biglietti di Monsignor Segretario,
Bde. 300 (1819), 343 (1852), 369 (1873), 370 (1874), 373 (1877), 378 (1882), 381 (1885), 386 (1890)

Nuova serie,
Bde. 34 (1894), 51 (1894), 146 (1898), 170 (1899), 178 (1900), 195 (1900), 216 (1901), 334 (1905), 464 (1908), 471 (1909), 512 (1912)

Scritture originali riferite nelle Congregazioni Generali,
Bde. 969 (1847), 981 (1856), 991 (1864), 1018 (1883), 1026 (1887)

Scritture riferite nei Congressi - Oceania,
Bde. 1 (1816-1841), 6 (1858-1860), 7 (1861-1864), 10 (1873-1876), 11 (1877-1878), 14 (1882-1884), 17 (1890-1892)

Udienze di Nostro Signore,
Bde. 42 (1804), 50 (1812), 54 (1816), 96 (1842), 106 (1847), 228 (1888), 241 (1891), 250 (1892)

Irish College Archives, Rom

- Kelly Korrespondenz
- Moran-Kirby Letters
- Neue Sammlung - Kirby

Maitland Diocesan Archives

- Korrespondenz des Bischofs Dwyer
- Korrespondenz des Bischofs Murray

Melbourne Diocesan Historical Commission Archives

- Tagebücher des Erzbischofs Goold
- Carr Korrespondenz
- Goold Korrespondenz
- Hierarchy file
- Holy See file

Scottish National Catholic Archives

- Sektion ED4 (William Smith Period): Nrn 68-80

Sydney Archdiocesan Archives

- Moran Papers: Bde. 5, 88, 91, 152, 197, 217, 230
- The Morning Chronicle, 1844
- Polding Papiere
- Synodal Matters file = Ordner: Synodenangelegenheiten

Westminster Diocesan Archives

- Dokumentation der Provinzialsynoden von Westminster

Gedruckte Quellen

1. Allgemeine Quellen

Acta Apostolicae Sedis: Commentarium officiale, Romae 1909-1928, Civitate Vaticana, Typis Polyglottis Vaticanis, 1929 ff.

Acta Sanctae Sedis, Romae, ex Tipographia polyglotta S.C. de propaganda fide, 1865-1909, 41 Bde.

Annuario pontificio per l'anno [. . .], Roma, Tipographia polyglotta vaticana [etc.], 1716 ff, nicht erschienen von 1798 bis1817 und 1870 bis 1872, Titel variiert.

W.M. Brady, The Episcopal Succession in England, Scotland and Ireland, A.D. 1400 to 1875, with a new Introduction by A.F. Allison, Rom 1876-1877; rpt., 3 Bde., Westmead/England 1971.

Caeremoniale episcoporum Clementis VIII, Innocentii X et Benedicti XIII jussu editum, Benedicti XIV et Leonis XIII auctoritate recognitum, ed. 1a post typicam, Ratisbonae 1902.

Caeremoniale episcoporum ex decreto Sacrosancti Oecumenici Concilii Vaticani II instauratum auctoritate Ioannis Pauli Pp. II promulgatum, editio typica, Typis Polyglottis Vaticanis, 1985.

Canon Law Digest: Officially published documents affecting the Code of Canon Law, Bde. 1-6, Milwaukee 1934-1969; Canon Law Digest - Chicago Province S.J., Bde. 7-10, Chicago 1975-1986.

The Code of Canon Law in English Translation, prepared by the Canon Law Society of Great Britain and Ireland in association with the Canon Law Society of Australia and New Zealand and the Canadian Canon Law Society, Sydney 1983.

Code of Canon Law, Latin-English Edition, Canon Law Society of America, Washington/D.C. 1983.

Codex iuris canonici auctoritate Ioannis Pauli II promulgatus, Città del Vaticano 1983.

Codex iuris canonici Pii X Pontificis Maximi iussu digestus, Benedicti Papae XV auctoritate promulgatus, praefatione, fontium annotatione et indice analytico-alphabetico ab E.mo Petro Card. Gasparri auctus, New York 1918.

Collectanea S. Congregationis de Propaganda Fide, seu decreta, instructiones, rescripta pro apostolicis missionaribus, Romae, Typographia polyglotta S.C. de Propaganda Fide, 1893; 21907.

Denzinger - Schönmetzer: Enchiridion symbolorum definitionum et declarationum de rebus fidei et morum, ed. H. Denzinger - A. Schönmetzer, Barcinone 36·1976.

Eubel: Hierarchia catholica medii et recentioris aevi; sive, Summorum Pontificum, S.R.E. cardinalium, ecclesiarum antistitum series e documentis tabularii praesertim Vaticani collecta, digesta, ed. C. Eubel et al., 8 Bde. bisher erschienen, Patavii 1913 ff.

Gasparri - Serédi: Codicis iuris canonici fontes, vol. 1-9, ed. P. Gasparri - J. Serédi, Romae, Typis Polyglottis Vaticanis, 1926-1939.

Iuris pontificii de propaganda fide pars prima, complectens bullas, brevia, acta S.S., a Congregationis institutione ad praesens iuxta temporis seriem disposita auspice E.mo ac R.mo D.no S.R.E. Cardinale Ioanni Simeoni, S.C. de Propaganda Fide praefecto, cura et studio Raphaelis de Martinis eiusdem Cong. consult. et Congregationis Missionis sacerdotis, etc., 8 Bde., Romae, ex Typographia polyglotta S.C. de Propaganda Fide, 1888-1909.

Iuris pontificii de propaganda fide pars secunda, complectens decreta, instructiones, encyclicas, litteras, etc. ab eadem Congregatione latae auspice E.mo ac R.mo D.no S.R.E. Cardinali Miecislao Ledóchowski, S.C. de Propaganda Fide praefecto nunc primum collecta cura ac studio Raphaelis de Martinis, archiepiscopi tit. Laodicensis eiusdem Cong. consult. et Congr. Missionis procurat. g. etc., Romae, ex Typographia polyglotta S.C. de Propaganda Fide, 1909.

„Constitutio ‚Romanos Pontifices', qua nonulla controversiarum capita inter episcopos et missionarios regulares Angliae et Scotiae definiuntur", die 8a maji 1881, in: Acta Sanctae Sedis 13 (1880-1881) 481-498.

Leonis XIII Pontificis Maximi Acta, vol. 1-23, Romae, Typographia Vaticana, 1881-1905.

Dizionario dei concili, vol. 1-6, ed. P. Palazzini, Roma 1963-1967.

Pii IX Pontificis Maximi Acta, pars prima, Acta exhibens quae ad Ecclesiam universam spectant, vol. 1-7, Romae 1854-1878.

Pontificale Romanum in tres partes distributum, Clementis VIII ac Urbani VIII auctoritate recognitum, nunc primum prolegomenis et commentariis illustratum, auctore Iosepho Catelano, nova editio recognita et novis commentariis et annotationibus locupletata, accurante aliquo sacrorum rituum cultore, vol. 1-3, Paris 1850-1852.

Pontificia Commissio Codici Iuris Canonici Recognoscendo, Communicationes, Città del Vaticano 1969 ff.

–, Schema canonum libri II de populo Dei, Città del Vaticano 1977.

Praxis synodalis: manuale synodi dioecesanae ac provincialis celebrandae, New York (Benziger Bros.) 1883.

G. Rommerskirchen – S.M. Paventi: Elenco bibliografico dei sinodi e concili missionari, in: Bibliografia missionaria 9 (1942) 51-164.

J.T. Sawicki, Bibliographia synodorum particularium, Civitate Vaticana, S.C. de Seminariis et Studiorum Universitatibus, 1967.

2. Allgemeine Quellen zu Konzilien

Acta et decreta sacrorum conciliorum recentiorum: Collectio Lacensis, auctoribus presbyteris S.J. e domo B.V.M. sine labe Conceptae ad Lacum, vol. 1-7, Friburgi Brisgoviae 1870-1892.

Canons and Decrees of the Council of Trent, original text and English translation by H.J. Schroeder, St. Louis 1941.

Mansi = Sacrorum Conciliorum nova et amplissima collectio, ed. G.D. Mansi, vol. 1-60, Parisiis 1901-1927.

3. Australische Quellen

Acta et decreta Concilii plenarii Australasiae habiti apud Sydney A.D. 1885 a Sancta Sede recognita, Sydney 1887.

Acta et decreta Concilii plenarii Australiensis II habiti apud Sydney A.D. 1895 a Sancta Sede recognita, Sydney 1898.

Acta et decreta Concilii plenarii Australiensis III habiti apud Sydney A.D. 1905 a Sancta Sede recognita, Sydney 1907.

Acta et decreta Concilii primi provinciae Australiensis a reverendissimo archiepiscopo Sydneiensi una cum praesulibus provinciae suae suffraganeis anno Domini MDCCCXLIV pontificatus Gregorii Papae XVI decimo quarto celebrati a Sancta Sede approbata, Sydney o.J.

Acta et decreta Conciliorum primi et secundi provincialium Australiensium et synodorum primae, secundae, tertiae, quartae, quintae, et sextae, dioecesanarum Melbournensium, Melbourne 1891.

Acta et decreta Synodi provincialis Melbournensis 1ae apud Melbourne habitae 17-24 novembris 1907, Melbourne 1909.
Ceremonial for the use of the Members of the National Synod of the Australias 1885, Sydney 1885.
Ceremonial for the use of the Members of the Second National Synod of Australia 1895, Sydney 1895.
Concilium plenarium IV Australiae et Novae Zelandiae habitum apud Sydney a die 4a ad diem 12am mensis septembris anno Domini 1937 praeside Excell.mo ac Rev.mo Domine Joanne Panico archiepiscopo tit. Iustinianen. delegato apostolico, a Sancta Sede recognitum, Manly/New South Wales 1937.
Decrees of the Diocesan Synod of Sydney held at St Patrick's College Manly by His Eminence the Cardinal Archbishop the 29th day of July 1891, o.O. o.J.
J.A. Goold, The Diaries of Archbishop Goold, ed. F.D. Minogue, Melbourne 1979.
P. O'Farrell (Ed.), Documents in Australian Catholic History, vol. 1-2, London 1969.
The Pastoral Letter of the Archbishop and Bishops of the Province, assembled in the Second Provincial Council of Australia, held in St Patrick's Cathedral, Melbourne, in the Year of our Lord 1869, Melbourne 1869.
Pastoral Letter of the Archbishop and Bishops of the Province of Melbourne to the Clergy and Laity of the Province, Melbourne 1907.
Pastoral Letter of the Archbishops and Bishops of Australasia in Plenary Council assembled to the Clergy and Laity of their charge, Sydney 1886.
Pastoral Letter of the Archbishops and Bishops of Australasia in Second Plenary Council assembled 1895, Sydney 1895.
Pastoral Letter of the Cardinal Delegate, Archbishops and Bishops of the Australian Commonwealth in Plenary Council assembled, to the Clergy and Laity of their charge, Sydney 1905.
J.B. Polding, The Eye of Faith: The Pastoral Letters of John Bede Polding, ed. G. Haines – M.G. Forster – F. Brophy, Kilmore/Victoria 1981.
Prima synodus dioecesana Melbournensis habita in ecclesia Sancti Patritii diebus X et XI martii 1875, Melbourne o.J.
Proceedings of the First Australasian Catholic Congress held in St Mary's Cathedral, Sydney, 10th of September 1900, Sydney 1900.
Proceedings of the Second Australasian Catholic Congress held in the Cathedral Hall, Melbourne, October 24th to 31st 1904, Melbourne 1905.
The Proceedings of the Second Provincial Council of Australia, held in Melbourne, April 1869, together with Portraits of His Grace the Archbishop of Sydney, Metropolitan, and of the Lord Bishops of Hobart Town, Melbourne Brisbane, Bathurst, Maitland, Adelaide and Goulburn, to which is added a Report of the Déjeuner to the Catholic Hierarchy of Australia, Melbourne 1869.
Proceedings of the Third Australasian Catholic Congress held at St Mary's Cathedral, Sydney, 126h September to 3rd October 1909, Sydney 1910.
Resolutions of the Synodical Conference of the Archbishops and Bishops of Australia held in Goulburn, June 30th, and July 1st 1890, o.O. o.J.
Submission made to the Episcopal Conference by the Canon Law Society of Australia, regarding the binding force of the Decrees of the Fourth Plenary Council, 1970.

4. Britische Quellen

Acta et decreta Concilii Scotiae plenarii primi post redintegratam hierarchiam, Edinburgi 1888.
Decreta quattuor conciliorum provincialium Westmonasteriensium 1852-1873 adjectis pluribus decretis, rescriptis, aliisque documentis, editio secunda, Londini o.J.
Ordo administrandi sacramenta et alia quaedam officia peragendi ex Rituali Romano extractus nonnullis adiectis ex antiquo rituali Anglicano, Londini 1915.
The Synods in English: being the text of the four Synods of Westminster, translated into English, and arranged under headings, with numerous documents and reference by the Rev. Robert

E. Guy OSB, under the supervision of the Right Reverend Bishop Headley, OSB, with a preface by the same, Stratford-on-Avon 1886.

5. Kanadische Quellen

Acta a theologis specialiter deputatis praeparata ad futurum Concilium plenarium Canadense primum, vol. 1-3, Quebeci 1904-1905.
Acta et decreta Concilii plenarii Quebecensis primi anno Domini MCMIX, Quebeci 1912.
Acta et decreta Concilii provincialis Marianopolitani primi A.D. MDCCCXCV praeside Illmo et R.mo Eduardo Carolo Fabre, archiepiscopo Marianopolitano, Marianopoli 1901.
Acta et decreta primi Concilii provinciae Sancti Bonifacii 1889, St-Boniface 1892.
Acta et decreta primi Concilii provincialis Halifaxiensis habiti in ecclesia metropolitana S. Mariae mense Septembri MDCCCLVII, Halifaxiae 1860.
Acta et decreta primi Concilii provincialis Torontini in ecclesia metropolitana S.ti Michaelis celebrati mense septembris MDCCCLXXV a Sancta Sede revisa et recognita anno III pontificatus Leonis P.P. XIII, additis quibusdam aliorum conciliorum decretis, Toronto 1882.
Acta et decreta quinti Concilii provinciae Quebecensis in Quebecensi civitate anno Domini MDCCCLXXIII celebrati a Sancta Sede revisa et recognita, Quebeci 1875.
Acta et decreta sexti Concilii provinciae Quebecensis in Quebecensi civitate anno Domini MDCCCLXXVIII celebrati a Sancta Sede revisa et recognita, Quebeci 1882.
Acta et decreta septimi Concilii provinciae Quebecensis in Quebecensi civitate anno Domini MDCCCLXXXVI celebrati a Sancta Sede revisa et recognita, Quebeci 1888.
Appendice au Rituel romain à l'usage des provinces ecclésiastiques de Québec, Montréal, Ottawa, publié par l'ordre et avec l'approbation de NN. SS. les archevêques et évêques de ces provinces, Québec 1890.
Concilia provinciae Quebecensis I, II, III, IV in Quebecensi civitate celebrata et a Sancta Sede revisa et recognita, Quebeci 1870.
Extrait du Rituel de Québec, contenant l'administration des sacremens [sic] de baptême, de la confirmation, de pénitence, de l'Eucharistie, de l'Extrême-onction et de mariage, et aussi les bénédictions, et diverses formules d'actes, publié par l'ordre de Monseigneur l'évêque de Québec, Québec 1836.
Ier Concile plénier de Québec: procès-verbaux, commissions synodales, les pères (Typoskript), 1909.
Rituale Romanum Pauli V Pontificis Maximi iussu editum et a Benedicto XIV auctum et castigatum, cui ad usum missionariorum apostolicorum nova nunc primum accedit benedictionum et instructionum appendix, Quebeci 1870.

6. Irische Quellen

Acta et decreta Concilii plenarii episcoporum Hiberniae quod habitum est apud Maynutiam die 2 augusti et diebus sequentibus usque ad diem 15 augusti 1927, Dublini 1929.
Appendix ad Acta et decreta Concilii plenarii episcoporum Hiberniae quod habitum est apud Maynutiam die 2 augusti et diebus sequentibus usque ad diem 15 augusti 1927, Dublin 1929.
Acta et decreta Concilii provincialis Tuamensis habiti anno 1907, Dublini 1908.
Acta et decreta Synodi plenariae episcoporum Hiberniae habitae apud Maynutiam anno MDCCCLXXV, Dublini 1877.
Acta et decreta Synodi plenariae episcoporum Hiberniae habitae apud Maynutiam anno MDCCCC, Dublini 1906.
Appendix ad Acta et decireta Synodi plenariae episcoporum Hiberniae habitae apud Maynutiam anno MDCCCC, Dublini 1906.
Acta et decreta Synodi provincialis Armacanae habitae apud Armacham an. MDCCCCVIII, Dublini 1911.

Acta et decreta Synodi provincialis Cassiliensis habitae anno MDCCCCVII, Dublini 1909.
Acta et decreta Synodi provincialis Dublinensis habitae apud Maynutiam an. MDCCCCVIII, Dublini 1913.
Ordo administrandi sacramenta et alia quaedam officia ecclesiastica rite peragendi ex Rituali Romano praecipue extractus et usui sacerdotum in missione Hibernica accommodatus, Dublini 1889.

7. Quellen aus den Vereinigten Staaten von Amerika

Acta et decreta Concilii plenarii Baltimorensis tertii A.D. MDCCCLXXXIV, praeside Illmo. ac Revmo. Jacobo Gibbons archiepiscopo Balt. et delegato apostolico, Baltimorae 1886.
Acta et decreta Concilii provincialis Milwaukiensis primi, A.D. MDCCCLXXXVI, praeside Ill.mo ac Rev.mo Michaele Heiss archiepiscopo Milwaukiensi, Milwaukee 1888.
Acta et decreta Concilii provincialis Neo-Eboracensis IV in ecclesia metropolitana S. Patritii Neo-Eboraci, a die XXIII ad XXX septembris, A.D. MDCCCLXXXIII, praeside Eminentissimo ac Reverendissimo Ioanne McCloskey tituli S. Mariae supra Minervam S.R. Ecclesiae presbytero cardinali et archiepiscopo Neo-Eboracensi habiti et a Sede Apostolica recogniti, Neo-Eboraci 1886.
Acta et decreta Conciliorum provinciae Oregonopolitanae annis 1848, 1881 et 1891 celebratorum, Mount Angel/Oregon 1895.
Acta et decreta quattuor Conciliorum provincialium Cincinnatensium 1855-1882 adjectis pluribus decretis rescriptis aliisque documentis, Cincinnati 1886.
Compendium Ritualis Romani ad usum dioecesum provinciae Baltimorensis, jussu Concilii provincialis Baltimorensis III, approbante SS. D.N. Gregorio, PP. XVI editum, Baltimori 1842.
Concilia provincialia Baltimori habita ab anno 1829 usque ad annum 1849, ed. altera, Baltimori 1851.
Concilii plenarii Baltimorensis II in ecclesia metropolitana Baltimorensi a die VII ad diem XXI octobris A.D. MDCCCLXVI habiti et a Sede Apostoloca recogniti acta et decreta, ed. altera mendis expurgata, Baltimorae 1880.
Concilii provincialis S. Francisci I in ecclesia metropolitana Sancti Francisci A.D. MDCCCLXXIV habiti et a Sede Apostoloca recogniti acta et decreta, Sancti Francisci 1875.
Concilii provincialis S. Francisci II in ecclesia metropolitana Sancti Francisci A.D. MDCCCLXXXII habiti et a Sede Apostoloca recogniti acta et decreta, Sancti Francisci 1883.
Concilium Cincinnatense provinciale V habitum anno 1889 a die 19 ad diem 26 maii, Cincinnati 1893.
Concilium Neo-Aurelianense provinciale tertium habitum mense januario A.D. 1873, cui addita sunt in appendice duae Constitutiones Vaticanae, epistola encyclica ‚Quanta cura' Syllabus, et formula juramenti pro ordinandis ad subdiaconatum sub titulo missionis, Neo-Aureliae 1875.
Concilium plenarium totius Americae Septentrionalis Foederatae Baltimori habitum anno 1852, Baltimori 1853.
Decreta Concilii provincialis Philadelphiensis I anno MDCCCLXXX habiti, et constitutiones dioecesanae in Synodis Philadelphiensibus annis 1832, 1842, 1847, 1853, 1855, 1857, et 1886 latae et promulgatae, Philadelphiae 1897.
P.K. Guilday (Ed.), The National Pastorals of the American Hierarchy (1792-1919), Washington/D.C. 1923.
Relatio Collationum quas Romae coram S.C. de P.F. praefecto habuerunt archiepiscopi pleresque episcopi Statuum Foederatorum Americae 1883, (in englischer Übersetzung in: „Minutes of Roman Meeting Preparatory to the III Plenary Council of Baltimore", in: The Jurist 11 (1951) 121-132, 302-312, 417-424, 538-547.

8. Sonstige Quellen

Acta et decreta Concilii Antequerensis I a die VIII decembris MDCCCXCII ad diem XII martii MDCCCXCIII Oaxacae celebrati, Romae 1894.

Acta et decreta Concilii plenarii Americae latinae in Urbe celebrati A.D. MDCCCXCIX, Romae, 1902.

Acta et decreta Concilii provincialis Durangensis primi, A.D. MDCCCXCVI Durangi celebrati, Romae 1906.

Acta et decreta Concilii provincialis Guadalaxarensis primi A.A.D.D. MDCCCXCVI et MDCCCXCVII Guadalaxarae celebrati, Romae 1905.

Acta et decreta Concilii provincialis Manilani I in urbe Manila celebrati A.D. MDCCCCVII, Romae 1910.

Acta et decreta Concilii provincialis Mechoacanensis I A.D. MDCCCXCVII Moreliae celebrati, Romae 1905.

Acta et decreta Concilii provincialisMexicani quinti celebrati A.D. MDCCCXCVI: Metropolita illustrissimo ac reverendissimo D.D. Prospero Maria Alarcon y Sanchez de la Barquera, editio secunda melius digesta et notabiliter aucta, Mexici 1899.

Acta et decreta Concilii provincialis primi Wellingtonensis habiti in ecclesia Sancti Iosephi Wellingtone in Nova Zelandia die 21 ianuarii et sequentibus usque ad diem 29 ianuarii anno 1899, Dunedin 1900.

B. Literatur

J. Ahern, The Plenary Synod of Thurles, in: Irish Ecclesiastical Record, 5th ser., 75A (1951) 385-401; 78B (1952) 1-20.

P. F. Anson, Underground Catholicism in Scotland 1622-1878, Montrose 1970.

G. Arbour, Le droit canonique particulier au Canada, Ottawa 1957.

W. L. Arnstein, Protestant versus Catholic in Mid-Victorian England: Mr. Newdegate and the Nuns, Columbia/Missouri 1982.

B. Aspinwall, The Scottish Dimension: Robert Monteith and the Origins of Modern British Catholic Social Thought, in: Downside Review 97 (1979) 46-68.

–, The Second Spring in Scotland, in: Clergy Review 66 (1981) 281-290, 312-319.

C. Augustine, A Commentary on the New Code of Canon Law, 8 Bde., St Louis 1918-1922.

A. Barin, Provisions pour l'Eglise canadienne: B. Further Developments after 1840, in: Sacrae Congregationis de Propaganda fide memoria rerum 1622-1972, hrsg. von J. Metzler, Rom 1971-1976, Bd. III/1, 749-757.

J. D. Barrett, A Comparative Study of the Councils of Baltimore and the Code of Canon Law (= Canon Law Studies no. 83), Washington/D.C. 1932.

P. C. Barry, The Holy See and Irish National Schools, in: Irish Ecclesiastical Record, 5th ser., 92 (1959) 90-105.

– The Legislation of the Synod of Thurles, 1850, in: Irish Theological Quarterly, 26 (1959) 131-166.

– The National Synod of Thurles 1850, Contemporary Accounts, in: Irish Ecclesiastical Record, 5th ser., 86B (1956) 73-82.

The Bishop's Visit ‚Ad Limina', in: American Ecclesiastical Review, 16 (Jan. – Jun. 1897) 354-360.

R. Baudier, The Catholic Church in Louisiana, New Orleans 1939.

G. A. Beck (Hrsg.), The English Catholics 1850-1950: Essays to Commemorate the Centennary of the Restoration of the Hierarchy of England and Wales, London 1950.

A. Bellesheim, History of the Catholic Church in Scotland, from the Introduction of Christianity to the present day, translated with notes and additions by O. H. Blair, 4 Bde., Edinburgh 1887-1889.

– Das Dritte Plenarconcil von Baltimore, in: Archiv für Katholisches Kirchenrecht 57 (1887) 41-88.
– Irische Plenarsynode vom Jahre 1900, in: Archiv für Katholisches Kirchenrecht 90 (1910) 424-431.
– Plenarconcil der schottischen Bischöfe in der Benediktinerabtei Fort Augustus vom 17. bis 26. August 1886, in: Archiv für Katholisches Kirchenrecht 61 (1889) 233-254.
– Plenarconcil von Australien zu Sydney vom 14. bis 29. November 1885, in: Archiv für Katholisches Kirchenrecht 60 (1888) 85-112.
– Zweites Plenarconcil von Australien vom 17. November bis 1. December 1895, in: Archiv für Katholisches Kirchenrecht 79 (1899) 151-157.
BENEDICTUS XIV, De synodo dioecesana, Prati 1844 (= Benedicti XIV, Opera omnia, Bd. 11)
D. BIRCHLEY, John McEncroe, Colonial Democrat, Manly/New South Wales 1986.
H. N. BIRT, Benedictine Pioneers in Australia, 2 Bde., London 1911.
T. P. BOLAND, James Duhig, St. Lucia/Queensland 1986.
M.-D. BOUIX, Du concile provincial; ou, Traité des questions de théologie et de droit canon qui concernent les conciles provinciaux, Paris 1850.
– Tractatus de episcopo ubi et de synodo dioecesana, 2 Bde., Paris 1873.
I. BOURGET, Cérémonial des évêques commenté et expliqué par les usages et les traditions de la sainte Eglise romaine, avec le texte latin, par un évêque suffragant de la province ecclésiastique de Québec, en Canada, anciennement appelé Nouvelle-France, Paris 1856.
D. F. BOURKE, A History of the Catholic Church in Victoria, Melbourne 1988.
– The History of the Catholic Church in Western Australia, Perth 1979.
D. BOWEN, Paul Cardinal Cullen and the Shaping of Modern Irish Catholicism, Dublin 1983.
M. BRADY, Two Penalties of the Third Plenary Council of Baltimore, in: The Jurist 22 (1962) 346-355.
A. BROWN, Charles Henry Davis OSB 1815-1854, in: Australian Catholic Record 59 (1982) 212-216.
W. BUSCH, From Other Times: The Voice of a Plenary Council, in: Orate fratres 21 (1946-1947) 452-458.
I. H. BURNS, The Foundation of the Hierarchy in Australia 1804-1854, Diss., Rom 1954.
J. A. BURNS, The Growth and Development of the Catholic School System in the United States, New York 1912.
R. BURTSELL, The Canonical Status of Priests in the United States, New York 1877.
E. C. BUTLER, The Life and Times of Bishop Ullathorne, 1806-1889, 2 Bde., New York 1926.

L. CAMPEAU, La jurisdiction ecclésiastique en Nouvelle-France avant Mgr de Laval, in: La société canadienne d'histoire de l'Eglise catholique: Sessions d'étude 39 (1972) 91-108.
E. CAMPION, Irish Religion in Australia, in: Australasian Catholic Record 55 (1978) 4-16.
S. CANNON, Irish Episcopal Meetings 1788-1882, in: Annuarium historiae conciliorum 13 (1981) 270-422.
Canonical Visitation of the Diocese, in: American Ecclesiastical Review 16 (Jan. - Jun. 1897) 489-495.
P. CAREY, An Immigrant Bishop: John England's Adaptation of Irish Catholicism to American Republicanism, Yonkers /New-York 1982.
F. P. CARROLL, The Development of Episcopal Conferences, Sydney 1965.
T. F. CASEY, The Sacred Congregation de Propaganda Fide and the Revision of the First Provincial Council of Baltimore (1829-1830), Romae 1957.
F. P. CASSIDY, Catholic Education in the Third Plenary Council of Baltimore, in: Catholic Historical Review 34 (1948-1949) 257-305, 414-436.
The Chapter ‚De Fide Catholica' in the Third Plenary Council of Baltimore, in: American Ecclesiastical Review 16 (Jan. - Jun. 1897) 147-154.
R. CHOQUETTE, L'Eglise catholique dans l'Ontario français du dix-neuvième siècle, Ottawa 1984.
– Linguistic and Ethnic Factors in the French Irish Catholic Relations in Ontario, in: Canadian Catholic Historical Association: Study Sessions 39 (1972) 35-43.

J. Cogley- R. van Allen, Catholic America, expanded and updated ed., Kansas City 1986.
A. Coleman, The Primatial See and its Cathedral, in: Irish Ecclesiastical Record, 4th ser., 7 (Jan. – Jun. 1900) 193-208.
P. W. Collins, Australias First Bishops, in: Australasian Catholic Record 64 (1987) 189-199.
K. Condon, The Missionary College of All Hallows 1842-1891, Dublin 1986.
J. F. Connelly, The Visit of Archbishop Gaetano Bedini to the United States of America (June 1853 – February 1854), Roma 1960.
S. J. Connolly, Priests and People in Pre-famine Ireland 1790-1845, New York 1982.
M. Conte a Coronata, Institutiones iuris canonici ad usum utriusque cleri et scholarum, 5 Bde., Taurini 1933-1939.
J. Cooney, Scotland and the Papacy, Edinburgh 1982.
E. Corecco, La formazione della Chiesa cattolica negli Stati Uniti d'america attraverso l'attività sinodale, con particolare riguardo al problema dell'amministrazione dei beni ecclesiastici, Brescia 1970.
P. J. Corish, The Irish Catholic Experience: A Historical Survey, Wilmington 1985.
– Cardinal Cullen and Archbishop McHale, in: Irish Ecclesiastical Record, 5th ser., 91 (1959) 393-408.
– Political Problems 1860-1870, in: A History of Irish Catholicism, ed. P. J. Corish, Bd. 5, §3, Dublin 1967.
O. Corrigan, Chronology of the Catholic Hierarchy of the United States, in: Catholic Historical Review 1 (1915-1916) 367-389; 2 (1916-1917) 127-145, 283-301; 3 (1917-1918) 22-32, 151-164.
M. Costalunga, De episcoporum conferentiis, in: Periodica 57 (1968) 217-280.
J. H. Cullen, Bishop Willson, in: Australian Catholic Record 26 (1949) 298-308; 27 (1950) 33-40, 115-129, 224-234, 317-333; 28 (1951) 31-43, 111-119, 203-211, 313-322; 29 (1952) 20-27, 117-124, 205-214, 305-316; 30 (1953) 33-43, 124-131, 204-214, 289-299; 31 (1954) 15-21.
T. P. Cunningham, Church Reorganization, in: A History of Irish Catholicism, ed. P. J. Corish, Bd. 5, §7, Dublin 1970.
– Mixed Marriages in Ireland before ‚Ne Temere' Decree, in: Irish Ecclesiastical Record, 5th ser., 101 (Jan. – Jun. 1964) 53-56.
J. H. B. Curtis, A Notice of Dr Charles Davis, Bishop of Maitland, in: Downside Review, 21 (1902) 177-183.

R. A. Dally, Bishop Murray settles into Maitland: 1867, in: Australian Catholic Record, 37 (1960) 189-201.
The Decrees of the Third Plenary Council of Baltimore, Their Object, Promulgation, and Binding Force, in: American Ecclesiastical Review 16 (Jan. – Jun. 1897) 1-10.
B. Desrochers, Le premier Concile plénier de Québec et le Code de droit canonique (= Canon Law Studies no. 152), Washington/D.C. 1942.
P. J. Dignan, A History of the Legal Incorporation of Catholic Church Property in the United States (1784-1932) (= Studies in American Church History no. 14), Washington/D.C. 1933.
G. Dole, L'assistance sociale au clergé séculier d'après le concile de Baltimore de 1884 et les influences de cette législation, in: Ephemerides iuris canonici 19 (1963) 268-308.
F. B. Donnelly, The Diocesan Synod (= Canon Law Studies no. 74), Washington/D.C. 1932.
P. Doyle, Missed Opportunities: Clerical Conferences in the Nineteenth Century, in: Downside Review 100 (1982) 263-273.
A. Drolet, L'Episcopat canadien et les bibliothèques paroissiales de 1840 à 1900, in: La Société canadienne d'Histoire de l'Eglise catholique: Sessions d'étude 49 (1982) 21-35.
E. Duggan, New Zealand, in: A History of Irish Catholicism, ed. P. J. Corish, Bd. 6, §7, Dublin 1971.
M. Durack, The Rock and the Sand, London 1969.

W. Ebsworth, Pioneer Catholic Victoria, Melbourne 1973.
J. T. Ellis, American Catholicism, Chicago 1956.

– The Life of James Cardinal Gibbons, Archbishop of Baltimore 1834-1921, 2 Bde., Milwaukee 1952.
– Perspectives in American Catholicism, Baltimore 1963.
– Australian Catholicism: An American Perspective, in: Journal of Religious History 10 (1978-1979) 313-321.
– The Centennial of the First Plenary Council of Baltimore, in: American Ecclesiastical Review 126 (Jan. – Jun. 1952) 321-350.
J. T. Ellis (Ed.), The Catholic Priest in the United States: Historical Investigations, Collegeville/Minnesota 1971.
– Documents of American Catholic History, Milwaukee 1956.
M. A. Endicott, The Augustinians in Far North Queensland 1883-1941, Brookville/New South Wales 1988.
Z. Engelhardt, The First Ecclesiastical Synod of California (March 19-23, 1852), in: Catholic Historical Review 1 (1915-1916) 30-37.
The Episcopal Office according to the Councils of Baltimore, in: American Ecclesiastical Review 16 (Jan. – Jun. 1897) 290-295.
C. Eubel, siehe R. Ritzler
G. R. Evans, Stability in the Parochial Office in the United States of America, in: The Jurist 23 (1963) 227-237.
G. Feliciani, Le Conferenze episcopali, Bologna 1974.
H. Fenning, The Three Kingdoms: England, Ireland and Scotland, in: Sacrae Congregationis de Propaganda fide memoria rerum, 1622-1972, hrsg. von J. Metzler, Rom 1971-1976, Bd. II, 604-629.
P. Fitz-Walter, Archbishop Polding and Mary: An Attempt to Ascertain the Archbishops Awareness of Mary, in: Australasian Catholic Record 54 (1977) 32-42.
G. F. Fogarty, Vatican and the Americanist Crisis: Denis J. O'Connell, American Agent in Rome, 1885-1903, Roma 1974.
– The Vatican and the American Hierarchy from 1870 to 1965, Stuttgart 1982.
– American Conciliar Legislation, Hierarchical Structure, and Priest-Bishop Tension, in: The Jurist 32 (1972) 400-409.
– The Bishops versus Religious Orders: The Suppressed Decrees of the Third Plenary Council of Baltimore, in: The Jurist 33 (1973) 384-398.
– Canon Law in American History and the History of American Canon Law, in: Proceedings of the Fiftieth Annual Convention, Baltimore, Maryland, October 10-13, 1988, Washington/D.C. 1989, 1-23.
– Church Councils in the United States and American Legal Institutions, in: Annuarium historiae conciliorum 4 (1972) 83-105.
– Diocesan Structure and Governance in the United States, in: The Ministry of Governance, hrsg. von J. K. Mallet, Washington/D.C. 1986, 21-55.
– The Historical Origin of the Excommunication of Divorced and Remarried Catholics Imposed by the Third Plenary Council of Baltimore, in: The Jurist 38 (1978) 426-433.
P. P. Ford, Cardinal Moran and the A.L.P.: A Study in the Encounter between Moran and Socialism, 1890-1907: Its Effects upon the Australian Labour Party: The Foundation of Catholic Social Thought in Modern Australia, London 1966.
M. G. Forster, The Stream in the South: Reflections on Australias monastic Heritage, Occasioned by the Sesquimillenial Celebrations to Honour the Birth of St Benedict, 480-1980, in: Australasian Catholic Record 57 (1980) 274-289.
– To Protect, to Instruct, to Make Disciples of Christ: Aborigenes, Islanders and Doctor Polding, in: Australasian Catholic Record 56 (1979) 160-175.

A. Garcia y Garcia, Episcopal Conferences in the Light of Particular Councils during the Second Millenium, in: The Jurist 48 (1988) 57-67.
J. Garrett, To live among the Stars: Christian Origins in Oceania, Suva 1982.

J.-R. GAUDIN, Les rapports entre l'Eglise et l'Etat d'après le cardinal Elzéar-Alexandre Taschereau (1820-1898), Ottawa 1972.
– L'Eglise et la politique d'après le cardinal Elzéar-Alexandre Taschereau (1820-1898), in: Studia canonica 8 (1974) 23-43.
S. GILLEY, The Roman Catholic Church and the Nineteenth Century Diaspora, in: Journal of Ecclesiastical History 35 (1984) 188-207.
E. GODIN, Etablissement de l'Eglise catholique au Nouveau-Brunswick, in: La Société canadienne d'histoire de l'Eglise catholique: Sessions d'étude 48 (1981) 37-56.
L. J. GOODY, Martin Griver, Second Catholic Bishop of Perth (1814-1886), Perth 1986.
R. GRAY, Cardinal Manning: a Biography, New York 1985.
B. F. GRIFFIN, The Provincial Councils of Portland in Oregon, Rome 1964.
J. GRISÉ, Les conciles provinciaux de Québec et l'Eglise canadienne (1851-1886), Montréal 1979.
– L'Eglise canadienne à partir de la formation de la province ecclésiastique de Québec (1844) jusqu'au cinquième Concile provinciale de Québec (1873): évolution des structures et mentalité des évêques, in: La Société canadienne d'histoire de l'Eglise catholique: Sessions d'étude 39 (1972) 9-28.
P. GURIN, Les conciles généraux et particuliers, 3 Bde., Paris 1868-1869.
P. K. GUILDAY, A History of the Councils of Baltimore (1791-1884), New York 1932.
– The American Hierarchy of 1846, in: American Ecclesiastical Review 114 (Jan. – Jun. 1946) 321-326.
– The Appointment of Father John Carroll as Prefect Apostolic of the Church in the New Republic (1783-1785), in: Catholic Historical Review 6 (1920-1921) 204-244.
D. GWYNN, A Hundred Years of Catholic Emancipation (1829-1929), London 1929.
– The Second Spring: A Study of the Catholic Revival in England, London 1944.
– Great Britain: England and Wales, in: A History of Irish Catholicism, ed. P. J. CORISH, Bd. VI, §1a, Dublin 1968.

G. HAINES, Lay Catholics and the Education Question in Nineteenth Century New South Wales: the Shaping of a Decision, Sydney 1976.
– The ‚Freemans Journal', 1857-1860: Criticism within the Catholic Church, in: Journal of Australian Catholic Historical Society 4 (1972) 80-96.
J. E. HANDLEY: Great Britain: Scotland, in: A History of Irish Catholicism, ed. P. J. CORISH, Bd. VI, §1b, Dublin 1968.
R. T. HANDY, A History of the Churches in the United States and Canada, New York 1977.
J. D. HANNAN, An American Ecclesiastical Code, in: Homiletic and Pastoral Review 43 (1943) 726-730.
J. B. HANNON, The College of Consultors and the Exercise of Ecclesial Authority, Ottawa 1986.
– Diocesan Consultors, in: Studia canonica 20 (1986) 147-179.
G. HENDERSON, Mr. Santamaria and the Bishops, Manly/New South Wales 1982.
W. HENKEL, The Final Stage of U.S.A. Church's Development under Propaganda Fide, in: Sacrae Congregationis de Propaganda fide memoria rerum, 1622-1972, ed. J. METZLER, Rom 1971-1976, Bd. III/1, 705-728.
J. J. HENNESEY, American Catholics: A History of the Roman Catholic Community in the United States, New York 1981.
– The Baltimore Conciliar Tradition, in: Annuarium historiae conciliorum 3 (1971) 71-88.
– An Eighteenth Century Bishop: John Carroll of Baltimore, in: Archivum Historiae Pontificiae 16 (1978) 171-204.
L. J. HOFFMAN, Clergy Conferences, Canon 131: A Historical Conspectus and a Canonical Commentary (= Canon Law Studies no. 383) Washington/D.C. 1957.
D. C. HOGAN, The Four Westminster Provincial Synods, in: Clergy Review 69 (1984) 444-450.
J. D. HOLMES, More Roman than Rome: English Catholicism in the Nineteenth Century, London 1978.
– „Conciliarists' versus ‚Papalians': The Victory of Ultramontanism and the Decline of Galli-

canism in England Illustrated by the Controversy over the Restoration of the Hierarchy, in: Annuarium historiae conciliorum 5 (1973) 424-436.
– English Catholicism from Wiseman to Bourne: Some Recent Research on the History of English Catholicism in the Second Half of the Nineteenth Century, in: Clergy Review 61 (1976) 107-116.
– English Ultramontanism and Clerical Education, in: Clergy Review 62 (1977) 266-278.
– Some unpublished Passages from Cardinal Wisemans Correspondence, in: Downside Review 62 (1972) 41-52.
J. Hosie, 1859, Year of Crisis in the Australian Catholic Church, in: Journal of Religious History 7 (1972-1973) 342-361.
R. Huel, The Irish-French Conflict in Catholic Episcopal Nominations: The Western Sees and the Struggle for Domination within the Church, in: Canadian Catholic Historical Association: Study Sessions 42 (1975) 51-70.

P. Jebb, The English Mould of John Bede Polding, in: Tjurunga 15 (1978) 65-82.

T. H. Kay, The Rights of the Parochial Beneficiary in the United States, in: The Jurist 15 (1955) 318-336.
D. J. Keenan, The Catholic Church in Nineteenth Century Ireland: A Sociological Study, Dublin 1983.
M. Kelly, The Benedictine Influence, in: Australasian Catholic Record 55 (1978) 17-27.
P. S. Kinlin, Canonical and Civil Status of Parishes in Canada; A Study of Ecclesiastical Legislation both universal and particular, and of Canadian Civil Legislation affecting Parishes in Canada, and a Canonical Commentary, Regina 1954.
P. J. Klekotka, Diocesan Consultors (= Canon Law Studies no. 8), Washington/D.C. 1920.
J. R. Knox, The historical and Juridical Importance of the First Council of the Australian Province, held in Sydney, 1844, Rom 1949.
J. J. Krishock, Sacred Music and the Plenary Councils of Baltimore, in: American Ecclesiastical Review 104 (Jan. – Jun. 1941) 542-545.
A. Krolla, Support of Sick, Old and Delinquent Clergymen, in: American Ecclesiastical Review 24 (Jan. – Jun. 1901) 20-33.
R. W. Kutner, The Development, Structure, and Competence of the Episcopal Conference (= Canon Law Studies no. 480) Washington/D.C. 1972.
M. A. Kwitchen, Newspaper Comment on the Third Plenary Council of Baltimore, in: The Jurist 8 (1948) 95-104.

P. R. Lagges, The Legislative Authority of the Conference of Bishops: Its nature and scope in the 1983 Code of Canon Law, Ottawa 1987.
E. Lamirande, Le diocèse de l'ile de Vancouver (1846) et le vicariat apostolique de la Colombie-Britannique (1863): limites et situation juridique, in: Studia Canonica 21 (1987) 359-379.
H. M. Laracy, Bishop Moran: Irish Politics and Catholicism in New Zealand, in: Journal of Religious History 6 (1970-1971) 62-76.
E. J. Larkin, The Making of the Roman Catholic Church in Ireland, 1850-1860, Chapel Hill/-Carolina 1980.
– The Roman Catholic Church in Ireland and the Creation of the Modern Irish State, 1878-1886, Philadelphia 1975.
– The Roman Catholic Church in Ireland and the Fall of Parnell, 1888-1891, Chapel Hill/Carolina 1979.
– Church, State, and Nation in Modern Ireland, in: American Historical Review 80 (1975) 1244-1276.
–, The Devotional Revolution in Ireland, 1850-1875, in: American Historical Review 77 (1972) 625-652.
– Economic Growth, Capital Investment, and the Roman Catholic Church in Nineteenth Century Ireland, in: American Historical Review 72 (1967) 852-884.

L. Lemieux, L'établissement de la première province ecclésiastique au Canada 1783-1844, Montréal 1968.

– Provisions pour l'Eglise canadienne: A. La congregation de la Propaganda, modératrice et promotrice d'une Eglise canadienne en expansion (1760 à 1840), in: Sacrae Congregationis de Propaganda fide memoria rerum, 1622-1972, hrsg. von J. Metzler, Rom 1971-1976, Bd. III/1, 729-748.

S. Leslie, The Cullen Era, in: The Month 33 (1965) 230-238.

L. S. Lindsay, The Centennary of the Archdiocese of Québec, in: Catholic Historical Review 7 (1921-1922) 152-164.

L. S. Lindsay (Hrsg.), Le premier concile plenier de Québec (10 septembre – 1er novembre 1909): travaux préparatoires, séances solennelles, fêtes religieuses et civiques, allocutions, Québec 1910.

K. T. Livingston, The Emergence of an Australian Catholic Priesthood 1835-1915, Manly/New South Wales 1977.

– First Steps towards an Australian Priesthood: 1835-1885, in: Journal of Australian Catholic Historical Society 4 (1972) 1-16.

– Voices in the Wilderness: Apologists for the Aborigenes in the Past, in: Australian Catholic Record 56 (1979) 176-191.

M. N. Lohmüller, The Promulgation of Law (= Canon Law Studies no. 241) Washington/D.C. 1947.

S. Luzio, The Maynooth Synod Decrees, in: Irish Ecclesiastical Record, 4th ser., 31 (Jan. – Jun. 1907) 561-574.

G.E. Lynch, Coadjutors and Auxiliaries of Bishops: A Historical Synopsis and a Commentary (= Canon Law Studies no. 238) Washington/D.C. 1947.

T. McAvoy, A History of the Catholic Church in the United States, Notre Dame/Indiana 1969.

T. McAvoy- T. N. Brown, The United States of America, in: A History of Irish Catholicism, ed. P. J. Corish, Bd. VI, §2, Dublin 1970.

V. A. McClelland, English Roman Catholics and Higher Education, 1830-1903, Oxford 1973.

– A Hierarchy for Scotland, 1868-1878, in: Catholic Historical Review 56 (1970-1971) 474-500.

A. J. McDonald, The Rights and Obligations of Metropolitans as Such according to the Code of Canon Law, Diss., Ottawa 1948.

F. MacEnerney, The Origin and Value of the Distinction ‚Primate of Ireland', ‚Primate of All Ireland', in: Irish Ecclesiastical Record, 3rd ser., 10 (1889) 422-432.

J. J. McGovern, John Bede Polding, in: Australasian Catholic Record 11 (1934) 183-194, 291-305; 12 (1935) 10-24, 106-120, 208-220, 301-317; 13 (1936) 9-24, 107-117, 199-210, 299-310; 14 (1937) 19-31, 100-112, 204-215, 276-297; 15 (1938) 11-33, 110-129, 199-219, 301-321; 16 (1939) 6-27, 102-112.

– Our Lady, Help of Christians, in: Australasian Catholic Record 25 (1948) 158-160.

J. J. McGovern – P. J. O'Farrell, Australia, in: A History of Irish Catholicism, ed. P. J. Corish, Bd. VI, §6, Dublin 1971.

Y. M. McLay, James Quinn, First Catholic Bishop of Brisbane, Armidale/Victoria 1979.

W. G. McMinn, Bishop Murray and the Pattern of Australian Catholicism, in: Journal of Religious History 6 (1970-1971) 348-362.

R. F. McNamara, John Carroll and Interfaith Marriages: The Case of the Belle Vue Carrolls, in: Studies in Catholic History in honour of John Tracy Ellis, ed. N. H. Minnich- R. B. Eno- R. F. Trisco, Wilmington/Delaware 1985, 27-59.

D. McRoberts (Ed.), Modern Scottish Catholicism 1878-1978, Glasgow 1979.

P. McSuibhne, Paul Cullen and His Contemporaries with their Letters from 1820 – 1902, 5 Bde., Naas/Leinster 1961-1977.

– Ireland at the Vatican Council, in: Irish Ecclesiastical Record, 5th ser., 93 (1960) 209-222, 295-307.

W. Mahony, Iura sacerdotum vindicata: The Rights of the Clergy Vindicated; or, a Plea for Canon Law in the United States, New York 1883.

E. MANACORDA, Specimen iuris et disciplinae ecclesiasticae, pars prima, Fossani 1897.
D. MANNIX, Notes on the Canonical Aspects of a Plenary or National Synod, in: Irish Ecclesiastical Record, 4th ser., 7 (Jan. – Jun. 1900) 536-546; 8 (Jul.- Dec. 1900) 164-175.
T. MAYNARD, The Story of American Catholicism, New York 1941.
F.A. MECHAM, The Contribution of the Clergy to the Spirituality of the Australian Church, in: Australasian Catholic Record 55 (1978) 43-55.
A. M. MELVILLE, Louis-William DuBourg: Bishop of Louisiana and the Floridas, Bishop of Montauban and Archbishop of Besançon 1766-1833, 2 Bde., Chicago 1986.
The Memorial Volume: A History of the Third Plenary Council of Baltimore, November 9 – December 7, 1884, Baltimore 1885.
J. METZLER, Erforschung und Darstellung der Missionssynoden und -konzilien: ein Erfahrungsbericht, in: Annuarium historiae conciliorum 11 (1979) 171-181.
J. METZLER (Hrsg.), Compendio di Storia della S. C. per l'Evangelizzazione dei Popoli o ‚De Propaganda Fide', 1622-1972, in: Euntes docete 26 (1973) 1-250.
D. W. MILLER, Church, State and Nation in Ireland 1889-1921, Dublin 1973.
J. N. MOLONY, The Roman Mould of the Australian Catholic Church, Carlton/Victoria 1969.
A. P. MONAHAN, Canada, in: A History of Irish Catholicism, ed. P. J. CORISH, Bd. VI, §3, Dublin 1971.
P. F. MORAN, History of the Catholic Church in Australasia, Sydney 1894.
F.G. MORRISEY, The Juridical Status of the Catholic Church in Canada (1534-1840), Diss., Ottawa 1972.
— The Development of Ecclesiastical Particular Law in Canada, in: Canadian Catholic Historical Association: Study Sessions 50 (1983) 141-158.
— The Development of Particular Canonical Legislation in Canada, in: Eglise et théologie 11 (1983) 223-245.
— The Juridical Situation of the Catholic Church in Lower and Upper Canada from 1791 to 1840, in: Studia canonica 5 (1971) 279-321.
— La situation juridique de l'Eglise catholique de 1791 à 1840, in: La Société canadienne d'histoire de l'Eglise catholique: Sessions d'étude 39 (1972) 65-89.
G. MOVERLEY, The Westminster Theatre Law, in: The Jurist 18 (1958) 191-208.
G. MUCCI, Concili particolari e conferenze episcopali, in: La Civiltà cattolica, 138 (Apr. – Jun. 1987) 340-348.
R. A. MULKEARNS, De legislatione particulari Australiensi de clericis, Rom 1960.
— Councils and Synods in Australia, in: Australasian Catholic Record 42 (1965) 113-120.
— The Scope of Canon Law in a Frontier Church Situation, in: Tjurunga 15 (1978) 39-46.
J. E. MUNDAY, Ecclesiastical Property in Australia and New Zealand: An Historical Synopsis and Comparative Study of the General Law of the Church, Canons 1495-1551, and the Decrees of the Fourth Plenary Council of Australia, Decrees 653-685 (= Canon Law Studies no. 387) Washington/D.C. 1957.
F. J. MURPHY, Legislative Powers of the Provincial Council (= Canon Law Studies no. 257) Washington/D.C. 1947.
I. MURPHY – S. V. O'SUILLEABHAIN – F. MCGRATH, Catholic Education, in: A History of Irish Catholicism, ed. P. J. CORISH, Bd. V, §6, Dublin 1971.
J. G. MURTAGH, Australia, The Catholic Chapter, Melbourne 1969.
C. MYERS, The Theatre Law of the Old Province of Westminster, in: Clergy Review 3 (1932) 89-105.

J. NABUCO, Pontificalis Romani expositio juridico-practica: functiones pontificales extraordinariae, 3 Bde., Petropoli 1945.
J. J. NEVIN, Canonical Status and Proper Mode of Designating Priests in Charge of Missions, in: Australasian Catholic Record 3 (1926) 154-159.
— Irremovable Parishes, in: Australasian Catholic Record 11 (1934) 336-340.
— Irremovable Parishes Intuitu Personae: Concursus for Parishes, in: Australasian Catholic Record 8 (1931) 333-342.

–, Power of Plenary Council to Reserve Sins, in: Australasian Catholic Record, 8 (1931), 228-231, 330-333.
– Reservations, in: Australasian Catholic Record 2 (1925) 56-61.
N. NILLES, Commentaria in Concilium plenarium Baltimorense tertium ex praelectionibus academicis excerpta, 2 Bde., Oeniponte 1888-1890.
E. R. NORMAN, The Catholic Church and Ireland in the Age of Rebellion, 1859-1873, London 1965.
– The English Catholic Church in the Nineteenth Century, Oxford 1984.

E. M. O'BRIEN, The Dawn of Catholicism in Australia, 2 Bde., Sydney 1928.
– Jeremiah Francis O'Flynn, in: Australasian Catholic Record 1 (1924) 54-64, 52-61, 66-84; 2 (1925) 71-78, 162-174, 259-270, 364-372; 3 (1926) 68-79, 170-176, 262-271, 356-364; 4 (1927) 62-76, 155-167, 246-253, 338-349; 5 (1928) 60-72, 156-160.
J. O'BRIEN, The Men of ‚38 and other Pioneer Priests, Kilmore 1975.
– In diebus illis, in: Australasian Catholic Record 20 (1943) 15-25, 113-125, 159-178, 238-257; 21 (1944) 33-50, 90-103, 134-147, 194-209; 22 (1945) 20-39, 77-97, 155-173, 209-227.
J. O'CONNOR, The Catholic Revival in England, New York 1942.
F. O'DONOGHUE, The Bishop of Botany Bay, The Life of John Bede Polding, Australias First Catholic Archbishop, Sydney 1982.
– Mother Vincent Whitty, Woman and Educator in a Masculine Society, Carlton/Victoria 1972.
– Australia's Connection with Mauritius, in: Australasian Catholic Record 53 (1976) 70-80.
P. J. O'FARRELL, The Catholic Church and Community: An Australian History, Kensington/New South Wales 1985.
E. O'HARA, Catholic Pioneers of the Oregon Country, in: Catholic Historical Review 3 (1917-1918) 187-201.
F. O'KANE, A Path is Set: The Catholic Church in the Port Phillip District and Victoria 1839-1862, Melbourne 1976.
C. E. O'NEILL, The United States of America, in: Sacrae Congregationis de Propaganda fide memoria rerum, 1622-1972, hrsg. von J. METZLER, Rom 1971-1976, Bd. II, 1162-1184.
M. O'REILLY, The Renewal of the Church in Great Britain and Ireland after Emancipation, in: Sacrae Congregationis de Propaganda fide memoria rerum, 1622-1972, hrsg. von J. METZLER, Rom 1971-1976, Bd. III/2, 192-250.
J. J. O'RIORDAIN, Irish Catholics: Tradition and Translation, Dublin 1980.

R. PAGÉ, Particular Councils and Conferences of Bishops, in: Proceedings of the Fiftieth Annual Convention, Baltimore, Maryland, October 10-13, 1988, Washington/D.C. 1989, 216-221.
N. W. PASSMORE, Abbot Gregory Gregory (1813-1877), in: Downside Review 89 (1971) 191-195.
H. PERKINS, The Convict Priests, Gardiner/Victoria 1984.
H. PLANTE, L'Eglise catholique au Canada (1604-1886), Trois Rivières 1970.
E. POBLETE, The Plenary Council: A Historical Synopsis and a Commentary (= Canon Law Studies no. 372) Washington/D.C. 1958.
A. S. POPEK, The Rights and Obligations of Metropolitans (= Canon Law Studies no. 260) Washington/D.C. 1947.
M. M. PRESS, From our Broken Toil: South Australian Catholics, 1836 to 1905, Adelaide 1986.
– Julian Tenison Woods, Manly/New South Wales 1979.
B. A. PRINCE, Foundation of the Episcopal Conference in Canada, in: Studia canonica 1 (1967) 97-109.
J. H. PROVOST, Groupings of Particular Churches, in: The Code of Canon Law: A Text and Commentary, ed. J. A. CORIDEN – T. J. GREEN – D. E. HEINTSCHEL, New York 1985, 350-377.
– Particular Councils, in: The New Code of Canon Law: Proceedings of the 5th International Congress of Canon Law, organised by Saint Paul University and held at the University of Ottawa, August 19-25, 1984, ed. M. THÉRIAULT – J. THORN, Ottawa, 1986, 537-562.

M. PURCELL, Irish Faith and Roman Portmanteau: Some Comments on Irish Australian Spirituality in the Time of Polding, in: Tjurunga 15 (1978) 83-90.
P. PURCELL, Bishop Murray and the Patrician Brothers, in: Journal of Religious History 8 (1974-1975) 75-89.
L. J. PUTZ (Ed.), The Catholic Church, U.S.A., Chicago 1956.

E. E. REYNOLDS, The Roman Catholic Church in England and Wales: A Short History, Wheathampstead 1973.
R. RITZLER – P. SEFRIN, Hierarchia Catholica Medii et Recentioris Aevi, sive summorum pontificum – S.R.E. cardinalium ecclesiarum antistitum series, Bde. VII und VIII, Patavii 1968.
C. ROBERTS, Bishop James Quinn: From Dublin to Brisbane, in: Australasian Catholic Record 37(1960) 116-122.
– James Quinn's Roman Background, in: Australasian Catholic Record 37(1960) 11-16.
D. ROBITAILLE, L'érection canonique des paroisses dans la province de Québec, Ottawa 1957.
T. ROEMER, The Catholic Church in the United States, St Louis 1950.
E. ROGAN, Irish Catechesis: A Juridico-Historical Study of the Five Plenary Synods, 1850-1956, Romae 1987.
– Synods and Catechesis in Ireland, c.445-1962: A Juridico-Historical Study of Irish Synodal Activity, from the early days of Christianity in Ireland up to the Second Vatican Council, with Special Reference to Catechesis, Romae 1987.
M. ROISSELET DE SAUCLIERES, Histoire chronologique et dogmatique des conciles de la chrétienté depuis le concile de Jérusalem tenu par les Apôtres l'an 50 jusqu'au dernier concile tenu de nos jours, continué par M. l'abbé André d'Avallon, 6 Bde., Paris 1844-1855.
E. RYAN, Diocesan Organization in the Spanish colonies, in: Catholic Historical Review 4 (1918-1919) 170-185.
– Ecclesiastical Jurisdiction in the Spanish colonies, in: Catholic Historical Review, 5 (1919-1920) 3-18.

B. A. SANTAMARIA, Daniel Mannix: His Contribution to the Art of Public Leadership in Australia, Carlton/Victoria 1978.
– Daniel Mannix: The Quality of Leadership, Carlton/Victoria 1984.
R. J. SCHIEFEN, Nicholas Wiseman and the Transformation of English Catholicism, Shepherdstown/West Virginia 1984.
– „Anglo-Gallicanism‘ in Nineteenth Century England, in: Catholic Historical Review 63 (1977) 14-44.
– The First Provincial Synod of Westminster (1852), in: Annuarium historiae conciliorum 4 (1972) 188-213.
– Some Aspects of the Controversy between Cardinal Wiseman and the Westminster Chapter, in: Journal of Ecclesiastical History 21 (1970) 125-148.
R. H. SCHMANDT, Episcopal Support of Catholic Intellectual Activity: A Note on the Fourth Provincial Council of Baltimore, in: Catholic Historical Review 64 (1978) 51-56.
J. A. SCHMEISER, The Development of Canadian Ecclesiastical Provinces, Councils, Rituals, and Catechisms, from the Time of Bishop François de Montmorency-Laval (1658) to the Plenary Council of Québec (1909), in: Studia canonica 5 (1971) 135-165.
M. SHANAHAN, Out of Time, Out of Place: Henry Gregory and the Benedictine Order in Colonial Australia, Canberra 1970.
– Bishop Davis: 1848-1854, in: Manna 6 (1963) 50-62.
J. G. SHEA, A History of the Catholic Church in the US: From the First Attempted Colonisation to the Present Time, 4 Bde., New-York 1886-1892.
S. B. SMITH, Elements of Ecclesiastical Law, with Reference to the Latest Decisions of the Sacred Congregation of Cardinals, or adapted especially to the discipline of the Church in the United States, 3 Bde., New York 91892-1893.
– Notes on the Second Plenary Council of Baltimore, New York 1874.

J. G. SNEAD-COX, The Life of Cardinal Vaughan, 2 Bde., London 1910.
R. H. SONG, The Sacred Congregation for the Propagation of the Faith (= Canon Law Studies no. 420) Washington/D.C. 1961.
W. T. SOUTHERWOOD, Planting a Faith in Melbourne, Colonial Era 1839-1899, Sydney 1973.
– A Contemporary Episcopal View of Archbishop Polding: The Willson Correspondence, in: Journal of Religious History 9 (1976-1977) 364-386.
– New Light on the Foundation of Australian Catholicism, in: Australasian Catholic Record 61 (1984) 164-175.
– The Other Pioneer (Father Philip Connolly), in: Australasian Catholic Record 59 (1982) 442-456.
T. W. SPALDING, The Premier See: A History of the Archdiocese of Baltimore 1789-1989, Baltimore 1989.
T. SUTTOR, Hierarchy and Democracy in Australia, 1788-1870: The Formation of Australian Catholicism, London 1965.
A. SZENTIRMAI, The Primate of Hungary, in: The Jurist 21 (1961) 27-46.

V. A. TATARCZUK, Past and Present Practice in the selection of candidates for bishoprics in the U. S., in: The Jurist 16 (1956) 309-317.
J. THORNHILL, The Christian Vision of John Bede Polding and its Intimation of Concern for the Establishing of an Australian Local Church, in: Australasian Catholic Record 54 (1977) 6-16.
O. THORPE, First Catholic Mission to the Australian Aborigenes, Sydney 1950.
– Mary McKillop: The Life of Mother Mary of the Cross, Foundress of the Sisters of St Joseph of the Sacred Heart, London o.J.
M. TIERNEY, Catalogue of Letters relating to the Queen's Colleges, Ireland, 1845-50, in the Papers of Archbishop Michael Slattery at Thurles, in: Collectanea Hibernica 9 (1966) 83-120.

W. B. ULLATHORNE, The Autobiography of Archbishop Ullathorne, London 1891.

A. VERMEERSCH- J. CREUSEN, Epitome iuris canonici, cum commentariis ad scholas et ad usum privatum, 5a ed. auctior et accurate recognita, 3 Bde., Mechliniae 1933.
N. VOISINE, Episcopat canadien et collégialité, in: La Société canadienne d'histoire de l'Eglise catholique: Sessions d'étude 50 (1983) 119-140.

M. WADE, Relations between the French, Irish and Scottish Clergy in the Maritime Provinces 1774-1836, in: Canadian Catholic Historical Association: Study Sessions 39 (1972) 9-33.
J. WALDERSEE, A Grain of Mustard Seed: The Society for the Propagation of the Faith and Australia, 1837-1977, Sydney 1983.
F. A. WALKER, Catholic Education and Politics in Ontario, 3 Bde., Toronto 1955-1986.
W. WARD, The Life and Times of Cardinal Wiseman, 2 Bde., London 21897.
F. J. WEBER, Episcopal Appointments in the U.S.A., in: American Ecclesiastical Review 155 (Jul. - Dec. 1966) 178-191.
F. X. WERNZ, Ius canonicum, ad codicis normam exactum opera P. Petri Vidal, S.I., 8 Bde., Romae 1927-1928.
J. H. WHYTE, The Appointment of Catholic Bishops in Nineteenth-Century Ireland, in: Catholic Historical Review 48 (1962-63) 12-32.
– Political Problems 1850-60, in: A History of Irish Catholicism, ed. P. J. CORISH, Bd. 5, §2, Dublin 1967.
A. S. WILL, Life of Cardinal Gibbons, Archbishop of Baltimore, 2 Bde., New York 1922.
R. M. WILTGEN, The Founding of the Roman Catholic Church in Oceania, 1825-1850, Canberra 1979.
– Oceania: The Youngest Mission (1825-1922), in: Sacrae Congregationis de Propaganda fide memoria rerum, 1622-1972, ed. J. METZLER, Rom 1971-1976, Bd. III/1, 575-602.

R. Wynne, Archdeacon John McEncroe, in: Australasian Catholic Record 31 (1954) 34-40, 119-126, 223-229, 309-316; 32 (1955) 21-27, 115-122, 212-221, 308-318; 33 (1956) 22-31, 112-128.

– The Coming of Cardinal Moran, in: Australasian Catholic Record 47 (1970) 202-208.

Abkürzungen

AAS = Acta Apostolicae Sedis
AP= Archivio della Sacra Congregazione de propaganda fide
ASS = Acta Sanctae Sedis
CL = Acta et decreta sacrorum conciliorum recentiorum: Collectio Lacensis, auctoribus presbyteris S.J. e domo B.V.M. sine labe conceptae ad Lacum
Collectanea = Collectanea S. Congregationis de Propaganda Fide, seu decreta, instructiones, rescripta pro apostolicis missionaribus
Concilia Cincinnatensia I-IV = Acta et decreta quattuor Conciliorum provincialium Cincinnatensium 1855-1882, adiectis pluribus decretis, rescriptis, aliisque documentis
Concilia Oregonopolitana = Acta et decreta Conciliorum provinciae Oregonopolitanae annis 1848, 1881 et 1891 celebratorum
Concilia Westmonasteriensia = Decreta quattuor conciliorum provincialium Westmonasteriensium 1852-1873, adiectis pluribus decretis, rescriptis, aliisque documentis
Concilium Armacanum, 1908 = Acta et decreta Synodi provincialis Armacanae habitae apud Armacham an. MDCCCCVIII
Concilium Cassiliense, 1907 = Acta et decreta Synodi provincialis Cassiliensis habitae anno MDCCCCVII
Concilium Cincinnatense V = Concilium Cincinnatense provinciale V habitum anno 1889 a die 19 ad diem 26 maii
Concilium Marianopolitanum = Acta et decreta Concilii provincialis Marianopolitani primi A.D. MDCCCXCV, praeside Illmo et Rmo EDUARDO CAROLO FABRE, archiepiscopo Marianopolitano
Concilium Milwaukiense = Acta et decreta Concilii provincialis Milwaukiensis primi A.D. MDCCCLXXXVI, praeside Illmo. ac Revmo. MICHAELE HEISS, archiepiscopo Milwaukiensi
Concilium Neo-Eboracense IV = Acta et decreta Concilii provincialis Neo-Eboracensis IV, in ecclesia metropolitana S. Patricii, Neo-Eboraci, a die XXIII ad XXX septembris A.D. MDCCCLXXXIII, praeside eminentissimo ac reverendissimo IOANNE MCCLOSKEY, tituli S. Mariae supra Minervam S.R. Ecclesiae presbytero cardinali et archiepiscopo Neo-Eboracensi, habiti, et a Sede Apostolica recogniti
Concilium Philadelphiense = Decreta Concilii provincialis Philadelphiensis I anno MDCCCLXXX habiti
Concilium plenarium Australasiense = Acta et decreta Concilii plenarii Australasiae, habiti apud Sydney A.D. 1885, a Sancta Sede recognita
Concilium plenarium Australiense II = Acta et decreta Concilii plenarii Australiensis II, habiti apud Sydney A.D. 1895, a Sancta Sede recognita
Concilium plenarium Australiense III = Acta et decreta Concilii plenarii Australiensis III, habiti apud Sydney A.D. 1905, a Sancta Sede recognita
Concilium plenarium Baltimorense III = Acta et decreta Concilii plenarii Baltimorensis tertii A.D. MDCCCLXXXIV, praeside Illmo. ac Revmo. JACOBO GIBBONS, archiepiscopo Balt. et delegato apostolico

Concilium plen. IV Aust. et N.Z. = Concilium plenarium IV Australiae et Novae Zelandiae habitum apud Sydney a die 4a ad diem 12am mensis septembris anno Domini 1937, praeside Excell.mo ac Rev.mo domine JOANNE PANICO, archiepiscopo tit. Justinianen. delegato apostolico, a Sancta Sede recognitum
Concilium plenarium Quebecense = Acta et decreta Concilii plenarii Quebecensis primi, anno Domini MCMIX
Concilium Quebecense V = Acta et decreta quinti Concilii provinciae Quebecensis in Quebecensi civitate anno Domini MDCCCLXXIII celebrati a Sancta Sede revisa et recognita
Concilium Quebecense VII = Acta et decreta septimi Concilii provinciae Quebecensis in Quebecensi civitate anno Domini MDCCCLXXVI celebrati a Sancta Sede revisa et recognita
Concilium S. Bonifacii = Acta et decreta primi Concilii Sancti Bonifacii, 1889
Concilium S. Francisci I = Concilii provincialis S. Francisci I, in ecclesia metroploitana Sancti Francisci A.D. MDCCCLXXIV habiti, et a Sede Apostolica recogniti, acta et decreta
Concilium Scoticum = Acta et decreta Concilii Scotiae plenarii primi post redintegratam hierarchiam
Concilium Torontinum I = Acta et decreta primi Concilii provincialis Torontini in ecclesia metropolitana Sti. Michaelis celebrati mense septembris MDCCCLXXV, a Sancta Sede revisa et recognita anno III pontificatus Leonis P.P. XIII, additis quibusdam aliorum conciliorum decretis
Concilium Tuamense, 1907 = Acta et decreta Concilii provincialis Tuamensis habiti anno 1907
Concilium Wellingtonense = Acta et decreta Concilii provincialis primi Wellingtonensis habiti in ecclesia Sancti Iosephi, Wellingtone in Nova Zelandia, die 21. ianuarii et sequentibus usque ad diem 29. ianuarii 1899
IC = Archiv des Irish College
i.p.i. = in partibus infidelium
IPPF, pars 1a = Iuris Pontificii de Propaganda Fide, pars prima
Lettere = Lettere e decreti della Sacra Congregazione e Biglietti di Monsignor Segretario
MA = Diözesanarchiv Maitland
MDHC = Melbourne Diocesan Historical Commission Archives
MP = MORAN, Papiere
NK = New Collection, Kirby
NS = Nuova serie
Observanda = Observanda, quae addita fuerunt decretis primi Concilii provincialis a reverendissimo archiepiscopo et episcopis congregatis, in ecclesia cathedrali Melbournensi, festo Omnium Sanctorum, 1862
SAA = Sydney Archdiocesan Archives
SC = Scritture riferite nei Congressi – Oceania
SNCA = Scottish National Catholic Archives
SOCG = Scritture originali riferite nelle Congregazioni Generali
Synodus Maynutiana, 1875 = Acta et decreta Synodi plenariae episcoporum Hiberniae habitae apud Maynutiam, an. MDCCCLXXV
Synodus Maynutiana, 1900 = Acta et decreta Synodi plenariae episcoporum Hiberniae habitae apud Maynutiam, an. MDCCCC
Synodus Sandhurstense = Prima Synodus dioecesana Sandhurstensis, habita in ecclesia S. Kiliani diebus XX et XXI septembris, A.D. 1881

Einleitung

In seiner Eröffnungsansprache auf dem Zweiten Vatikanischen Konzil stellte Papst Johannes XXIII. fest, daß alle Konzilien, nicht nur die zwanzig ökumenischen, die bis dahin abgehalten worden waren, sondern auch die zahllosen anderen Provinzial- oder Regionalsynoden aller Jahrhunderte von großer Bedeutung seien und Zeugnisse für die Lebenskraft der Katholischen Kirche und Glanzpunkte in ihren Annalen darstellten[1].

Das 19. Jahrhundert war eine Blütezeit für Provinzial- und Plenarsynoden, in der de facto Kodifikationen des partikularen kanonischen Rechts hervorgebracht wurden, welche das katholische Leben regelten und das kirchliche Handeln bestimmten. Zwischen 1842, als Papst Gregor XVI. in Sydney den ersten Metropolitansitz in den britischen überseeischen Gebieten errichtete, und 1917, als der erste Codex Juris Canonici promulgiert wurde, wurden in Australien sechs solcher Synoden abgehalten. Seit Beginn des 19. Jahrhunderts gab es bis 1917 vierunddreißig solcher Synoden in den Vereinigten Staaten, vierzehn in Irland, zwölf in dem Gebiet, das heute Kanada entspricht, vier in England, und eine in Schottland[2]. Bis 1908 waren alle diese Länder der Jurisdiktion der Propaganda-Kongregation unterstellt, also jener Behörde des Heiligen Stuhls, in deren Zuständigkeit seit 1622 alle Missionsgebiete der Kirche fielen[3]. Australien unterstand der Propaganda bis 1976[4].

Der Zweck dieser Dissertation besteht darin, den konziliaren Prozeß in Australien – als in einer neu gegründeten Kirchenprovinz – zu untersuchen, die konziliare Gesetzgebung erneut in den Blick zu nehmen, die dort vor der Promulgierung des *Codex Iuris Canonici* herrschte, und einige große thematische Linien herauszuarbeiten, die aus der australischen Gesetzgebung ersichtlich sind, wobei die Normen in diesen Gebieten mit der gleichzeitig erfolgenden konziliaren Gesetzgebung in Nordamerika[5], Großbritannien

[1] Vgl. Johannes XXIII., Allocutio, 11. Oktober 1962 (AAS) 54, 786.

[2] Eine Liste dieser und der folgenden Synoden findet sich im Anhang 3.

[3] Vgl. Pius X., Apostolische Konstitution *Sapienti Consilio*, 29. Juni 1908, in: AAS 1, 12.

[4] Vgl. Paul VI., Apostolisches Schreiben *Australiam terram*, 22. März 1967, in: AAS 69, 29.

[5] Wenngleich in den neunziger Jahren des 19. Jahrhunderts in Mexiko Provinzialsynoden abgehalten wurden (je eine in fünf der sechs damals existierenden Provinzen), so wurden diese doch nicht in diese Studie aufgenommen, da die Diözesen Mexikos nicht der Propaganda unterstanden und es wohl angemessener ist, die mexikanischen Synoden mit denen anderer spanisch orientierter Länder zu vergleichen, nicht aber mit denen englischsprachiger Länder.

und Irland verglichen werden. Insbesondere wird untersucht, inwiefern, wenn überhaupt, die australische Gesetzgebung wirklich originär war, ob und in welchem Maße andere Rechtsvorschriften einfach übernommen wurden; ob und in welchem Maße die originäre australische Gesetzgebung aufgrund des Einflußes der Bischöfe Großbritanniens, Irlands oder Nordamerikas in der Folge modifiziert oder neu gestaltet wurde.
Darüberhinaus kann diese Studie über Traditionen in der Gesetzgebung der Vergangenheit auch Orientierungslinien für zukünftige partikulare Gesetzgebung aufzeigen.
Bisher wurde noch keine umfassende Untersuchung zur konziliaren Gesetzgebung in Australien vorgelegt, erst recht kein Vergleich mit dem Recht in anderen Ländern. Im Jahre 1949 verteidigte der nachmalige Kardinal James R. Knox seine Dissertation über die Erste Provinzialsynode Australiens[6]. Diese Synode, die im Jahre 1844 stattfand, als es in Australien nur drei Bischöfe gab, ist die einzige, die jemals Gegenstand einer wissenschaftlichen Untersuchung war[7].
Die Methode, die für die vorliegende Arbeit angewendet wurde, besteht in erster Linie darin, die historischen Fakten zu analysieren, um zu den Ursprüngen vorzustoßen, die Entwicklung und den Fortschritt der australischen Kirche und ihrer Gesetzgebung aufzuzeigen und darüber hinaus die Gesetze mit der gleichzeitigen Gesetzgebung in Nordamerika, Großbritannien und Irland zu vergleichen. Diese ist leicht zugänglich, sie liegt sowohl in den Sammlungen der konziliaren Dokumente (Mansi[8] und Collectio Lacensis[9]) als auch in regionalen Veröffentlichungen vor.

---

[6] Vgl. Knox, The Historical and Juridical Importance , 214 S.

[7] Dem Verfasser sind als weitere Studien zum australischen Kirchenrecht nur folgende bekannt: I.H. Burns, The Foundation of the Hierarchy in Australia 1804-1854, Dissertation, Rom, Päpstliche Universität De Propaganda Fide 1954, 335 S. (in welcher die Erste Provinzialsynode von 1844 nur beiläufig erwähnt wird); R.A. Mulkearns: De legislatione particulari Australiensi de clericis, Diss. Rom, 1960, 287 S. (eine Untersuchung zur Gesetzgebung, die Geistlichen betreffend, wie sie in den sechziger Jahren unseres Jahrhunderts gültig war, eigentlich eine Untersuchung zu den diesbezüglichen Dekreten des Plenarkonzils von 1937 und neuerer Diözesansynoden); J.E. Munday, Ecclesiastical Property in Australia and New Zealand: An Historical Synopsis and Comparative Study of the General Law of the Church, Canons 1495-1551, and the Decrees of the Fourth Plenary Council of Australia, Decrees 653-685 (=Canon Law Studies, no. 387), Washington /D.C. 1957, 141 S. (diese Arbeit gehört nicht zu dem hier relevanten Material, da das Vierte Plenarkonzil im Jahre 1937 stattfand).

[8] Vgl. Sacrorum Conciliorum nova et amplissima collectio (= Mansi), hrsg. von G.D. Mansi, Paris 1901-1927, 53 Bände.

[9] Vgl. Acta et Decreta Sacrorum conciliorum recentiorum: Collectio Lacensis, auctoribus presbyteris S.J. e domo B.V.M. sine labe Conceptae ad Lacum (= CL), Freiburg im Breisgau 1870-1892, 7 Bände.

Aufgrund der freundlichen Erlaubnis seiner Eminenz Jozef Kardinal Tomkos, des Präfekten der Propaganda-Kongregation, konnte der Verfasser auch deren Archiv einsehen[10]. Dieses ist nun bis 1922 zugänglich, wenngleich der Zugriff auf Material, das nach 1903 datiert, sich in der Praxis als schwierig erweist, da entsprechende Inventare oder Kataloge noch nicht existieren. Der Verfasser ist jedoch zuversichtlich, daß er die Dokumente zum Plenarkonzil 1905 und zum Provinzialkonzil in Melbourne 1907 größtenteils ausfindig gemacht hat. Dem Verfasser wurde auch durch S. Eminenz, Edward Bede Kardinal Clancy, Erzbischof von Sydney, Zugang zum Archiv der Erzdiözese Sydney gewährt. Aufgrund eines Zuschusses der australischen Regierung anläßlich der Zweihundertjahrfeier Australiens im Jahre 1988 wird dieses Archiv gegenwärtig nach allgemein anerkannten professionellen Standards geordnet. Der umfangreiche Nachlaß Patrick Francis Kardinal Morans, der auf den drei Plenarkonzilien den Vorsitz führte, wurde einer ersten Sichtung unterzogen und auf verschiedene Bände aufgeteilt, doch wird es noch einige Zeit dauern, ehe die Katalogisierung jedes Dokuments in Angriff genommen werden kann. Der Verfasser machte auch die Protokolle der Versammlungen und andere Dokumente, die mit dem Zweiten und Dritten Plenarkonzil zusammenhängen, ausfindig. Unglücklicherweise ist bisher sehr wenig Material zugänglich, das sich auf das erste Plenarkonzil bezieht. Insbesondere fehlen die Versammlungsprotokolle. Dem Archivar, Mr. John Cummins, Mrs. Chantal Celjun und deren Mitarbeitern gebührt für ihre dabei gewährte Hilfe großer Dank. Das Archiv der Erzdiözese Melbourne wurde ebenfalls konsultiert, und der Verfasser dankt Rev. John Keaney und Mr. Les McCarthy für die hierbei erfahrene Hilfe. Es scheint, daß dieses Archiv die Protokolle der Provinzialsynode von 1907 nicht enthält. Während seit den sechziger Jahren viel Mühe darauf verwendet worden ist, Dokumente der Vergangenheit ausfindig zu machen und zu erhalten, so wurde vor 1960 vermutlich einiges Material verbrannt. Jedoch finden sich im Archiv von Melbourne, wie auch in anderen Archiven, Dokumente, vor allem Korrespondenz. Weil in der Korrespondenz sowohl Ansichten als auch Ereignisse festgehalten wurden, was gerade den Wert dieser Quellen ausmacht, bemühte sich der Verfasser auch um Zugang zu den Archiven des Irish College in Rom, weil die dortigen Rektoren inoffiziell als Vertreter verschiedener australischer Bischöfe in deren Verkehr mit dem Heiligen Stuhl fungierten. Der Zugang wurde freundlicherweise vom Rektor Rt Rev. Mgr. Sean Brady gewährt. Dank sei auch für die Hilfe gesagt, die Archivar Rt Rev. Mgr. John

[10] Sowohl Kardinal Knox wie auch Monsignore Burns hatten diese Archive benutzt, als diese bis auf das Jahr 1854 zurückreichend zugänglich gemacht wurden; diese Möglichkeit wurde jedoch weder von Bischof Mulkearns noch von Munday wahrgenommen.

Hanly geleistet hat. Von den älteren Diözesen Australiens hat Maitland den Ruf, wohlgeordnete Archive zu besitzen. Für die Unterstützung bei ihrer Konsultation ist der Verfasser Bischof Most Rev. Leo M. Clarke und dem Archivar, Herrn Michael Sternbeck, zu Dank verpflichtet.
Ohne Erfolg blieb hingegen der Versuch, im Diözesanarchiv von Westminster Korrespondenzen oder Protokolle ausfindig zu machen, die in Zusammenhang mit der Teilnahme des Erzbischofs von Sydney John Bede Polding OSB als *episcopus invitatus* an der Zweiten Provinzialsynode von Westminster stehen. Ohne Ergebnis blieb auch der Versuch, Korrespondenz oder Protokolle bezüglich der Teilnahme seines Koadjutors, Erzbischof Roger Bede Vaughan OSB, bei der Vierten Provinzialsynode von Westminster aufzuspüren. Eine Anfrage beim Schottischen Katholischen Nationalarchiv bezüglich eines Exemplars der gedruckten *Acta et decreta* des schottischen Plenarkonzils führte dagegen zum Erfolg. Der Verfasser ist dem Leiter des Archivs, Rev. Gerard Mark Dilworth OSB, zu Dank verpflichtet.
Eine Anfrage beim Archiv des Erzbistums Baltimore nach den Unterlagen zu den Kontakten zwischen der Hierarchie Australiens und der Vereinigten Staaten in der Zeit vor oder während der Plenarkonzilien in Baltimore 1884 und Sydney 1885 wurde negativ beantwortet. Dies veranlaßte den Verfasser, Baltimore nicht aufzusuchen, obgleich es zweifellos dort Bestände gibt, die relevantes zusätzliches Material enthalten. Der Verfasser hofft jedoch, daß er genügend Quellenmaterial untersucht hat, um daraus gültige Schlußfolgerungen ziehen zu können.
Im ersten Kapitel der Dissertation sollen die Australischen Provinzialsynoden und Plenarkonzilien in den Kontext der australischen Kirchengeschichte unter besonderer Berücksichtigung der Errichtung der Hierarchie, der Versammlungen der Bischöfe und deren Zusammenarbeit untereinander, eingeordnet werden.
Das zweite Kapitel bietet einen Überblick über die einzelnen australischen Synoden, einschließlich der Anlässe, die zu ihrer Einberufung führten, der Teilnehmer, der Diskussionen, der verabschiedeten Gesetze sowie ihrer Verbesserung und der *recognitio* durch den Heiligen Stuhl.
Im dritten Kapitel wird die Gesetzgebung zu sechs Fragenkomplexen, mit denen sich die Konzilien in Australien befaßten, genauer untersucht. Sodann schließt sich ein Vergleich mit der Gesetzgebung an, welche auf Synoden derselben Zeit in Großbritannien, Irland und Nordamerika erfolgte, wobei Übereinstimmungen und Unterschiede festgehalten werden. Was die Auswahl der Themen betrifft, so boten sich Ehe und Erziehung natürlicherweise an, da sie auf mehreren Synoden zu den Hauptthemen gehörten, wobei „konfessionsverschiedene Ehe“ und „katholische Grundschulerziehung“

sich als besondere Aspekte ergaben. Bei der Untersuchung der die Priester betreffenden Gesetzgebung lag es nahe, die Entscheidung von 1885 für die Einsetzung von Kanonikern und Pfarrern in den Blick zu nehmen, hauptsächlich wegen der bedeutenden Veränderungen und Verbesserungen, die seitens der Propaganda erfolgten. Zu wichtig, um übergangen werden zu können, erschien gleichermaßen das Privileg der aktiven Teilnahme der Priester an der Nominierung von Bischöfen, welches über ein halbes Jahrhundert in Kraft war. Einige andere Themen - „Kirchendisziplin" und „Verwaltung der Kirchengüter" - wurden ausgewählt, weil zu erwarten stand, daß die Gesetzgebung zu diesen Punkten regionale Verhältnisse und Probleme widerspiegeln würde. Außerdem müßten Studien zu Strafgesetzen und zur Frage des kirchlichen Vermögens Beispiele der kirchlichen Gesetzgebung aus möglichst vielen Bereichen ergeben. Eingedenk der Bemerkung Kardinal Newmans, daß die Kirche ohne Kirchenvolk närrisch erscheinen würde[11], war ursprünglich beabsichtigt, das Thema „Laien" zu behandeln. Es wurde jedoch deutlich, daß die Laien als spezifische Adressaten der Gesetzgebung nur sehr selten erschienen, obschon ein großer Teil der Gesetzgebung die Laien betraf, zumindest insofern, als Entscheidungen und Vorschriften das Leben im Glauben berührten. Aus diesem Grunde wurde das ursprünglich vorgeschlagene Thema auf die Ureinwohner, die Aborigines, eingeengt, weil der Heilige Stuhl gefordert hatte, daß man sich mit der Evangelisierung der Eingeborenen befasse. Mit Bedacht wurde von einer Behandlung der die Orden betreffenden Bestimmungen abgesehen, da eingehendere Studien die hier nicht zu leistende Auseinandersetzung mit den einzelnen Ordenskonstitutionen etc. geboten hätte.

Im Schlußkapitel wird die Bedeutung der australischen Synoden für die Entfaltung der Kirche in Australien untersucht, ein Vergleich mit der Arbeit der Synoden in den anderen Ländern durchgeführt, und es werden Richtlinien für zukünftige synodale Arbeit aufgezeigt.

Hinsichtlich der Synoden der anderen Länder wird der Leser normalerweise auf die *Collectio Lacensis* verwiesen, die die meisten der Synoden vor 1870 enthält[12].

---

[11] Vgl. J.H. Newman: The Letters and Diaries of John Henry Newman, hrsg. von C.S. Desain, Band 19, London 1969, 141

[12] Vgl. F.J. Murphy: Legislative Powers of the Provincial Council (Canon Law Studies, no. 257), Washington DC 1947, 158 S.; E. Poblete, The Plenary Council: A historical Synopsis and a Commentary (Canon Law Studies, no. 372, Washington /D.C. 1958, 127 S.); beide Arbeiten müssen vor dem Hintergrund der Anweisungen des *Codex Iuris Canonici* von 1983 betrachtet werden (zum Beispiel hinsichtlich Häufigkeit, einzuberufendem Personenkreis, Stimmrecht).

I. Historischer Hintergrund

1. Frühe missionarische Aktivitäten in Neu Holland

Am 23. August 1770 nahm Kapitän James Cook von der königlich britischen Marine die Ostküste des australischen Kontinents, die als *terra nullius* betrachtet wurde, für König Georg III. von Großbritannien und Irland in Besitz und gab ihr den Namen New South Wales. Während der vorangegangenen Jahrhunderte waren chinesische, portugiesische, spanische, holländische und französische Seeleute und Forscher an unterschiedlichen Stellen des Kontinents gelandet, hatten aber keine territorialen Ansprüche erhoben. Seit der Zeit der holländischen Entdecker im siebzehnten Jahrhundert wurde der Kontinent allgemein mit dem Namen Neuholland, und die große Insel vor der Südostküste als Van Dieman's Land bezeichnet.[1]

Die Besiedlung durch Europäer begann am 26. Januar 1788, als eine aus elf Schiffen bestehende Flotte aus Portsmouth/England eintraf, mit rund 730 Sträflingen und mehr als 250 freien Personen an Bord, meist Seeleuten verschiedener Dienstgrade, und einem blinden Passagier. Es gab dort einen anglikanischen Kaplan, und die Teilnahme an den anglikanischen Gottesdiensten war für alle verpflichtend. Das Ersuchen zweier katholischer Gefängnisgeistlicher, die Gefangenen, selbst unter Verzicht auf staatliche Bezahlung, zu begleiten, wurde ignoriert[2]. England hatte New South Wales und die nahegelegene Insel Norfolk Island zu Strafkolonien erklärt, nachdem die Kolonien in Nordamerika im Jahre 1776 die Unabhängigkeit erlangt hatten.

1789 führten Aufstände gegen die britische Regierung in Südirland dazu, daß viele Iren verhaftet, verurteilt und in die neue Gefängniskolonie in Australien verbracht wurden. Unter ihnen auch drei Priester, welche als Rädelsführer angeklagt worden waren. Die Geistlichen James Dixon und James Harold

---

1 Im Jahre 1817 umsegelte Matthew Flinders den Kontinent, und drang dann darauf, den Namen Australien einzuführen. Seit dieser Zeit verdrängte diese Bezeichnung für den Kontinent allmählich den Namen Neuholland, insbesondere nach der Gründung weiterer britischer Kolonien neben New South Wales. Australien als Nation existiert erst seit dem 1. Januar 1901, als die fünf Festlandskolonien (New South Wales, Queensland, South Australia, Victoria und Western Australia) und Tasmanien, das frühere Van Dieman's Land (der Name war 1856 geändert worden), eine Föderation eingingen.

2 Vgl. Brief von Rev. Thomas Walshe an Lord Stanley von 1789, in: Documents in Australian Catholic History I, hrsg. von P. O'Farrell, London 1969, 7-8.

gelangten so im Januar 1800 nach Sydney, während Fr. Peter O'Neil zu Beginn des Jahres 1801 eintraf, nachdem er als Reiseproviant 275 Hiebe erhalten hatte. Wir können nur vermuten, welcher Art die geistliche Untergrundarbeit war, die die drei unter den katholischen Verurteilten verrichteten. Aber der Gouverneur Philip Gidley King war schon bald beeindruckt von Dixons beispielhafter Führung[3], so daß er am 19. April 1803 dessen Freilassung erwirkte, um ihn in die Lage zu versetzen, seine priesterlichen Aufgaben wahrzunehmen[4].

Dixon verlor keine Zeit und schrieb um kirchliche Bestätigung seiner Position an den Heiligen Stuhl, mit dem Ergebnis, daß am 29. Januar 1804 Papst Pius VII. auf Anraten der Propaganda die Apostolische Präfektur Neuholland einrichtete[5], Dixon zum Apostolischen Präfekten ernannte und ihm die Vollmachten übertrug, die für gewöhnlich Missionaren *cum sanatione in radice omnium gestorum quae sunt sanationis capacia*[6] erteilt wurden.

Doch jegliches Anzeichen für eine hoffnungsvolle Zukunft wurde bald zunichte, als am 4. März 1804 eine Rebellion unter den irischen Gefangenen ausbrach und man Dixon anklagte, diesen Aufstand nicht verhindert zu haben. Er erhielt keine Bezahlung mehr, und die Erlaubnis, öffentlich die Heilige Messe zu feiern, wurde zurückgezogen. Die Apostolische Präfektur arbeitete von nun an im Untergrund, und die Priester blieben verurteilte Strafgefangene. O'Neil wurde freigelassen und kehrte 1803 nach Irland zurück, Dixon folgte 1808 und Harold 1810.

Der nachfolgende Apostolische Präfekt Jeremiah O'Flynn, ein Ex-Trappist, hatte zeit seines Lebens Auseinandersetzungen mit seinen geistlichen Oberen. Da er ein recht impulsives und unruhiges Temperament besaß, hatte er

---

[3] Vgl. Brief des Gouverneurs King an Lord Hobart vom 9. Mai 1803, in: ebd., 49-50.

4Vgl. Erlaß des Gouverneurs King über die Kontrolle katholischer Religionsausübung vom 19. April 1803, in: ebd. 50-51.

[5] Man hatte bereits 127 Jahre zuvor einen vergeblichen Versuch unternommen, eine Apostolische Präfektur einzurichten. Vittorio Riccio OP, ein italienischer Missionar auf den Philippinen und Apostolischer Präfekt von Formosa, berichtete 1676 in einem an die Kardinäle der Propaganda gerichteten Schreiben, er habe mit holländischen Seeleuten und Forschern gesprochen, die ihm von der weitläufigen Terra Australis erzählt hätten. Er erbot sich, eine Mission zur Ausbreitung des Evangeliums in dem großen südlichen Gebiet anzuführen. Nachdem die Kardinäle der Propaganda diese Frage auf einer Generalversammlung erörtert hatten, wurde am 16. Juli 1681 die Apostolische Präfektur Terra Australis gegründet (sie umfaßte vermutlich auch jene Gebiete, die heute unter den Namen West-Iria, Papua Neuguinea, Australien und Antarktis bekannt sind). Riccio ernannte man zum Apostolischen Präfekten. Er starb am 17. Februar 1685, vermutlich noch ehe ihn die Nachricht über seine Ernennung erreichte. Mit Sicherheit starb er jedoch, ehe er sein Amt antreten konnte (Vgl. R. Wiltgen, The Founding of the Roman Catholic Church in Oceania, 1825 to 1850, Canberra 1979, 164-178).

[6] Vgl. Archivio della Sacra Congregazione de propaganda fide (= AP), Udienze di Nostro Signore 42, fol. 50r-51v.

um Säkularisierung gebeten und sich freiwillig für die Arbeit in priesterlosen Missionsgebieten auf der südlichen Halbinsel zur Verfügung gestellt. Am 1. September 1816 delegierte Papst Pius VII. die Angelegenheit an den Kardinalpräfekten der Propaganda, und binnen Wochen war O'Flynn in den Stand eines Weltpriesters zurückversetzt, zum apostolischen Präfekten ernannt und mit den notwendigen besonderen Vollmachten, Geldmitteln und den erforderlichen Dingen ausgestattet[7], woraufhin er sich ohne eine Genehmigung der britischen Regierung auf die Reise machte. Bei seiner Ankunft in New South Wales im November 1817 erfuhr er eine ähnliche Behandlung, wie sie auch heutzutage ein Reisender zu erwarten hat, der Australien ohne Paß und Visum betritt. Im Mai 1818 wurde er ohne Angabe von Gründen verhaftet und ausgewiesen. Er ließ einen Kontinent zurück, der erneut ohne Priester war.

Dieses Fiasko führte dazu, daß im britischen Unterhaus diese Frage zur Sprache kam und Zeitungsartikel darüber erschienen, was naturgemäß die britische Regierung wie auch Bischof William Poynter, den Apostolischen Vikar von London, dazu zwangen, tätig zu werden[8]. Schließlich fand man eine Lösung, indem man davon absah, eine Präfektur zu errichten, und das riesige Gebiet am 10. April 1819 dem ebenfalls weit ausgedehnten Apostolischen Vikariat vom Kap der Guten Hoffnung hinzufügte, zu dem außerdem Madagaskar, Mauritius und die benachbarten Inseln gehörten[9]. Dieses Gebiet unterstand zur damaligen Zeit Bischof Edward Bede Slater OSB, dessen Hauptsitz sich auf Mauritius befand[10]. Weder Slater[11] noch sein Nachfolger, Bischof William Placid Morris OSB[12], kamen jemals in den australischen Teil

---

[7] Vgl. ebd. 54, fol. 569-570v, 590, 595v; AP, Scritture riferite nei Congressi - Oceania (=SC), 1, fol. 9, 11-14v.

[8] Seit 1688 besaß der Apostolische Vikar von London besondere Vollmacht, die Angelegenheiten der Katholiken im gesamten Britischen Empire zu regeln. Am 11. Dezember 1812 ließ Bischof Poynter (1762-1827), Bischof von Alia = i.p.i. und Apostolischer Vikar von 1812-1827, diese Vollmacht spezifizieren und erneuern (AP, Udienze, 50, fol. 665-666).

[9] Vgl. AP, Lettere e decreti della Sacra Congregazione e Biglietti di Monsignor Segretario (=Lettere), 300, fol. 212v-213v.

[10] Das Apostolische Vikariat vom Kap der Guten Hoffnung, Madagaskar und den angrenzenden Gebieten war im Jahre 1818 errichtet worden (vgl. Pius VII., Apostolisches Schreiben „*Cum nobis innotuerit*„ vom 18. Juni 1818, in: Iuris Pontificii de Propaganda Fide, pars prima (=IPPF, pars 1a), IVh Rom 1891, 563-564. Innerhalb des ersten Jahres wurde die Jurisdiktion dieses Vikars auch auf Mauritius ausgedehnt, das den Beinamen Residenz des Apostolischen Vikars führte (vgl. Pius VII., Apostolisches Schreiben „*Cum nos te per alias nostras*„, 11. März 1819, in: H.N. Birt, Benedictine Pioneers in Australia I, 14-15, London 1911.

[11] Edward Bede Slater OSB (1774-1832), Bischof von Ruspae i.p.i., war Apostolischer Vikar von 1818-1831.

[12] William Placid Morris OSB (1794-1872), Bischof von Troas i.p.i., war Apostolischer Vikar von 1831-1840.

des Vikariats, sondern begnügten sich damit, dafür zu sorgen, daß einige wenige irische Priester nach Australien gingen und dort so gut sie es eben vermochten, zurechtkamen. Man stand miteinander in losem Briefkontakt. Auf diese Weise gelangten 1820 die Priester Philip Conolly und John Joseph Therry nach Sydney. Conolly begab sich bald darauf in den Süden nach Hobart und ließ Therry in Sydney zurück, dem dort meist ein dritter Priester zur Verfügung stand.

Bedeutende Ereignisse, wie zum Beispiel der Beginn der Einwanderung im Jahre 1825 – wodurch ein neues Bevölkerungselement zu den Strafgefangenen, den Strafentlassenen und Soldaten hinzukam – die Katholikenemanzipation in Großbritannien im Jahre 1829 und die Tatsache, daß bis zum Jahre 1832 mit ca. achtzehntausend Personen in Australien rund ein Drittel der Bevölkerung katholisch war, führten dazu, daß die Regierung den Vorschlag unterbreitete, nicht nur ein paar Kapläne anzustellen. Man bedürfe auch einer kirchlichen Autorität. Deshalb betrieb Bischof Morris die Einreise William Ullathornes, eines jungen Benediktiners aus England, der in Australien als sein Generalvikar fungieren sollte.

Sicherlich war sich Ullathorne seiner Stellung und Würde wohl bewußt, was später in seiner Autobiographie Ausdruck fand: „*[On my voyage to Australia,] I followed a plan of studies in my cabin [. . .]. Feeling my deficiency in ecclesiastical law, I made it a point of special study, and direct special attention to what concerned the authority and jurisdiction of a Vicar General. [. . .] I knew that I should be some four thousand miles away from my Bishop, with whom the means of communication would be rare and casual. Even the consecrated oils for the Sacraments were received from London, much after date, and there was the whole breadth of the worls between these colonies and the Holy See. I felt, then, that I should have to act almost as if the complete authority of the Church was concentrated in my office, and to rely on my own resources*„[13].

Nachdem er für kurze Zeit bei Conolly in Hobart gewesen war, welcher über dreizehn Jahre keinen anderen Priester zu Gesicht bekommen hatte, reiste der fähige Ullathorne nach Sydney weiter, wo er alsbald in einem zusammenfassenden Bericht, den er sowohl nach London als auch nach Rom sandte, die Lage schilderte. Es werde keinen Fortschritt in der Ausbreitung des katholischen Glaubens geben, solange nicht ein Bischof ernannt würde, der Priester heranzuziehen in der Lage sei. John Bede Polding OSB[14], der bereits die

[13] Vgl. W.B. ULLATHORNE, The Autobiography of Archbishop Ullathorne with Selections from his Letters, London 1891, 58-59.

[14] R. RITZLER-P. SEFRIN, Hierarchia Catholica Medii et Recentioris Aevi, sive summorum pontificum – S.R.E. cardinalium ecclesiarum antistitum series, Patavii 1968 (= RITZLER-SEFRIN) VII 355.

Bischofswürde für Mauritius und Madras abgelehnt hatte, gab schließlich seine Einwilligung, als Apostolischer Vikar in die neuen Vikariate Neuholland und Van Dieman's Land zu gehen, welche von Papst Gregor XVI. am 3. Juni 1834 errichtet wurden[15].

2. Das Apostolische Vikariat Neuholland und Van Dieman's Land

Am 29. Juni 1834 erhielt John Bede Polding aus der Hand von Bischof Bramston[16] in London die Bischofsweihe zum Bischof von Hierocaesarea i.p.i. Ullathorne hatte die englischen Benediktiner dazu gebracht, das neu zu errichtende Vikariat als ihr Missionsgebiet zu betrachten. Polding war bereit, dieses Amt anzunehmen, weil er schon seit vielen Jahren die Berufung verspürt hatte, unter den deportierten Verurteilten tätig zu werden. Das Apostolische Schreiben begründet die Errichtung des Vikariats mit den großen Schwierigkeiten, einen ausreichenden Kontakt zwischen Mauritius und Neuholland aufrechtzuerhalten, und mit der Notwendigkeit, einen geweihten Bischof in Neuholland und Van Dieman's Land, wo man viele katholische Einwohner zähle, einzusetzen.

Als Bischof Polding am 6. August 1835 sein Amt in Australien antrat, befanden sich drei Kirchen gerade im Bau, und es standen ihm einschließlich derer, die ihn nach Australien begleiteten, neun Priester zur Verfügung Er betrachtete sich selbst in erster Linie als Missionar, und dies in einem solchen Ausmaß, daß seine Kritiker bemängelten, er wende nicht genug Zeit für die Verwaltung auf. Ohne viel Rücksicht auf persönlichen Komfort nahm er Reisen über große Entfernungen auf sich, besuchte Menschen, die seit längerer Zeit keinen Kontakt mit der Kirche mehr gehabt hatten, hielt Volksmissionen und suchte die am dichtesten bevölkerten Gebiete mit Priestern zu versorgen. Obwohl diese Priester einen ständigen Amtssitz besaßen, mußten sie doch große Gebiete versorgen und betrachteten sich selbst als umherziehende Missionare, die kirchliche Pionierarbeit leisteten. Während der Anfangsjahre standen die verschiedenen Priester untereinander aufgrund der großen Entfernungen kaum in Kontakt.

Nach fünf Jahren kehrte Bischof Polding nach Europa zurück, um seinen Besuch *ad limina* durchzuführen und um weitere Missionare anzuwerben.

---

15 Vgl. Gregor XVI., Apostolisches Schreiben „*Pastoralis officii munus*", 3. Juni 1834, in: IPPF, pars 1a, V 1893, 102.

16 James Yorke Bramston (1763- 1836), Bischof von Usula i.p.i., war Apostolischer Vikar des Bezirks London von 1827 bis 1836.

Während dieser ersten Jahre war ein starker Zuwachs festzustellen. Die Zahl der Priester war auf neunzehn gestiegen. Die Sisters of Charity hatten sich niedergelassen, ein Seminar und ein Waisenhaus waren gegründet worden. Die Anzahl der Katholiken belief sich bald auf rund zwanzigtausend. In dieser Anfangsphase der Amtszeit Bischof Poldings setzte sich bei ihm schon die Überzeugung durch, daß das Vikariat viel zu groß für einen einzigen Bischof sei, und daß ordentliche Diözesen errichtet werden müßten.

3. Die Errichtung der Hierarchie im Jahre 1842

Um die Jahreswende 1841/42 kam es darüber zu umfangreichem Meinungsaustausch zwischen Bischof Polding und der Propaganda. Er bestand darauf, daß wegen der allzu großen Ausdehnung seines Vikariats weitere Jurisdiktionsbezirke vonnöten seien. Außerdem bestand er darauf, daß diese Jurisdiktionsbereiche wirkliche Diözesen sein müßten. Dies sei auch deswegen nötig, weil bloße Titularbischöfe wegen ihrer Sitze in partibus infidelium von den Protestanten leicht als Eindringlinge von außen angesehen würden, nicht aber als eigentliche Bischöfe. Darüberhinaus sah man es in jenem weniger ökumenisch orientierten Zeitalter als wichtig an, einen Bischofstitel zu reklamieren, ehe die anglikanische Kirche dies tat, die bereits den Versuch unternommen hatte, sich als die etablierte Kirche einzuführen. Schließlich suchte Polding darum nach, daß diesen residierenden Bischöfen alle Vollmachten, die man für gewöhnlich Apostolischen Vikaren gab, erteilt würden, und zwar aufgrund ihrer missionarischen Arbeit und der großen Entfernung von Rom.

Polding stellte die Lage überzeugend dar, und Papst Gregor XVI. errichtete am 5. April 1842 die Hierarchie in Australien, wobei er das Territorium in drei Diözesen aufteilte: Sydney, Adelaide und Hobart, die jeweils direkt dem Heiligen Stuhl unterstellt wurden[17]. Auch erhielt jeder Bischof die für Apostolische Vikare üblichen Vollmachten. Aber Polding gab sich nicht damit zufrieden, nur Bischof von Sydney zu sein, denn er war auch der Überzeugung, daß bei der Errichtung der Kirche in Australien einheitliche Kirchendisziplin und Einheit unter den Bischöfen notwendig seien, und daß dies nur durch die koordinierende Autorität eines Metropoliten zu erreichen sei. Es scheint, daß die Entscheidung, eine Kirchenprovinz zu errichten, vom Papst selbst in einer Privataudienz für Polding am 9. April getroffen wurde. Am 10.

[17] Vgl. Gregor XVI., Apostolisches Schreiben „*Ex debito pastoralis officii*“, 5. April 1842, in: IPPF P.1a V 1893, 293-294.

April schrieb Polding, daß der Papst ihn am vorhergehenden Abend als Erzbischof eingesetzt habe, und am gleichen Tag erscheint zum ersten Mal in den Akten der Propaganda, daß Sydney zum erzbischöflichen Sitz erhoben werden solle, und daß ein apostolisches Schreiben dazu in Vorbereitung sei[18]. Zweieinhalb Wochen später, am 22. April 1842, wurde Sydney Erzdiözese, und Adelaide und Hobart ihr als Suffraganbistümer zugewiesen[19]. Erzbischof Polding war am Ziel seiner Wünsche[20].

Unter den Missionaren, die Polding um diese Zeit für seine neue Erzdiözese anwarb, waren auch vier Passionisten, denen besonders die Evangelisierung der Ureinwohner aufgetragen werden sollte. Nach der Abreise des Erzbischofs aus Rom ließ sich deren Superior Raimondo Vaccari am 12. Juni 1842 zum Apostolischen Präfekten für die Mission bei den Ureinwohnern ernennen[21] und entzog so das Apostolat bei den Ureinwohnern der Jurisdiktion Poldings. Die Präfektur, die sich jedoch als Fehlschlag erwies, endete mit der Abreise Vaccaris 1845[22].

Am 28. Oktober 1842 weihte Erzbischof Polding Robert William Willson[23] in Nottingham in England zum Bischof. Am 8. September 1844 wurde in Sydney der erste Bischof von Adelaide, Francis Murphy[24], durch Erzbischof Polding und den ihm assistierenden Bischof Willson geweiht.

---

18 Von dreiundzwanzig Punkten, die in einer Papstaudienz für den Sekretär der Propaganda an diesem Tage behandelt wurden, war dies der letzte. Dieser letzte Punkt ist von anderer Hand eingetragen, weshalb es wahrscheinlich ist, daß die Angelegenheit in letzter Minute auf die Tagesordnung gesetzt worden war (AP, Udienze, Bd. 96, 1842, 510).

19 Vgl. Gregor XVI., Apostolisches Schreiben „*Ad supremum totius Ecclesiae regimen*", 22. April 1842, in: IPPF, pars 1a, V 294-295.

20 Allem Anschein nach wurden weder in London noch in Sydney die Zivilbehörden über die Errichtung der Hierarchie in Kenntnis gesetzt. Ganz im Gegensatz zum Aufschrei in der Öffentlichkeit anläßlich der Wiedererrichtung der Hierarchie in England im Jahre 1850, gab es keine Proteste. In Kanada war es bis zum Jahre 1844 aufgrund der oppositionellen Haltung der Behörden in Kanada und in London unmöglich, die Kirchenprovinz Québec zu errichten (vgl. Gregor XVI., Apostolisches Schreiben „*Cum per similes apostolicas*", 12. Juli 1844, in: IPPF p. 1a, V 342). Vor dieser Zeit teilte man die riesige Diözese Québec zunächst in Bischofsbezirke auf, unter Vorsitz eines Weih- oder Suffraganbischofs (in der kirchenrechtlichen Terminologie vor 1917 wurde der Terminus „*Suffragan*„ nicht nur für das Verhältnis von Metropolit und ihm beigeordneten Diözesanbischöfen verwendet, sondern auch, um den einem Bischofssitz zugeteilten Weihbischof, weniger hingegen einen Diözesanbischof zu bezeichnen); vgl. G.E. Lynch, Coadjutors and Auxiliaries of Bishops: A Historical Synopsis and Commentary (=Canon Law Studies, no. 238) Washington D.C. 1947, 42-44. Später führte man Diözesen ein, die dem Heiligen Stuhl direkt unterstellt wurden (vgl. zum Beispiel die Dokumentation im Archiv der Erzdiözese Kingston, Aktenzeichen AI5 ER1).

21 AP, Udienze, 96, fol. 811.

22 Genauere Angaben, auch dazu, daß sich Polding ursprünglich des Problems nicht bewußt war und anschließend diese kurzlebige, unabhängige Jurisdiktion in seinem eigenen Jurisdiktionsgebiet ablehnte, finden sich in: Thorpe, First Catholic Mission to the Aborigenes 271 S.

23 Ritzle-Sefrin VII 217.

24 Ritzler-Sefrin VII 58.

4. Die Errichtung weiterer Diözesen und Provinzen

Als die Hierarchie errichtet wurde, hatte Polding vorgeschlagen, daß dort, wo eine neue Kolonie mit einer unabhängigen örtlichen Regierung gegründet werde, der Heilige Stuhl auch eine neue Diözese einrichten solle, deren Grenzen mit den staatlichen Grenzen übereinstimmten, wie dies bereits in verschiedenen Teilen Nordamerikas der Fall sei. Dies führte dazu, daß für Van Dieman's Land die Diözese Hobart Town errichtet wurde, für Südaustralien die Diözese Adelaide, und New South Wales zusammen mit dem verbleibenden Rest Neuhollands die Erzdiözese Sydney bildete. Diesem Prinzip gemäß hätte auch Westaustralien schon damals eine Diözese werden sollen, doch Polding schlug vor, daß Westaustralien, welches noch immer ohne Priester und noch nicht sehr entwickelt war, bis auf weiteres Teil der Erzdiözese verbleiben und ein Generalvikar Polding dort vertreten solle.

Am 1. September 1843 ernannte Erzbischof Polding den Priester John Brady zum Generalvikar für Westaustralien. Brady[25] gelangte am 4. November nach Westaustralien, und bereits am Ende des Jahres setzte er den Erzbischof davon in Kenntnis, daß er beabsichtige, sobald als möglich nach Europa zu segeln, um Personal anzuwerben. Die verantwortliche Amtsführung übertrug er Jan Joostens, einem älteren, holländischen Geistlichen, der mit ihm aus Sydney gekommen war. Als er im Januar 1846 zurückkehrte, brachte er 28 Priester und Ordensleute mit. Auch hatte er bei der Propaganda vorgesprochen, und zwar so erfolgreich, daß die Diözese Perth und die Apostolischen Vikariate The Sound und Essington gegründet[26], und er selbst zum Bischof von Perth und zum Apostolischen Vikar beider Vikariate ernannt worden war. Die Diözese befand sich zur Gänze auf westaustralischem Gebiet, die Vikariate hingegen nur zum Teil. Das Gebiet des Sound reichte nach Südaustralien hinein, Essington nach New South Wales – heute größtenteils zum Northern Territory gehörig. Erzbischof Polding war jedoch nicht damit einverstanden, daß Gebiete ohne Rücksprache mit dem Erzbischof aufgeteilt wurden. Bei seinem Besuch in Rom 1847 erreichte er deshalb, daß beide Vikariate wieder abgeschafft und die Diözese Perth auf das Gebiet Westaustraliens begrenzt wurde. Leider führten die ehrgeizigen Projekte Bischof Bradys und das gutgläubige Vertrauen, das die Propaganda in ihn setzte, bald zu einem finanziellen Debakel, heftigen Konflikten und schließlich zur Absetzung Bradys durch den Papst 1851[27].

---

25 Ritzler-Sefrin VII 303.

26 Vgl. Gregor XVI., Apostolisches Schreiben „*Universo dominico gregi*“, 6.Mai 1845, in: IPPF, pars 1ª, V 355.

27 Nachdem der Papst Bischof Brady verboten hatte, in Australien zu residieren, weigerte sich

1847 veranlaßte Polding, daß in Australia Felix, welches bald darauf zur Kolonie Victoria wurde, neue Diözesen gegründet wurden: Melbourne, im nördlichen Teil Zentralaustraliens die Diözese Port Victoria (die neue Bezeichnung für Essington), und Maitland, eine Stadt rund 160 Kilometer nördlich von Sydney. Bis auf weiteres sollte zu Maitland kein anderes Gebiet gehören als Maitland selber, doch sollte der Bischof zugleich als Koadjutor des Erzbischofs fungieren und so dazu beitragen, ein Gegengewicht zum starken Einfluß der anglikanischen Bischöfe zu schaffen[28].

Als nächste Diözese wurde 1859 Brisbane ins Leben gerufen, in dem Jahr, als man die Kolonie Queensland errichtete. Die Grenzen der Diözese stimmten mit denen der Kolonie überein[29]. Mit der Erschließung neuer Gebiete wuchs jedoch die Bevölkerung in New South Wales rasch an und in den sechziger Jahren des 19. Jahrhunderts wurde die Erzdiözese durch Errichtung neuer Diözesen in Goulburn[30], Armidale[31] und Bathurst[32], sowie durch Abtretung von Gebieten an die Diözese Maitland[33] weiter beschnitten. Als die Anzahl katholischer Siedler in der Diözese Port Victoria zurückging, gelang es bald darauf dem zuständigen Bischof Rosendo Salvado[34], der zu seiner Missionsgründung New Norcia in Westaustralien zurückgekehrt war, daß das Missionsgebiet von der verarmten Diözese Perth getrennt und als Abbatia nullius dem Heiligen Stuhl direkt unterstellt wurde[35].

Melbourne, die erste europäische Siedlung von 1835, war nicht mehr als eine Grenzsiedlung, bestehend aus einigen Hütten, als der erste Priester Patrick Geoghegan OFM[36] im Jahre 1839 dort ankam. Als 1848 der Bischof James

---

dieser abzudanken, zog sich nach Irland zurück und führte bis zu seinem Tode im Jahre 1871 den Titel eines Bischofs von Perth. Die Bischöfe José Serra, und später auch Martin Griver, waren zunächst Apostolische Administratoren (vgl. D.F. Bourke, The History of the Catholic Church in Western Australia, Perth 1979, 5-51).

28 Vgl. Pius IX., Apostolisches Schreiben „*Apostoli munus officium*“, 25. Juni 1847, in: IPPF, pars 1a, IV/I 37-38.

29 Vgl. Pius IX., Apostolisches Schreiben „*Universum Dominicum*“, 12. April 1859, in: ebd. 302.

30 Vgl. Pius IX., Apostolisches Schreiben „*Ex debito pastoralis*“, 28. November 1862, in: ebd. 384.

31 Vgl. Pius IX., Apostolisches Schreiben „*Ex debito pastoralis*“, 28. November 1862, in: ebd. 384-385.

32 Vgl. Pius IX., Apostolisches Schreiben „*Quod Catholicae Ecclesiae*“, 20. Juni 1865, in: ebd. 431.

33 Vgl. Pius IX., Apostolisches Schreiben „*Ex debito pastoralis*“, 13. April 1866, in: ebd. 438.

34 Ritzler-Sefrin VIII 590.

35 Vgl. Pius IX., Apostolisches Schreiben „*Relatum est nobis*“, 12. März 1867, in: ebd. 444 (New Norcia war von 1887 bis 1913 Suffraganbistum zu Adelaide, anschließend zu Perth bis 1982, als es schließlich seines exemten Status verlustig ging und der Erzdiözese Perth eingegliedert wurde).

36 Ritzler-Sefrin VIII 296.

Alipius Goold OSA[37] eintraf, fand er nur drei Priester vor, doch die Bevölkerungszahl war bereits über elftausend hinausgewachsen, von denen ein Drittel behauptete, katholisch zu sein. Als im Jahre 1851 in Ballarat, Sandhurst und an anderen Orten Gold entdeckt wurde, führte dies zu einer Bevölkerungsexplosion, und Melbourne konnte sich bald mit den europäischen Städten vergleichen. In den späten sechziger Jahren schließlich drängten im Zuge dieser Entwicklung auch andere Bischöfe darauf, die Diözese aufzuteilen, und schlugen die Errichtung von fünf oder sogar sieben Diözesen vor. In der Überzeugung, daß er seine Diözese am besten kenne, reiste Bischof Goold nach Rom und erreichte die Aufteilung, die ihm zu dieser Zeit am günstigsten erschien, nämlich die Errichtung von nur zwei neuen Bistümern und zwar Ballarat und Sandhurst[38].

Diese Vermehrung von Diözesen warf zwangsläufig auch die Frage einer Unterteilung der ursprünglichen Kirchenprovinz Sydney auf. Das Ergebnis war 1874 die Erhebung Melbournes zum Erzbistum mit den Suffraganbistümern Victoria, Tasmania, South Australia und Western Australia[39]. Die Diözesen New South Wales, Queensland und Northern Territory verblieben bei der Kirchenprovinz Sydney. Im Jahre 1887 wurde Brisbane erzbischöflicher Sitz für Queensland, und Adelaide für South Australia, Northern Territory und Western Australia[40]. Die Unterteilung der Provinz Adelaide im Jahre 1913, als Perth erzbischöflicher Sitz für Western Australia wurde[41], vervollständigte die Provinzeinteilung. Die Diözesen Hobart[42] und Goulburn[43] wurden zu Erzbistümern. Da sie jedoch nicht Metropolitansitze waren, blieben sie weiterhin den Kirchenprovinzen Melbourne, beziehungsweise Sydney assoziiert. Im Laufe der Zeit errichtete man in den verschiedenen Provinzen weitere Bistümer[44], so daß es heute 28 römisch-katholische Diözesen gibt, zuzüglich dreier Eparchien der Ostkirche und eines Militärbischofs[45].

---

37 Ritzler-Sefrin VIII 377.

38 Vgl. Pius IX., Apostolisches Schreiben „*Universi Dominici Gregis*", 30. März 1874, in: Pii IX Pontificis Maximi Acta, pars prima, VI, Rom 1875, 311-313.

39 Vgl. Pius IX., Apostolisches Schreiben „*Incrementa*", 31. März 1874, in: ebd. 314-315.

40 Vgl. Leo XIII., Apostolisches Schreiben „*Ex officio supremi apostolatus*", 10. Mai 1887, in: Leonis XIII Pontificis Maximi Acta, VII, Rom 1888, 96-97.

41 AP, Acta, 286, fol. 313, prot. num. 1483.

42 Vgl. Leo XIII., Apostolisches Schreiben „*Divinae providentiae concilio*", 3. August 1888, in: Leonis XIII Pontificis Maximi Acta, VIII, Rom 1889, 280-281.

43 Vgl. Pius XII., Apostolische Konstitution „*An dioecesium opportuniorem*", 5. Februar 1948, in: AAS 40 (1948) 353-358. Durch diese Konstitution erfolgte auch die Umbenennung der Diözese in Canberra und Goulburn.

44 Weitere Diözesen wurden gegründet in New South Wales: Grafton (1887), welches 1900 in Lismore umbenannt wurde; Wilcannia (1887), seit 1917 Wilcannia Forbes; Wagga-Wagga (1917); Wollongong (1951); Parramatta (1986); Broken Bay (1986). In Victoria: Sale (1887). In Queensland: Queensland (1877 Apostolisches Vikariat, seit 1887 unter dem Namen Cook

5. Synoden werden abgehalten[46]

Als im Jahre 1844 in Sydney der erste Bischof von Adelaide geweiht wurde, ergriff der Erzbischof die Gelegenheit, die erste Provinzialsynode Australiens einzuberufen. Nicht nur die drei Bischöfe sollten an dieser Synode teilnehmen. Der Erzbischof berief auch die meisten Priester Australiens, von denen in der Tat viele anwesend sein konnten, zur Synode. Weil die Priester nicht nur aus unterschiedlichen Seminaren, sondern auch aus verschiedenen Ländern stammten und deshalb von heterogenen Erfahrungen und Überlieferungen geprägt waren, war die Entscheidung des Erzbischofs, sie an der Gesetzgebung zu beteiligen, sehr klug, da den Priestern für den Vollzug der geplanten einheitlichen Regelungen entscheidende Bedeutung zukam.
Bei der Berufung zur Synode teilte der Erzbischof den Priestern auch die Ziele der Synode mit. Die Kirchendisziplin solle korrekt und einheitlich durchgeführt, die Heilige Messe würdig zelebriert und die Sakramente ehrfürchtig gespendet werden, die Priester ein einwandfreies Leben führen, die Gläubigen in rechter Weise unterwiesen und angeleitet, die Ungläubigen zum Glauben geführt, und Mißstände korrigiert werden. In seiner Ansprache an den Klerus zu Beginn der Synode, welche vom 10. bis 12. September 1844 feierlich abgehalten wurde, ließ der Erzbischof keinen Zweifel daran, daß man sich mit jenen Richtlinien befassen werde, von denen in Zukunft die Disziplin in den Diözesen abhänge. Dies stellte sich tatsächlich als richtige Vorhersage heraus, und eine sorgfältige Lektüre der Dekrete des ersten Plenarkonzils (1885) zeigt, daß jene von 1844 völlig in diese Gesetzgebung übernommen wurden.
Die *recognitio* der Beschlüsse aus Rom ließ auf sich warten. Schon bald nach dem Konzil kam Bischof Jean-Baptiste François Pompallier, Apostolischer Vikar für Westozeanien mit Sitz in Neuseeland, zu einem Besuch nach Sydney, und Erzbischof Polding zeigte ihm die Gesetze und Erlasse der kürzlich abgehaltenen Synode. Leider gerieten sie ins Gepäck des Bischofs Pompailler und waren einige Zeit nicht auffindbar. Aus Neuseeland gelang

---

town und seit 1941 unter dem Namen Diözese Cairns); Rockhampton (1882); Toowoomba (1929), Townsville (1930). South Australia: Port Augusta (1887), seit 1951 Port Pirie. Western Australia: Kimberley (1887 Apostolisches Vikariat, wurde 1966 in Diözese Broome umbenannt; Geraldton (1898); Bunbury (1954). Daneben auch die Missio sui iuris in Drysdale River (1910), 1971 in Kalumburu umbenannt, 1981 abgeschafft. 1888 erhielt Port Victoria im Northern Territory den Namen Victoria und Palmerston, 1938 schließlich den Namen Darwin. Eine chronologische Auflistung der Bistumsgründungen findet sich in Anhang 1.

[45] Vgl. Annuario pontificio per l'anno 1990, 1079.

[46] In diesem Abschnitt sind nur die grundlegenden historischen Fakten zusammengefaßt. Eine Analyse der Synoden erfolgt dann im zweiten Kapitel.

ten sie erst 1846 wieder zurück nach Sydney. Anläßlich einer Romreise Erzbischof Poldings nahm dieser sie mit sich und legte sie schließlich am 1. Februar 1847 persönlich der Propaganda vor. In seinem Begleitschreiben stellte er fest, daß in der Gesetzgebung des Konzils nichts wirklich Neues enthalten sei, da frühere Konzilsdekrete, vom Heiligen Stuhl ratifiziert, zum Vorbild genommen worden waren, insbesondere das Mailänder Konzil des heiligen Karl Borromäus, welches den australischen Verhältnissen angepaßt worden sei[47]. Nach sorgfältiger Prüfung entwarf man eine Instruktion, welche textliche Verbesserungen umfaßte und dem Erzbischof am 9. Oktober 1847 zugesandt wurde. Nach Durchführung der Korrekturen erteilte man die *recognitio* für die Erlasse erst am 31. März 1852. Es war wohl die 1848er Revolution, die zu dieser Verzögerung führte.

Am Ende der ersten Provinzialsynode hatte man die Bestimmung erlassen, daß die nächste Provinzialsynode am 8. September 1847 zusammentreten solle. Tatsächlich jedoch fand sie erst im Jahre 1869 in der Kathedrale St. Patrick in Melbourne statt. In dem dazwischenliegenden Vierteljahrhundert arbeiteten die Bischöfe zusammen, indem sie sich von Zeit zu Zeit zu informellen Konsultationen über das gemeinsame Vorgehen trafen, so daß keine formale Gesetzgebung einer synodalen Versammlung erfolgte.

Erzbischof Polding war sich seiner Autorität als Metropolit zweifellos sehr bewußt. Er zögerte nicht, im Jahre 1851 zum Zwecke der kanonischen Suspendierung des Bischofs Brady nach Perth zu reisen. Mit ähnlichem Eifer hatte er sich 1844 nach Hobart begeben, um den Versuch einer Vermittlung zwischen Bischof Willson und dem Fr. Therry in einem Streit über Kirchengüter zu unternehmen[48]. Darüberhinaus schrieb Polding an Bischof Serra[49], daß „*. . .the British government looks to [the metropolitan] as guaranteeing the loyalty and good feeling of the bishops elected*“[50], und als Goold protestierte, daß er der kirchliche Obere der neuen Diözese Melbourne sei, und daher die Korrespondenz mit der Regierung nicht durch den Erzbischof, sondern durch ihn selbst zu führen sei, antwortete Polding: „*. . .it is not canonically correct to assert that the see of Melbourne has been withdrawn from my spiritual jurisdiction. The canons define the matters in which a metropolitan holds spiri-*

[47] Es handelt sich dabei um die Reformsynoden, die unter der Leitung des heiligen Karl Borromäus seit 1564 bis 1579 durchgeführt wurden.

[48] Dies sollte die Beziehung von Polding und Willson auf Dauer trüben. Vgl. dazu: W.T. Southerwood, A Contemporary Episcopal View of Archbishop Polding: The Willson Correspondence, in: Journal of Religious History 9 (1976-1977) 364-386.

[49] Ritzler-Sefrin VIII 590.

[50] Polding an Serra, 28. Januar 1850, zitiert in: F.O'Donoghue, The Bishop of Botany Bay: The Life of John Bede Polding, Australians First Catholic Archbishop, Sydney 1982, 125.

tual jurisdiction"[51]. Trotzdem belegen die vorhandene Korrespondenz und die Tagebücher der ersten Bischöfe, daß sie ungeachtet solcher Spannungen mit dem Erzbischof und auch untereinander in ständigem Kontakt standen, sowohl schriftlich als auch durch Zusammenkünfte an verschiedenen vorher verabredeten Orten.
Gegen Ende der fünfziger Jahre des 19. Jahrhunderts drängte der Heilige Stuhl den Erzbischof dazu, Zusammenkünfte der Bischöfe in die Wege zu leiten, so daß sie die Probleme und Herausforderungen für die Kirche in den sich rasch entwickelnden Kolonien beraten, gemeinsame Richtlinien erlassen und ein gemeinsames Vorgehen gewährleisten könnten. Doch die Entfernungen machten es so gut wie unmöglich, alle gleichzeitig zu einer solchen Versammlung zusammenzubringen. Der Versuch wurde jedoch unternommen. Bei der Vorbereitung einer Bischofskonferenz 1858 schrieb der Erzbischof: „*There are many important topics on which I desire to communicate orally [. . .] thus without the formal convocation of a synod, we might take counsel with each other, and arrange many things for the general good of the province, and prepare suggestions to be submitted to the Holy See*"[52]. Damals entwickelte sich in Australien, wie auch in vielen anderen Ländern, die Institution der Bischofskonferenz. Der Erzbischof, Bischof Willson (Hobart) und Bischof Goold (Melbourne)[53], trafen sich also vom 5. bis 11. Juni in Melbourne und gaben als Ergebnis ihrer Besprechungen ein *monitum pastorale* an die Geistlichkeit heraus[54]. Weitere Treffen fanden in Sydney im April 1860 und im Februar 1862 statt. Aus unterschiedlichen Gründen konnten aber jeweils nicht mehr als drei oder vier Bischöfe anwesend sein. Der neue Bischof von Brisbane, James Quinn[55], auf dessen Drängen die Zusammenkunft im Februar 1862 einberufen worden war, mußte erleben, daß am festgesetzten Tag nur er und Polding anwesend waren. Mit einwöchiger Verspätung traf dann Bischof Patrick Geoghegan OFM aus Adelaide ein, die anderen Bischöfe erschienen überhaupt nicht.

---

51 Vgl. ebd.,92-93.

52 Vgl. Polding an Goold, 26. April 1858, zitiert in: Moran, History 767. In diesem Zusammenhang ist es interessant zu wissen, daß Polding bei seinem Besuch in England im Jahre 1855 als *episcopus invitatus* an der Zweiten Provinzialsynode von Westminster teilnahm, und zwar mit beratendem Stimmrecht (AP, CL 3, Sp. 972, 974, 985).

53 Der Erzbischof war Administrator von Maitland (am 6. Mai 1855 vom Heiligen Stuhl ernannt). Bischof Murphy von Adelaide war im April gestorben, und da Western Australia so weit entfernt lag, machte dies die Teilnahme der Bischöfe Serra und Salvado praktisch unmöglich.

54 Vgl. J.B. Polding, The Eye of Faith: The Pastoral Letters of John Bede Polding, hrsg. von G. Haines, M.G. Forster und F. Brophy, Kilmore (Vic.) 1981, 380-382.

55 Ritzler-Sefrin VIII 158.

Quinn, der erste einer neuen Generation von Bischöfen, die von dem einflußreichen Kardinal Paul Cullen aus Dublin ausgewählt worden waren, hatte von der Propaganda den Rat erhalten, mit Nachdruck auf die Abhaltung bischöflicher Konferenzen zu drängen, um die Hierarchie zu einen. Polding hatte mit der ersten Bischofsgeneration, die zum größten Teil aus Missionaren bestand, die durch ihn empfohlen worden waren, im großen und ganzen Glück gehabt, wenngleich manchmal unterschiedliche Meinungen vertreten wurden. Gegenüber Quinn und seinen Nachfolgern jedoch verhielt er sich sehr mißtrauisch und ablehnend. Diese vom kämpferischen irischen Katholizismus geprägten Protegés Cullens forderten eine straff durchstrukturierte Kirche und strenge Disziplin.

Für das Jahr 1862 plante man eine Synode, und der Erzbischof sowie drei der Suffragane[56], Bischof Willson aus Hobart, Goold aus Melbourne und Quinn aus Brisbane[57] kamen um diese Zeit in Melbourne zusammen, wo sie einige Dekrete für die Provinz formulierten. Da diesen jedoch die römische *recognitio* verweigert wurde, erhielt diese Bischofszusammenkunft nicht den Charakter einer Synode. Statt dessen wurden die Dekrete als Anhang zu jenen der Synode von 1844 gedruckt[58]. Aus dieser Konferenz gingen auch die beiden ersten gemeinsamen Hirtenbriefe der australischen Bischöfe hervor, von denen sich einer an die Laien, der andere an die Geistlichkeit richtete[59].

Trotz der Aufforderungen seitens der Propaganda zögerte Polding, ein weiteres Treffen oder eine Synode einzuberufen[60]. In Abwesenheit des Erzbischofs erörterten dennoch William Lanigan[61] und die drei Bischöfe, die ihn in Goulburn am 2. Juni 1867 weihten, gemeinsame Probleme und Vorgehensweisen. Im darauffolgenden Jahr überzeugte man den Erzbischof, ein vorbereitendes Treffen für eine Provinzialsynode anzuberaumen. Dies Treffen fand

56 Was die anderen betrifft, so hatte Bischof Salvado von Port Victoria versucht, seine Bischofswürde und seinen Titel abzugeben, um sich ganz der Mission in New Norcia zu widmen. Bischof Geoghegan weilte gerade in Europa und der Apostolische Administrator von Perth, Martin Griver, fehlte unentschuldigt. Der Erzbischof stand damals der Erzdiözese Maitland vor.

57 Nach Dienstalter geordnet aufgeführt.

58 Vgl. dazu Supplement, „*Observanda, quae addita fuerunt decretis primi Concilii provincialis a reverendissimo archiepiscopo et episcopis congregatis, in ecclesia cathedralis Melbournensi, festo Omnium Sanctorum, 1862*„ (=Observanda), 8 S., den Acta et Decreta der ersten Provinzialsynode hinzugefügt, in: Acta et decreta Conciliorum primi et secundi provincialium Australiensium, et Synodorum primae, secundae, tertiae, quartae, quintae, et sextae, dioecesanarum Melbournensium, Melbourne 1891.

59 Vgl. Polding, The Eye of Faith 382-393.

60 Vgl. zum Beispiel AP, Acta 228, fol. 60; 229, fol. 271.

61 Ritzler-Sefrin VIII 296.

im August 1868 in Sydney statt. Anwesend waren die Bischöfe von Hobart, Brisbane, Bathurst, Maitland und Goulburn, die auch eine Tagesordnung für die Provinzialsynode entwarfen[62].

1869 wurde schließlich die zweite Synode in Melbourne vom Erzbischof, den Bischöfen von Hobart, Melbourne, Brisbane, Bathurst, Maitland, Adelaide und Goulburn, sowie dem Administrator *sede vacante* von Armidale mit großer Feierlichkeit abgehalten. Die Bischöfe von Port Victoria und Perth nahmen nicht teil. Nachdem die Zeit des Goldrauschs in den fünfziger Jahren des 19. Jahrhunderts dem Land viele Einwanderer gebracht hatte, war die Nation aufgeblüht. Deshalb erließen die im Konzil versammelten Bischöfe Gesetze, welche auf Grund der neuen Lage erforderlich waren. Diese betrafen besonders die katholische Erziehung, konfessionsverschiedene Ehen und die Bekehrung der Ureinwohner. Die Bischöfe empfahlen auch die Errichtung neuer Diözesen und eines weiteren Metropolitensitzes in Melbourne. Die *recognitio* aus Rom ließ diesmal nicht so lang auf sich warten, wie nach der ersten Synode; sie wurde am 18. Juli 1872 erteilt.

Im Jahre 1873 erhielt Polding den Vorschlag der Propaganda, eine weitere Provinzialsynode anzuberaumen[63]. Als Polding darum nachsuchte, an seiner Stelle Erzbischof Vaughan den Vorsitz zu übertragen[64], erhielt er die Auskunft, daß es angemessener sei, Erzbischof Goold damit zu betrauen, was bedeutete, daß man ein Plenarkonzil beider Provinzen und nicht eine Provinzialsynode anstrebte[65]. Als bis zum Frühjahr 1877 noch nichts geschehen war, ließ die Propaganda Vaughan schriftlich wissen, er könne den Vorsitz bei einer Provinzialsynode übernehmen, wenn Polding gesundheitlich dazu nicht in der Lage sei[66]. Noch im ersten Monat nach Poldings Tod sprach sich Vaughan jedoch in seiner Antwort gegen eine Synode zum gegenwärtigen Zeitpunkt aus, mit dem Argument, es würde sich dabei nur um ein „Fami-

---

62 Vgl. CL 3, Sp. 1057-1058.

63 Vgl. AP, Lettere 369, fol. 250; 370, fol.17.

64 Vgl. AP, SC 10, fol. 589. Roger Bede Vaughan OSB, geboren am 9. Januar 1834 in Courtfield, Hereford, England, war Prior des Kathedralklosters von Sankt Michael in Hereford, als ihn die Ernennung zum Erzbischof von Nazianzus i.p.i. erreichte. Seit dem 28. Februar 1873 war er auch Erzbischof-Koadjutor von Sydney. Vor seiner Abreise nach Australien nahm er an der Vierten Provinzialsynode von Westminster teil, bei der man ihm beratendes Stimmrecht zubilligte (vgl. AP, Acta 241, fol. 500-560). Nach dem Tode Erzbischof Poldings wurde Vaughan am 16. März 1877 dessen Nachfolger auf dem Bischofsstuhl von Sydney. Er verstarb in Ince Blundell in England, auf dem Wege zu einem Besuch *Ad limina* am 17. August 1883.

65 Vgl. AP, Lettere 370, fol. 284. Bei Errichtung der Kirchenprovinz Melbourne am 31. März 1874 war Goold Metropolit geworden.

66 Vgl. ebd. 373, fol. 31v-32.

lientreffen" handeln[67]. 1882 suchte er schließlich um die Erlaubnis nach, eine Provinzialsynode anberaumen zu dürfen[68]. Da der Metropolit zur Einberufung einer Provinzialsynode aber keiner päpstlichen Genehmigung bedurfte, könnte man vermuten, daß Erzbischof Vaughan in Wirklichkeit an ein Plenarkonzil dachte, wenngleich sich seine Korrespondenz nur auf die Provinz Sydney und ihre Belange bezog. Sein plötzlicher und vorzeitiger Tod setzte jedoch allen wie auch immer gearteten Plänen ein Ende, auch wenn auf seine Veranlassung hin die Bischöfe James Murray (Maitland) und Elzearo Torregiani OFMCap (Armidale) bereits damit begonnen hatten, Material zusammenzutragen[69].

Die Translation von Patrick Francis Moran[70] im Jahre 1884 auf den Metropolitansitz von Sydney kann wohl das bedeutendste Ereignis in der Geschichte der australischen Kirche genannt werden. Er war mit dem Auftrag nach Australien gekommen, die australische Kirche mit ihren Missionsstrukturen in den gefestigten europäischen Kirchentypus, mit allen kanonischen Einrichtungen, umzuwandeln. Schon bald darauf wurde er zum Apostolischen Delegaten ernannt und vom Heiligen Stuhl angewiesen, ein Plenarkonzil einzuberufen, also ein Konzil der Bischöfe der beiden damals existierenden Provinzen Sydney und Melbourne, sowie der Bischöfe Neuseelands. Daher bezeichnet man das Konzil eher als australasisches denn als australisches Konzil.

Das Konzil, an dem 18 Prälaten teilnahmen, trat vom 14. bis 29. November 1885 in Sydney zusammen. Man beriet sich über alle Punkte des kirchlichen Lebens und brachte ein eindrucksvolles Gesetzbuch von 274 Dekreten heraus, in welchem so unterschiedliche Angelegenheiten behandelt wurden wie: Glaube, Bischöfe, Dekane, Synodalexaminatoren, das Stellenbewerbungsver-

[67] Vgl. AP, SC 11, fol. 133-136. In dieser Antwort wird das Mißtrauen und das gespannte Verhältnis zwischen dem englischstämmigen Ordensmann, der der Metropolit war, und seinen fünf irischen Suffraganen, die Weltgeistliche waren, deutlich. Drei der Bischöfe waren untereinander verwandt, und allesamt entschiedene Vertreter der Cullen-Fraktion. Zu Vaughans kritischer Einschätzung der irischen Prägung dieser Bischöfe, besonders als Bischof O'Mahoney von Armidale wegen Fehlverhaltens angeschuldigt wurde, vgl. ebd. fol. 741-768.

[68] Vgl. ebd. 14, fol. 247, fol. 428.

[69] Vgl. Diözesanarchiv Maitland (=MA), Letters A.6.5, A.6.6, und B.1.16.

[70] Geboren am 16. Dezember 1830 im irischen Leighlin, wurde Moran, ein Neffe des Kardinals Paul Cullen aus Dublin, von seinem zwölften Lebensjahr an bis zu seiner Priesterweihe1853 in Rom erzogen. Er blieb als Professor und von 1853 bis 1856 als Vizerektor des Irischen Kollegs in Rom. Von 1856 bis 1872 fungierte er als Sekretär von Kardinal Cullen in Dublin. Die Ernennung zum Bischof von Olba i.p.i. und zum Koadjutor von Ossory erfolgte am 11. August 1872. Am 22. März 1884 ernannte man ihn zum dritten Erzbischof von Sydney, wo er am 8. September 1884 eintraf. Seine Ernennung zum Kardinal erfolgte am 27. Juli 1885. Er starb in Manly in New South Wales am 16. August 1911.

fahren, das Seminar, Männer- und Frauenorden, die Sakramente, die Disziplin der Kleriker, die Ureinwohner, Fasten und Erziehung. Dabei nahmen 52 Priester mit beratender Stimme teil. Ein Großteil der Gesetzgebung von 1844 und 1869 wurde in die Gesetzgebunng von 1885 aufgenommen, welche im großen und ganzen zu einem Corpus des kanonischen Partikularrechts für Australien und Neuseeland wurde. Nach einigen Verbesserungen und Änderungen wurde die *recognitio* aus Rom am 1. Mai 1887 erteilt..

In Sydney wurden weitere Plenarkonzilien abgehalten, das zweite vom 17. November bis zum 1. Dezember 1895, welches die *recognitio* des Heiligen Stuhls am 22. Januar 1898 erhielt, und das dritte vom 2. bis 10. September 1905, dessen *recognitio* am 24. September 1906 erfolgte. Jedes dieser Konzilien stellte im Grunde nur eine Überarbeitung des Konzils von 1885 dar, da man die Grundzüge beibehielt, die Zahl der Dekrete jedoch im Jahre 1895 auf 344, und im Jahre 1905 auf 371 vermehrte[71]. Als Apostolischer Delegat führte Kardinal Moran den Vorsitz über das zweite und dritte Konzil. Auf dem dritten Konzil verabschiedeten die versammelten Prälaten eine Petition an den Hl. Stuhl, Sydney zum Primatialsitz zu erheben, die jedoch abgelehnt wurde.

Auf Ersuchen des Heiligen Stuhls[72] hielt man seit dem Jahre 1890 jährliche Zusammenkünfte der Metropoliten ab[73]. Im Anschluß an diese trafen üblicherweise die Metropoliten mit ihren Suffraganbischöfen zusammen. In unregelmäßigen Abständen versammelten sich die Bischöfe auch zwischen den Konzilien, wobei sie manchmal Erklärungen und Interpretationen der konziliaren Gesetzgebung abgaben[74]. Gegen Ende der Lebenszeit Kardinal Morans

---

[71] Auf die Konzilien von 1895 und 1905 wurden die Bischöfe Neuseelands nicht geladen. Sie hielten statt dessen 1899 eine eigene Synode ab, die Erste Provinzialsynode von Wellington, nachdem sie den Hinweis der Propaganda erhalten hatten, daß man Neuseeland und Australien als zwei voneinander verschiedene Gebiete betrachte. Man solle sich insbesondere zwei Themen zuwenden: der Gründung eines Seminars für Neuseeland und der Evangelisierung der Eingeborenen (vgl. AP, Acta 271, fol. 149-197). Abgesehen von geringfügigen Veränderungen entspricht die Gesetzgebung derjenigen von 1895 und berücksichtigt die beiden Themata, die von der Propaganda vorgeschlagen worden waren (vgl. Acta et decreta Concilii provincialis primi Wellingtonensis habiti in ecclesia Sancti Iosephi Wellingtone in Nova Zelandia, die 21 ianuarii et sequentibus usque ad diem 29 ianuarii 1899 [=Concilium Wellingtonense], Dunedin 1900, 132 S.).

[72] Vgl. AP, Lettere 386, fol. 15v-16v; SC 17, fol. 68.

[73] Vgl. AP, Nuova serie (=NS) 170, fol. 493-494.; 216, fol. 213-214, fol. 219-234, fol. 284-288, fol. 301-302; Archiv der Erzdiözese Sydney (=SAA, Synodal Matters File).

[74] Vgl. zum Beispiel: Resolutions of the Synodical Conference of the Archbishops and Bishops of Australia, held in Sydney in January, 1888; Synodical Conference of the Archbishops and Bishops of Australia, held in Goulburn June 30th, and July 1st, 1890, Sydney o.J., 4 S.; Meeting of the Hierarchy of Australasia present at the Consecration of St. Patrick's Cathedral, Melbourne, held in Archbishops House, Melbourne, on Wednesday, 3rd of November 1897, at 10 a.m., 7 S. (SAA, Synodal Matters File).

wurden beide Arten der Zusammenkunft vernachlässigt. Erst seit 1918 nahm man die jährlichen Treffen der Erzbischöfe wieder auf[75]. 1922 kamen die Bischöfe überein, alle drei Jahre eine Versammlung abzuhalten[76]; dies war ein Vorläufer der Bischofskonferenz.

Das Vierte Plenarkonzil tagte in Sydney vom 4. bis 12. September 1937[77]. Ein bedeutsamer Unterschied zu den vorhergegangenen drei Konzilien bestand darin, daß Einberufung und Leitung durch einen Apostolischen Legaten, den Erzbischof Giovanni Panico[78] erfolgte, der zu jener Zeit das Amt des Apostolischen Delegaten innehatte, und nicht durch ein Mitglied der örtlichen Hierarchie. Wie schon 1885 wurde auch der Vertreter Neuseelands zu diesem Konzil geladen[79]. Neben dem Apostolischen Delegaten nahmen 32 Prälaten mit entscheidendem und 53 Priester mit beratendem Stimmrecht teil. Schon der schiere Umfang der Gesetzgebung von 685 Dekreten verdient Beachtung. In ihrer Anordnung folgte man dem CIC von 1917. In den Eröfffnungsbestimmungen gab man allgemeine Normen vor. Die vierte dieser Bestimmungen ist von besonderer Bedeutung: „*The decrees of the previous plenary councils in force till now, which are neither explicitly nor implicitly contained in this council, are to be considered abrogated*". Die Gesetzgebung von 1844 und 1869 wurde nicht formaliter außer Kraft gesetzt, vielmehr sollte sie, weil diese Gesetzgebung im allgemeinen in derjenigen von 1885 aufging, eher als Quelle denn als geltendes Recht eingestuft werden. Dieses Konzil legte auch fest, daß die Hierarchie alle zwei Jahre sowohl auf nationaler als auch auf Provinzebene zusammenkommen solle.[80] Das Konzil erhielt die *recognitio* aus Rom am 14. März 1938.

---

[75] Vgl. Minutes of the First Meeting of the Archbishops of Australasia, in: Australian Catholic Record 65, 1988, 181-193.

76Vgl. Report of Conference of the Hierarchy of Australasia, held in Archbishop's House, Raheen, Melbourne on October the 24th and the 25th, 1922, 7 (=MDHC, Hierarchy file).

[77] Auf einen Vorschlag des Apostolischen Gesandten aus dem Jahre 1922 hin war dieses Konzil ursprünglich für 1925 geplant. Vgl. ebd. 11.

[78] CIC (1917) c. 281 findet sich die Bestimmung, daß ein Plenarkonzil durch einen vom Papst zu ernennenden Legaten einzuberufen sei, welcher auch den Vorsitz führe. Papst Pius XI. ernannte Erzbischof Panico, den Titularerzbischof von Giustiniana von 1935 bis 1948 zum Apostolischen Delegaten für Australasien, welcher das Konzil 1937 einberufen und den Vorsitz dabei führen solle. Im Jahre 1914 war bereits eine dauernde Apostolische Delegatur für Australien und Neuseeland eingerichtet worden. Vgl. AAS 6, fol. 223-224.

[79] Zu diesem Zeitpunkt gab es in Neuseeland die Erzdiözese Wellington und drei weitere Suffraganbistümer: Auckland, Christchurch und Dunedin.

[80] Vgl. Concilium plenarium IV Australiae et Novae Zelandiae habitum apud Sydney a die 4a ad diem 12am mensis septembris anno Domini 1937, praeside Excell.mo ac Rev.mo domine Joanne Panico, Archiepiscopo tit. Justinianen. delegato apostolico, a Sancta Sede recognitum (= Concilium plen. IV Aust. et N.Z.), Manly 1938, 16. 1952 erteilte der Delegat der Hierarchie

1968 gab die australische Bischofskonferenz bei der Canon Law Society of Australia and New Zealand eine Untersuchung in Auftrag, festzustellen, welche Entscheidungen des Plenarkonzils von 1937 noch in Kraft wären und welche der Zeit nicht mehr entsprächen. Außerdem erkundigte sich der Vorsitzende der Bischofskonferenz, ob es ratsam sei, ein weiteres Plenarkonzil in der näheren Zukunft abzuhalten. Der vorgelegte Untersuchungsbericht enthielt den Rat, daß ein neues Plenarkonzil vor der Überarbeitung des Codex Iuris Canonici nicht abgehalten werden solle. Neue Dekrete, welche das allgemeine Recht interpretieren, erweitern und erklären, könnten dann zumindest in einigen Fällen nötig sein[81].

Trotz der Gesetzgebung des Tridentinums und trotz der Erwähnung von Provinzialsynoden in der Gesetzgebung der Plenarkonzilien wurde in Australien seit der Aufteilung der ursprünglichen Kirchenprovinz Sydney nur eine einzige Provinzialsynode abgehalten, die Erste Provinzialsynode von Melbourne[82]. Seit 1888 bestand die Provinz Melbourne nur aus dem Staat Victoria, also der Erzdiözese und den drei Suffraganbistümern Ballarat (1874), Sandhurst (1874) und Sale (1887)[83]. Am 14. September 1907 lud Thomas Joseph Carr[84], der zweite Erzbischof von Melbourne, der unter Berufung auf die Gesetzgebung des Tridentinums über die Provinzialsynoden[85] seine drei Suffraganbischöfe und alle übrigen, welche nach Recht oder Gewohnheit teilnehmen sollten, zu einer Provinzialsynode[86], der Ersten Pro-

den Rat, ihre kürzlich beschlossenen jährlichen Zusammenkünfte zu einer Konferenz mit fester Verfassung umzugestalten; vgl. Erzbischof Paul Marella an die australischen Bischöfe, Nord Sydney, 1. September 1952, prot. num. 2443/52 (MDHC, Hierarchy file).

81 Vgl. Submission made to the Episcopal Conference by the Canon Law Society of Australia regarding the binding force of the Decrees of the Fourth Plenary Council, 1970, 2-3.

82 Für die Kirchenprovinz Sydney plante man eine Provinzialsynode für Januar 1888. Diese sollte gleichzeitig mit den Hundertjahrfeiern in New South Wales stattfinden. Da die Bischöfe aus den übrigen Kolonien Australiens an den Feierlichkeiten teilnahmen, entwickelte sich aus dieser Synode eine synodale Konferenz aller Bischöfe (vgl. O'Haran an Kirby, Sydney, 9. November 1887; Moran an Kirby, Sydney, 6. Februar 1888; Archiv des Irischen Kollegs [=IC], Neue Sammlung - Kirby [=NK], Nrn. 1887/34, 1888/4).

83 Die Diözese Sale wurde aus Teilen des Territoriums von Melbourne gebildet. Vgl. Leo XIII., Apostolisches Schreiben „*Ex debito pastoralis*", 10. Mai 1887, in: Leo XIII Pontificis Maximi Acta VII 1888, 86-88.

84 Carr, geboren in Moylough, County Galway-Irland, am 10. Mai 1839, war Priester der Erzdiözese Tuam, Vizepräsident und Professor der Theologie am St. Patrick's College in Maynooth, als er am 12. Juni 1883 zum Bischof von Galway und Kilmacduagh ernannt wurde, was außerdem die Verwaltung der Diözese Kilfenora mit sich brachte. Am 16. November 1886 wurde er nach Melbourne versetzt. Er starb am 6. Mai 1917; vgl. Ritzler-Sefrin VIII 377.

85 Vgl. Sess. 24, de ref., Kap. 2 (COD ^{3}1973,761).

86 Das Konzil von Trient (vgl. ebd.) hatte bestimmt, daß Diözesanbischöfe, die nicht einem Metropoliten, sondern dem Heiligen Stuhl direkt unterstellt seien, sich in Fragen, die Provinzialsynoden beträfen, an einen benachbarten Metropolitansitz anschließen sollten. Trient

vinzialsynode von Melbourne, welche dort vom 17. bis 24. November 1907 abgehalten wurde. Dreiundzwanzig Welt- und Ordenspriester aus der Kirchenprovinz nahmen mit beratender Stimme teil. 112 Dekrete wurden formuliert und nach Rom gesandt, wo sie am 12. Juni 1909 die *recognitio* erhielten. Die Bischöfe bestimmten während der Synode, daß die nächste Synode 1910 stattfinden solle, wenngleich sie sich das Recht vorbehielten, einen anderen Termin festzusetzen. Diese Synode steht bis heute noch aus.

---

erließ jedoch keine Bestimmungen über Erzbischöfe, denen es an Suffraganen mangelt, und die deshalb keine Metropoliten sind. Im CIC (1917) jedoch findet sich Kanon 285 die Bestimmung, daß gleichgestellte, keinem Metropoliten unterstehende Bischöfe zur Abhaltung von Provinzialsynoden sich an den Metropoliten wenden sollten, dessen Sitz der nächstgelegene sei. Dies wirkte sich in der Praxis so aus, daß Hobart, von 1842-1874 Suffraganbistum von Sydney, dann bis 1888 von Melbourne, und seit 1888 Erzbischöflicher Sitz, dem Heiligen Stuhl direkt unterstellt, von 1888 bis 1918 keiner Kirchenprovinz zugerechnet wurde, doch seit der Einführung des CIC (1917) zur Kirchenprovinz Melbourne gerechnet wird. Deshalb wurde der Erzbischof von Hobart im Jahre 1907 nicht auf die Provinzialsynode von Melbourne geladen. Heutzutage dagegen nimmt der Erzbischof an Zusammenkünften der Bischöfe der Kirchenprovinz teil, kann sich der Einrichtungen der Kirchenprovinz bedienen (zum Beispiel des Gerichts oder Seminars) und würde auf eine Provinzialsynode geladen, wenn eine solche stattfände.

II. Die sechs Australischen Synoden

1. Die Erste Provinzialsynode Australiens von 1844

Nachdem Erzbischof Polding am 9. März 1843 aus Rom nach Sydney zurückgekehrt war, wurde ihm sogleich klar, daß die Kirche, die nun nicht mehr in den Kinderschuhen steckte und in der sich verschiedene Diözesen herausbildeten, der Geschlossenheit und Ordnung bedurfte. Um dies zu erreichen galt es, Vorstellungen und Vorgehensweisen in hohem Maße zu vereinheitlichen. Man weiß nicht, wann der Erzbischof den Entschluß faßte, eine Provinzialsynode einzuberufen, doch ist es wahrscheinlich, daß es die Weihe des Bischofs Francis Murphy von Adelaide war, die den Anlaß hierfür bot. Die Weihe sollte stattfinden, sobald Bischof Willson aus Hobart zu ihm kommen könne[1]. Natürlich würden die Bischöfe den Wunsch haben, die gemeinsame Vorgehensweise zumindest in formloser Weise zu besprechen. Ein Konzil hingegen würde feste Entscheidungen und Dekrete zum Ergebnis haben, die als Verhaltensnorm gelten konnten.

Bischof Willson gelangte erst am 11. Mai 1844 in sein Bistum. Polding hatte gehofft, daß die Weihe am 29. Juni stattfinden werde, aber Willson war nicht so bald schon in der Lage, nach Sydney zu reisen. Schließlich machte er sich doch auf den Weg, und am 3. September wurde die Einberufung der Synode verkündet. Es ist nur schwer auszumachen, wieviele Geistliche tatsächlich anwesend waren. Mit Sicherheit war es die Mehrheit aus der Erzdiözese Sydney, vermutlich sogar alle, die an der Bischofsweihe am 8. September hatten teilnehmen können. Bischof Willson kam nur in Begleitung eines seiner vier Priester[2]. Es fehlten die vier Passionisten, deren Oberer zum Apostolischen Präfekten der Mission bei den Ureinwohnern ernannt worden

---

[1] Die Entscheidung zur Einberufung einer Synode sollte nicht als außergewöhnlich betrachtet werden, da das zeitgenössische Kirchenrecht für jede Kirchenprovinz die Abhaltung von Synoden im Dreijahresrhythmus vorschrieb, wenngleich dies oftmals nicht beachtet wurde.

[2] Moran führt in seinem Bericht vierunddreißig Geistliche als anwesend an, wobei er offenbar von der Annahme ausging, daß all diejenigen, die berufen worden waren, auch wirklich erschienen waren (Moran, History 439). Spätere Autoren griffen diese Angabe wieder auf, so zum Beispiel Knox, The Historical and Juridical Importance 51; Suttor, Hierarchy and Democracy 67. Einem Zeitungsbericht zufolge waren jedoch nur zwanzig Priester anwesend, während fünfzehn verhindert waren (vgl. The Morning Chronicle, 25. September 1844, 3). In einem anderen Zeitungsbericht werden zweiundzwanzig als anwesend und vierzehn als abwesend gezählt (vgl. ebd., 28. September 1844).

war. Als Apostolischer Präfekt war er Erzbischof Polding nicht unterstellt, der deshalb auch nicht die Autorität besaß, ihn zum Konzil zu rufen[3].
Bei einer vorbereitenden Sitzung am 9. September ernannten die Bischöfe einige Geistliche zu theologischen Beratern, drei für den Erzbischof und zwei für jeden Bischof, und als Synodensekretär Vincent Bourgeois OSB. Die Synode fand vom 10. bis 12. September statt, nach allen Regeln und mit allen Zeremonien, die das Pontifikale vorschreibt, und eine große Anzahl von Gläubigen beteiligte sich an den liturgischen Feiern der Synode. Die Priester hatten damit begonnen, aus ihrer missionarischen Erfahrung heraus Dekrete bezüglich einheitlicher Disziplin in den drei Diözesen zu formulieren. Sie legten Gewissensfälle dar, welche den Theologen zur Diskussion übergeben wurden, ehe man sie den Bischöfen zur definitiven Entscheidung unterbreitete. Die Dekretentwürfe wurden diskutiert und überarbeitet, ehe die Bischöfe sie feierlich unterzeichneten. Gegen Ende der Synode ließ man einige Zeugen aus dem Laienstand zu. Welche Rolle sie spielten, bleibt Gegenstand der Spekulation[4]. Als Termin für die Eröffnung der nächsten Synode wurde der 8. September 1847 bestimmt.
Die eigentliche Gesetzgebung ist in zwei Abschnitte aufgeteilt. Vier allgemeinen Dekreten folgen vierzehn weitere, die spezielle Anweisungen für die Amtsführung der Priester und die Verwaltung der Sakramente enthalten. In den drei ersten allgemeinen Dekreten wurden die Bischöfe dazu angehalten, untereinander in Liebe und Eintracht verbunden zu bleiben, die Rechte der Kirche zu verteidigen und alle Teile ihrer Diözesen alle zwei Jahre zu visitieren. Der vierte allgemeine Erlaß stellte eine Ermahnung an die Priester dar, sich ihrer priesterlichen Aufgabe bewußt zu bleiben, die üblichen Wege und Mittel zur Heiligung zu beobachten und durch gutes Beispiel Einfluß auf andere auszuüben.
Die Regelungen in den anderen Dekreten betreffen Einzelheiten der Lebensführung der Geistlichen. Priester sollten öffentliche Theater, Tanzveranstaltungen, Pferderennen und unziemliche Veranstaltungen meiden (Dekret 1), klerikale Kleidung einschließlich des römischen Kollars tragen, die sie von anderen unterschieden (Dekret 2), und moraltheologische Bücher besitzen, welche regelmäßig zu studieren waren (Dekret 3). Sie sollten jeden Tag eine

---

[3] Der Autor zieht diese Erklärung den Vermutungen THORPES vor, nämlich Entfernung, Verlust der Benachrichtigung oder ihr zu spätes Eintreffen, Parteilichkeit des Erzbischofs, vor (vgl. THORPE, First Catholic Mission to the Aborigenes 133-134).

[4] James KNOX vermutete, daß sie die Dokumente wohl unterzeichnet hätten (vgl. KNOX, The Historical and Juridical Importance 70), doch weisen die Originaldokumente nur die Unterschriften der Bischöfe auf (vgl. AP, Scritture Originali riferite nelle Congregazioni Generali [=SOCG] 969, fol. 615).

halbe Stunde dem betrachtenden Gebet widmen. Ihren Beichtvätern machte man es zur Pflicht, sie daraufhin zu befragen (Dekret 4). Sechs Tage im Jahr mußten geistlichen Exerzitien gewidmet sein, wovon zumindest drei Tage mit anderen Priestern des Dekanats auf einer vom Dekan organisierten Einkehrtagung zuzubringen waren, die anderen drei Tage in privater Abgeschiedenheit (Dekret 5). In jedem Dekanat sollten, wenn möglich, jährlich mindestens drei Priesterkonferenzen durchgeführt werden, auf denen die anstehenden Angelegenheiten gemäß den vom Bischof festgesetzten Richtlinien zu diskutieren waren (Dekret 6).

Der größte Teil der synodalen Gesetzgebung bezog sich auf die Verwaltung der Sakramente. Einige Dekrete sind in vielen Paragraphen sehr umfangreich formuliert. Ein gutes Beispiel dafür ist das Dekret 7, das in sieben Paragraphen aufgeteilt ist, welche die Würdigkeit des Spenders, Treue gegenüber den liturgischen Regeln, Vorbereitung durch Gebet und liturgische Kleidung, Vermeiden jedes Anscheins von Simonie oder Habsucht, unverzügliche Sakramentenspendung auch in Seuchenzeiten, das Studium des Rituale Romanum und Unterweisung der Gläubigen fordern. Ein weiteres Dekret (Nr.8), in dem die Sakramente einzeln behandelt werden, schreibt vor, daß der Priester, wo immer möglich, bei jeder Sakramentenspendung Chorhemd und Stola tragen solle und wenn möglich wöchentlich, zumindest jedoch in monatlichen Abständen, das Sakrament der Buße selbst zu empfangen habe.

Sofort sollten in jeder Kirche Taufbrunnen errichtet werden. Die Kirchen waren für gewöhnlich der Ort, an dem die Taufe stattfand, außer in Fällen, in denen es einen vernünftigen Grund dafür gab, anderswo zu taufen. Als Taufpaten konnten nur gutbeleumundete Katholiken von einwandfreier Lebensführung zugelassen werden. Wenn die Eltern einen Taufpaten vorstellten, der nicht katholisch war, mußte der Priester in einem vertraulichen Gespräch einen katholischen Paten oder, falls vorhanden, einen Ersatzkandidaten vorschlagen, jedoch sollte er dies nur mit großer Umsicht, und ohne Ärgernis zu erregen, tun. Gebete und Zeremonien, die bei der Nottaufe ausgelassen worden waren, mußten später nachgeholt werden. Die Taufen mußten sorgfältig registriert werden, und auf Vernachlässigung dieser Pflicht stand die Strafe der Suspendierung. Unverheirateten Müttern war die übliche Segnung der Mutter nach der Geburt des Kindes vorzuenthalten (Dekret 9).

Das Dekret 10 über die Heilige Messe verpflichtete die Geistlichen dazu, jedes Jahr die Rubriken des Missale wieder zu studieren, nur konsekrierte Kelche und Patenen und würdige Paramente zu benutzen und eine feste Gottesdienstordnung für die Sonntagsmessen aufzustellen. Es schrieb auch Gebete vor, die vor der heiligen Messe am Sonntag zu verrichten waren.

Priester durften die heilige Messe nicht ohne Soutane oder in Gamaschenhosen feiern, die Ministranten sollten ordentlich ausgebildet sein und ein Chorhemd tragen. Die Verordnung über die heilige Eucharistie regelte die sorgfältige Vorbereitung auf die erste heilige Kommunion, regelte die Aufbewahrung und regelmäßige Erneuerung der aufbewahrten Hostien, bestimmte die regelmäßige Unterweisung der Gläubigen über das eucharistische Dogma, die Verpflichtung zum jährlichen Empfang der Eucharistie, die Notwendigkeit des Gnadenstandes zum würdigen Empfang der Eucharistie, und betonte, daß die Kommunion denen, die notorisch zu deren Empfang unwürdig seien, nicht gespendet werden dürfe. Das Dekret legte weiter fest, daß es im Ermessen der einzelnen stehe, ob sie die Kommunion empfingen oder nicht, und beschrieb die notwendigen Voraussetzungen zum Empfang der Kommunion (Dekret 11).

Die Beichte war, wenn möglich, in einer Kirche oder Kapelle zu hören, und die Absolution denjenigen zu verweigern, die es unterließen, Fälle von Sollizitation anzuzeigen. Die Reservation von Sünden beschränkte sich auf die üblichen Fälle: Mord, Abtreibung, Meineid, Häresie, Bigamie, Sollizitation und den Versuch, Absolution für einen Komplizen *in peccato turpi* zu erteilen (Dekret 12).

In der Ehegesetzgebung verlangte man solide Unterweisung der Gläubigen, Vorbereitung zukünftiger Brautleute und besondere Aufmerksamkeit bei der Entdeckung eventueller Ehehindernisse. Eine außerhalb der katholischen Kirche geschlossene Ehe wurde als zwar gültig, aber unerlaubt, anerkannt. Solche Ehepaare sollten zu einem späteren Zeitpunkt den Brautsegen empfangen, wobei der Priester, wo notwendig, erklären sollte, daß die Gültigkeit der Ehe nicht in Frage gestellt war. Man hielt die Priester unter Androhung der Suspension dazu an, alle Ehen in ein Register einzutragen.

Das Dekret 14 schließlich verlangte eine sorgfältig vorbereitete Predigt bei der Sonntagsmesse und an Festtagen. Die Priester waren für die katechetische Unterweisung verantwortlich. Sie mußten daher Schulen gründen und besuchen, darauf achten, daß dort das Gebet gepflegt würde und geeignete Lehrer zur Verfügung stünden. Auch wurde die Erstellung eines liturgischen Kalenders und eines Rituale für die Kirchenprovinz vorgeschrieben. Die Amtszeit der Diözesanbeamten, mit Ausnahme der Generalvikare und der Dekane, sollte von einer Synode bis zur nachfolgenden dauern. Ohne schriftliche Erlaubnis durften Priester von anderen weder Geld leihen noch selbst Geld ausleihen oder sich um die Finanzen anderer kümmern. Außerdem sollte eine Sterbematrikel geführt werden.

Erzbischof Polding wies in seinem Begleitschreiben, mit dem zusammen die Gesetze und Verordnungen dem Heiligen Stuhl übersandt wurden, daraufhin, daß in ihnen nichts Neues enthalten sei, da sie Übernahmen aus anderen Synoden darstellten, besonders den Mailänder Synoden des heiligen Karl Borromäus. Die sorgfältige Untersuchung dieser Synode, die 1949 von James Knox geleistet wurde, brachte zu Tage, daß, trotz der gründlichen Revision seitens der Propaganda, die Verbesserungen, die die Propaganda sowohl bei den Acta, als auch bei den Dekreten für notwendig erachtete, nur von untergeordneter Bedeutung waren[5] und die Substanz der Gesetzgebung nicht berührten. Die Kongregation bestand nur auf Verbesserungen, die heute als trivial und kleinlich erscheinen mögen. Doch war man sich wohl der Tatsache bewußt, daß der endgültige Text als Richtschnur und Vorlage für weitere Synoden dienen werde und deshalb keine Ungenauigkeiten enthalten dürfe[6]. Bei den Verbesserungen oder Hinzufügungen zu den eigentlichen Dekreten fielen nur die folgenden ins Gewicht: 1. Aus dem Katalog der Reservatfälle in Dekret 12 wurde der Versuch eines Komplizen *in peccato turpi* , die Absolution zu erlangen, entfernt; 2. man fügte eine Forderung hinzu, daß Priester sich vor Ablauf ihrer Jurisdiktion um deren Verlängerung zu bemühen hätten; 3. man bestand auf juristisch einwandfreien Besitzübertragungsurkunden für alle Kirchengüter; 4. man erließ ein Verbot, ohne besondere Ermächtigung Schulden aufzunehmen; 5. man ermahnte die Priester, die Messe „*pro populo*„ zu halten. Die Taufpatenschaft eines Nichtkatholiken wurde nun geduldet, und bezüglich konfessionsverschiedener Ehen wurden keine Forderungen erhoben.

Auf der Bischofskonferenz von Melbourne 1862, der die römische *recognitio* verweigert wurde[7], weshalb sie nicht als Synode anerkannt wird, verabschie-

---

[5] So wird zum Beispiel das Brevier im vierten einleitenden Dekret eigens erwähnt; der genaue Wortlaut der Rubrik des Römischen Rituale über den Gebrauch von Chorhemd und Stola bei der Sakramentenverwaltung erhält den Vorzug vor der auf der Synode erarbeiteten Fassung.

[6] Dem Originaltext zufolge wurde beispielsweise die Eröffnungsmesse vom Bischof von Adelaide zelebriert; im verbesserten Text übergeht man dies aus dem Grunde, weil die entsprechende Rubrik des Pontifikale vorsah, daß die Eröffnungsmesse vom Metropoliten, der das Pallium zu tragen habe, zu zelebrieren sei.

[7] In dieser Studie tritt deutlich zu Tage, daß die Propaganda im Zusammenhang mit der nun allgemein so genannten *recognitio* - vorgeschrieben seit 1588 – sich einer unscharfen Terminologie bediente (vgl. Sixtus V., Apostolische Konstitution „*Immensa aeterni*", 22. Januar 1588, in: Bullarum diplomatum et privilegiorum sanctorum Romanorum pontificum Taurinensis editio VIII, Neapel 1883, 991; nachdem die Propaganda 1852 die Empfehlung ausgesprochen hatte, daß die acta et decreta von 1844 approbiert werden sollten, bestätigte Pius IX. diese Empfehlung: *ratam habuit et confirmavit* (vgl. CL 3, 1058). Als jedoch die Dekrete von 1862 im Jahre 1864 untersucht wurden, verneinte die Propaganda die Frage *Se convenga approvare i decreti -?* (vgl. AP, Acta, Bd. 228, 1864, 59-60). 1872 legte die Propaganda die acta et decreta von 1869 Papst Pius IX. als *esse approbandam* vor (vgl. CL 3, 1082). Die Dekrete von 1885 wurden von den Kardinälen 1887 mit Verbesserungen und Abänderungen anerkannt, so daß Papst Leo XIII. sie approbieren konnte (vgl. Acta et decreta Concilii plenarii Australasiae,

dete man drei Verordnungen für die Kirchenprovinz, welche später gedruckt und als Anhang zu den Dokumenten der Synode von 1844 in Umlauf gebracht wurden. Auf einer vorausgegangenen Bischofszusammenkunft informeller Art hatte man eine Tagesordnung mit neun Tagesordnungspunkten entworfen: ein Vertreter in Rom, ein Seminar für die Kirchenprovinz, Richtlinien zu den Finanzen der Kleriker, Erziehung, häufige Zusammenkünfte der Bischöfe, Vorrang unter den Kirchenhäuptern, Inkardination von Klerikern, neue Diözesen sowie Versicherung und Pensionierung der Priester.

Die Bischöfe berieten vom 29. Oktober bis 13. November. Am ersten Tag ernannte man den Bischof von Brisbane zum Sekretär, und die Bischöfe kamen überein, ihre Überlegungen geheim zu halten. Am zweiten Tag einigten sie sich darauf, daß in Zukunft die Errichtung eines zentralen Seminars in Rom ratsam sei, man jedoch gegenwärtig Diözesanseminare unterhalten solle. Es scheint, daß einige der Tagesordnungspunkte ohne praktische Konsequenzen blieben. Am Ende ihrer Überlegungen hatten die Bischöfe fünf Dokumente hervorgebracht, die alle das Datum des ersten November tragen. In einem Rundschreiben an die Priester zeigte man an, daß die Bischöfe in Zukunft einen Priester, der nur mit einem *exeat* einer anderen Diözese versehen sei, nicht mehr in Dienst zu nehmen bereit waren, weder in Europa noch in Australien. Man machte vielmehr Empfehlungsschreiben zur Vorbedingung, ehe eine Entscheidung darüber gefällt werden könne, ob man den Kandidaten akzeptiere oder nicht.

In drei Dekreten wurden folgende Bestimmungen getroffen: 1. an einem Ort, wo es mehrere Priester gibt, komme einem die pastorale Verantwortung und Aufsicht über die anderen zu, die als seine Helfer zu betrachten seien; 2. es wurde Priestern unter Androhung der Suspendierung vom Amt streng untersagt, umherzuziehen und zu Geldspenden aufzufordern; 3. den Priestern erlegte man die dringende Verpflichtung auf, sich darum zu kümmern, daß in Anbetracht des im Aufbau befindlichen staatlichen Schulsystems wirklich christliche und katholische Erziehung ermöglicht werde. Man gab auch zwei

---

habiti apud Sydney A.D. 1885, a Sancta Sede recognita [=Concilium plenarium Australiense], Sydney 1887, iv). Nachdem die Kardinäle die Dekrete von 1895 im Jahre 1898 als *recognoscenda esse* empfohlen hatten, bestätigte sie Papst Leo XIII. (vgl. Acta et decreta Concilii plenarii Australasiensis II, habiti apud Sydney A.D. 1895, a Sancta Sede recognita) [=Concilium plenarium Australiense II], Sydney 1898, iv; auch 1906 verwendete man eine ähnliche Ausdrucksweise im Hinblick auf die Dekrete von 1905 (vgl. Acta et decreta Concilii plenarii Australasiensis III, habiti apud Sydney A.D. 1905, a Sancta Sede recognita (=Concilium plenarium Australiense III), Sydney 1907, v). Die Empfehlung von 1909 bezüglich der acta et decreta schließlich lautete *recognoscenda esse censuit, atque Synodum provincialem Melbournensem a Sancta Sede recognitam promulgari posse statuit*, worauf Papst Pius X. verlauten ließ, *benigne adprobare ratamque habere dignata est* (vgl. Acta et decreta Synodi provincialis Melbournensis Iae apud Melbournae habitae 17-24 novembris, 1907, Melbourne 1909, xxiii-xxiv).

Hirtenbriefe heraus: einen an die Laien, der sich besonders mit deren Verpflichtung im Hinblick auf finanzielle Unterstützung der Kirche, mit den katholischen Schulen und den Nachteilen der konfessionsverschiedenen Ehen befaßte. Der andere Hirtenbrief war an die Priester gerichtet. Diese wurden vor den Gefahren von Reichtum und Habgier gewarnt. Schließlich folgten noch einige *observanda*, die im allgemeinen Richtlinien für das Verhalten und den Dienst der Priester enthielten und die Gesetzgebung der Synode von 1844 erläuterten[8].

2. Die Zweite Provinzialsynode von 1869

Eine Woche dauerte die Zusammenkunft der Bischöfe in Sydney im August 1868, auf der die Tagesordnung für eine neue Provinzialsynode entworfen wurde: 1. katholische Erziehung; 2. konfessionsverschiedene Ehen; 3. der Unterhalt der Bischöfe und Priester und die Verwaltung des Kirchengutes; 4. ein Provinzialseminar; 5. Evangelisierung der Ureinwohner. Die Tagesordnung spiegelt eine Situation wider, die sich deutlich von derjenigen der jungen Kirchen im Jahre 1844 unterscheidet. So waren die staatlichen Subsidienzahlungen an die Kirchen eingestellt worden. Die Politik der Regierung lief auf Einführung eines laizistischen Unterrichtssystems hinaus, und die Gesellschaft war ganz allgemein vielschichtiger und materialistischer geworden, seitdem der Goldrausch Reichtum ins Land gebracht hatte.

Am 15. März 1869 berief Erzbischof Polding seine Suffraganbischöfe und all diejenigen, die nach Recht oder Brauch an einer Provinzialsynode teilneh-

---

[8] Auf der Plenarsitzung am 14. März 1864 übten die Kardinäle der Propaganda schärfste Kritik. Nachdem man angeprangert hatte, daß dies die erste Synode nach 1844 sei, trotz des Dekretes, nach dem ein Konzil bereits 1847 erforderlich gewesen wäre, und daß weder ein Brief an den Papst noch an die Propaganda den Dekreten beigefügt sei, diese außerdem hauptsächlich in englischer Sprache, statt in dem *idioma latino proprio della chiesa* abgefaßt seien, machten die Kardinäle deutlich, daß sie notwendige Einzelheiten über die Verhältnisse vor Ort benötigten, um Dekreten über den Besitz von Klerikern zustimmen zu können. Sie drängten die Bischöfe, eine neuerliche Synode anzuberaumen31
und nach dem Vorbild der Vorgehensweise von 1844 von Neuem zu beginnen (vgl. AP, Acta 228, fol. 57-64; SOCG 991, fol. 202-220). James Knox, der das Archiv der Propaganda für 1864 nicht einsehen konnte, spekulierte, daß die *recognitio* verweigert worden sei, weil weniger als zwei Drittel der Bischöfe anwesend waren (vgl. Knox, The Historical and Juridical Importance 170); Kardinal Moran, der zweifellos von der Vorstellung geleitet wurde, daß Geschichtsschreibung erzieherisch aufbauenden Zwecken diene, vermutete, daß die Dekrete gar nicht nach Rom abgesandt worden seien (vgl. Moran, History 770); Erzbischof Polding bediente sich in einem Schreiben an Kardinal Barnabò der Erklärung, *un simple projet des règles* sei versehentlich als acta et decreta vorgestellt worden (vgl. Polding an Barnabo, Sydney, 22. September 1864; SAA, Poldings Briefwechsel).

men sollten, für Sonntag, den 18. April 1869, in die Kathedrale St. Patrick nach Melbourne. Man hatte diesen Ort gewählt, weil die Kathedrale von Sydney am 5. Januar 1869 durch Feuer zerstört worden war. Am 17. April fand eine vorbereitende Zusammenkunft der Väter statt[9]. Einige Bischöfe nahmen Anstoß an der Anwesenheit S.J.A. Sheehys, indem sie darauf hinwiesen, daß Armidale de facto nicht von Sydney abgetrennt worden sei, und daß Sheehy als Generalvikar von Sydney noch immer in Sydney residiere[10]. Sheehy erklärte, es genüge ihm, als Generalvikar von Sydney teilzunehmen, und löste so die Schwierigkeit. Andere Tagesordnungspunkte betrafen Verfahrensfragen bei den Zusammenkünften, der Ernennung der Beamten und der Aufteilung der *theologi* in zwei Gruppen, welche sich mit Erziehung und Ehe befassen sollten.

Bei den Eröffnungszeremonien am 18. April war die Kathedrale bis auf den letzten Platz gefüllt. Der Andrang war dort so groß, daß der Zutritt nur denjenigen gewährt wurde, die sich vorher eine Eintrittskarte gekauft hatten. Außer den Bischöfen nahmen auch dreißig Priester teil[11]. Bei der Eröffnungssitzung kündigte der Promotor an, daß die Debatten in englischer Sprache geführt werden könnten, aber die Dokumente in Latein abgefaßt werden müßten. Der Vormittag stand für gewöhnlich für Zusammenkünfte der Bischöfe und deren private Unterredungen zur Verfügung. Die Aus-

---

[9] Zusammen mit dem Erzbischof waren anwesend: Die Bischöfe Daniel Murphy (Hobart), James Alipius Goold OSA (Melbourne), James Quinn (Brisbane), Mathew Quinn (Bathurst), James Murray (Maitland), Lawrence Bonaventure Shiel OFM (Adelaide), William Lanigan (Goulburn) und Samuel John Augustine Sheehy OSB (Administrator von Armidale). Als abwesend sind verzeichnet: Bischof Rosendo Salvado OSB (PortVictoria), der sich damals in Europa aufhielt, und Martin Griver, der Apostolische Administrator von Perth, der schriftlich wissen ließ, daß er das Einladungsschreiben zur Synode zu spät erhalten habe.

[10] Aufgrund einer Vollmacht der Propaganda vom 28. Januar 1863 wurde Sheehy von Erzbischof Polding im Mai 1863 zum Administrator von Armidale ernannt (James B. Hayes OSA erhielt die Berufung auf diesen Bischofssitz am 23. Juni 1865, lehnte jedoch ab. Erst am 1. Oktober 1869 konnte der erste Bischof Timothy O'Mahoney ernannt werden). Beim Konsistorium am 29. Oktober 1866 war Sheehy als Bischof von Bethsaida i.p.i. vorgesehen und sollte Erzbischof Polding zur Seite stehen, er lehnte jedoch das angebotene Bischofsamt ab (vgl. Eubel-Sefrin VIII 123, 148). Um sicherzustellen, daß die Bischöfe der Cullen-Fraktion auch weiterhin auf der Synode die Majorität hätten, entwarf P.F. Moran zusammen mit Bischof Murray von Maitland einen Plan, demzufolge aus Anlaß der geplanten Ernennung Sheehys darauf gedrängt wurde, Hilfsbischöfen kein Teilnahme- oder Stimmrecht bei einer Provinzialsynode einzuräumen (vgl. Moran an Murray, Tara/Irland, 21. April 1867; MA, Letter D.3.8).

[11] Der Erzbischof erschien mit drei theologischen Beratern, die Bischöfe mit je zwei. Außerdem nahmen die beiden Provinziale der Maristen und der Jesuiten, fünf Generalvikare, drei Erzdiakone, fünf Dekane und je Bischof ein Kaplan teil. Der Erzbischof stellte fest, daß die nach überliefertem Herkommen teilnehmenden Personen diejenigen seien, die die Bischöfe dazu auserwählen würden (vgl. Polding an Murray, Sydney, 22. März 1869; MA, Letter D.5.1).

schußsitzungen, bei denen auch die theologischen Berater anwesend waren, fanden dann normalerweise nachmittags statt.
Am 19. April führte Bischof Murray[12] von Maitland von 15 Uhr bis 17 Uhr den Vorsitz im Ausschuß über Ehefragen, wobei ein Ansuchen der Anwesenden vorgelegt wurde, die Gesetzgebung milde zu formulieren. Die theologische Diskussion wurde am Abend wieder aufgenommen, wobei man auf eine Instruktion Papst Pius IX. vom 15. November 1858 über konfessionsverschiedene Ehen verwies sowie auf Instruktionen neueren Datums seitens der Propaganda. Das Ehedekret wurde formuliert, und alle Bemerkungen dazu den Bischöfen mitgeteilt. Am 21. April jedoch trafen sich gleich nach dem Frühstück alle Priester in der Bibliothek und entwarfen eine Petition, in der sie darum nachsuchten, daß einige Teile des Dekrets über konfessionsverschiedene Ehen abgeändert oder sogar gestrichen würden. Sie gestanden zwar zu, daß die Gesetzgebung in Übereinstimmung mit der Lehre der Kirche und der Kirchendisziplin stehe, doch gaben sie ihrer Überzeugung Ausdruck, daß die Gesetzgebung zu streng sei und daß die Gesetze in Anbetracht der allgemeinen in der Provinz üblichen Praxis der Religion nicht förderlich seien. Insbesondere könnten die Vorschriften bezüglich der Duldung konfessionsverschiedener Ehen – zum Beispiel, daß diese außerhalb der Kirche und ohne heiligen Ritus geschlossen werden müßten – eher dem Ermessen der Priester überlassen werden, als daß man dies gesetzlich festlege. Die Bischöfe nahmen die Petition entgegen, waren aber nicht bereit, von ihrer Position abzugehen. Am Nachmittag dankte Bischof Shiel von Adelaide im Auftrag der Bischöfe den Priestern für ihren Vorschlag, machte jedoch deutlich, daß die Lehre des Heiligen Stuhls keine Änderung zulasse. Es folgte eine lange Debatte, in den *acta* als scharf, doch sehr nützlich beschrieben, über die Voraussetzungen und Gründe für die Duldung konfessionsverschiedener Ehen und die Vorteile, die sich daraus ergäben, daß auf Zeremonien verzichtet werde. Die Priester entschlossen sich, eine weitere Petition vorzulegen, die jedoch ohne Auswirkungen blieb. Dieser freimütige Meinungsaustausch zwischen der Hierarchie und ihren Priestern scheint in der australischen Geschichte einmalig zu sein, doch hatten die Priester nur beratendes Stimmrecht und konnten die Gesetzgebung nicht direkt beeinflussen.
Das Ehedekret bestand aus zwölf Paragraphen. Es bestätigte die Rubriken des Missale und des Römischen Rituale sowie die Ehedekrete der Ersten Provinzialsynode. Daneben führte sie verpflichtend die Eheproklamation ein, erlaubte den Bischöfen, konfessionsverschiedene Ehen zuzulassen unter

[12] Ritzler-Sefrin VIII 360.

der Voraussetzung, daß die Kautelen geleistet würden und es gerechte und schwerwiegende Gründe gäbe, und gab die Anweisung, solche Trauungen ohne heiligen Ritus außerhalb der Kirche durchzuführen. Es galt als eine dem Bischof reservierte Sünde, wenn ein Katholik eine konfessionsverschiedene Ehe vor einem nichtkatholischen Geistlichen oder einem Zivilbeamten schloß. Dagegen zogen sich zwei Katholiken, die auf diese Weise die Ehe eingingen, automatisch die Exkommunikation zu.

Während es in der Frage der konfessionsverschiedenen Ehen unterschiedliche Meinungen und Spannungen gab, scheinen bezüglich des anderen Hauptpunktes, der Erziehung, Einheit und Harmonie der Ansichten geherrscht zu haben. Die Priester hatten gegen die vorbereiteten Verordnungen keinerlei Einwendungen, und diese bildeten für fast ein Jahrhundert die feste Grundlage des katholischen Erziehungswesens. Das Dekret war in sieben Abschnitte unterteilt, von denen der letzte den Priestern die Propositionen 45, 47 und 48 des von Papst Pius IX. 1864 herausgegebenen *Syllabus errorum* als Irrtümer anführte, die bei der Unterweisung des Volkes durch die Priester erläutert werden sollten[13]. In den anderen Abschnitten mißbilligte man das Erziehungssystem, das es der Kirche erschwere, Glaube und Moral zu lehren, was doch ihre Aufgabe sei. Man verlangte, daß katholische Kinder von den gemischten Schulen zu nehmen seien, wo die Kirche ihre Autorität nicht zur Geltung bringen, keinen Einfluß auf die Lehre nehmen und weder Bücher noch Lehrer auswählen könne. Man forderte die Errichtung katholischer Schulen und erhob Anspruch auf einen den Katholiken zustehenden Anteil an den öffentlichen Mitteln zur Errichtung und zum Unterhalt von Schulen für die Katholiken. Dem Staat wurde das Recht zugestanden, Schulen und Lehrer zu überwachen. Außerdem forderte man ein hohes Niveau von den katholischen Schulen und gute Ausbildung der katholischen Lehrer.

Eine lebhafte Diskussion entspann sich unter den Priestern über den Unterhalt der Priester und die Verwaltung zeitlicher Güter. Die Priester stimmten der Dekretvorlage zu. In einem ausführlichen Dekret über den Unterhalt von Bischöfen und Priestern wurde festgelegt, daß den Gläubigen ihre finanziellen Verpflichtungen sorgfältig zu erklären seien. Priester, denen die nötige Umsicht fehle, seien davon abzuhalten, auf anstößige Weise Geld zu sammeln. Alle Mittel – ob aus Gebühren für Kirchenplätze oder aus Spenden – seien der kirchlichen Autorität zur Verfügung zu stellen. Das Einkommen

[13] In den drei Passagen des Syllabus wurden die Irrtümer verurteilt, daß allein dem Staat die Kontrolle von Erziehung und Ausbildung zukomme, daß die besten Schulen allgemeine, für alle zugängliche, der kirchlichen Kontrolle entzogene Schulen seien, und daß Katholiken eine von Glaube und kirchlicher Autorität losgelöste Erziehung gutheißen könnten. Vgl. den Text dazu in: ASS 3, 168-176.

des Bischofs setze sich zusammen aus einer Steuer auf alle Einkünfte, Spenden und Stolgebühren. In jeder Diözese sollten Alters- und Pflegeheime für Geistliche eingerichtet werden. In weiteren Verordnungen wurde verboten, ohne Erlaubnis des Bischofs Sammlungen durchzuführen oder Schulden aufzunehmen. Es wurde von jedem Priester ein Testament verlangt, dessen Vollstrecker ein anderer Priester sein mußte. Man verbot Priestern, Geld zu verleihen oder ohne Erlaubnis als Testamentsvollstrecker für Laien tätig zu werden, und schrieb Inventarisierung und Buchführung vor.

In weiteren Dekreten machte man zusätzliche Vorschriften bezüglich der Taufe, warb für das „Werk der Glaubensverbreitung" und für den Peterspfennig. Man bestand auf der lateinischen Sprache bei der Spendung der Sakramente und forderte die Gründung einer Ordenskongregation zur Evangelisierung der Ureinwohner.

Am 25. April wurde die Synode feierlich beendet. Die Bischöfe jedoch blieben noch bis zum 4. Mai zusammen und diskutierten weiter über Angelegenheiten, wie zum Beispiel, ob Melbourne Metropolitansitz werden solle, Ballarat eine Diözese, der nördliche Teil der Diözese Brisbane ein Apostolisches Vikariat, und über die Möglichkeit eines Provinzialseminars in Melbourne, das mit Jesuiten besetzt werden sollte. Am 16. Juni übersandte der Erzbischof die Gesetze und Verordnungen dem Heiligen Stuhl. Bei der Propaganda entschied man sich, die Bearbeitung noch aufzuschieben, so daß sie im Lichte des Ersten Vatikanischen Konzils geschehen könne. 1872 schließlich räumte die Propaganda ein, daß das Konzil auf unbestimmte Zeit vertagt worden sei, so daß nach Plenarsitzungen am 4. und 11. März und am 15. April die *recognitio* am 18. Juli 1872 erteilt wurde. Im Begleitschreiben zur *recognitio* rügte man, daß die Gläubigen Eintritt für die Eröffnungsmesse hätten zahlen müssen, und betonte, daß der Brauch einer Kirchenstuhlgebühr als Quelle des Unterhalts der Geistlichen nur so lange zu dulden sei, als nicht andere Mittel in ausreichendem Maße zur Verfügung stünden, und nur unter der Voraussetzung, daß für die Armen immer freie Plätze verfügbar sein müßten. In dem Begleitschreiben bestand man auch darauf, daß über Abgaben an den Bischof jährlich in Konsultationen mit den Priestern auf der Diözesansynode zu entscheiden sei, wie in den Verordnungen des zweiten Plenarkonzils von Baltimore 1866 vorgesehen. Schließlich wurde die Anweisung erlassen, daß für den Heiligen Stuhl Informationen über die zu errichtenden, neuen Bischofssitze zu sammeln seien.

Die Bischöfe verfaßten einen Hirtenbrief, der das Datum des 24. April 1869 trägt, in dem sie Indifferentismus („*the deadliest of all errors*„), gemischte Schulen („*so gross an invasion of common liberty of conscience*") und konfessionsverschiedene Ehen („*irreligious connections*") beklagen. Man setzte sich auch für Gerechtigkeit gegenüber den Ureinwohnern ein und wies auf die Verantwortlichkeit der Katholiken hin, für den notwendigen Unterhalt der Kirche zu sorgen.

3. Das Erste Plenarkonzil von 1885

Am 24. Mai 1884 sandte der Präfekt der Propaganda, Giovanni Kardinal Simeoni, ein Rundschreiben an alle Bischöfe Australiens und Neuseelands[14], in dem er den Wunsch des Papstes Leo XIII. zum Ausdruck brachte, daß innerhalb der nächsten zwei Jahre alle Bischöfe zu einem Plenarkonzil zusammenkämen. Der neuernannte Erzbischof von Sydney, Patrick Francis Moran, erhielt am 10. Juni von Papst Leo XIII. den Auftrag, das Konzil einzuberufen und den Vorsitz zu führen. Das Schreiben vom 15. April 1885, mit dem Erzbischof Moran das Konzil einberief, richtete sich an den Erzbischof und die Bischöfe der australischen Kirchen und an alle anderen Personen, die nach dem Gesetz an einem Plenarkonzil teilnehmen sollten, und berief sie für den 14. November 1885 nach Sydney[15]. An dem Konzil nahmen

[14] Bis zu dieser Zeit hatten Neuseeland und Australien noch niemals kirchlich eine Einheit gebildet. Neuholland und Van Dieman's Land waren mit Mauritius und dem Kap der Guten Hoffnung verbunden gewesen, wogegen Neuseeland ursprünglich einen Teil der Apostolischen Präfektur für die Inseln der Südsee (errichtet 1830), und in der Folge einen Teil des Apostolischen Vikariats Westozeanien (errichtet 1836) gebildet hatte. Die Diözesen Auckland und Port Nicholson, das nachmalige Wellington, errichtete man 1848, Dunedin 1869. Alle drei waren direkt dem Heiligen Stuhl unterstellt. Obwohl das Tridentinum für solche Diözesen bestimmt hatte, sie sollten sich in Angelegenheiten, die die Provinz als Ganzes beträfen, an den nächsten Metropoliten wenden, was in diesem Fall eine Verbindung zur Erzdiözese Sydney forderte, gibt es doch keine Aufzeichnungen darüber, daß die Bischöfe Neuseelands je an Zusammenkünften der Bischöfe in Australien teilgenommen hätten oder sich vor 1885 in irgendeiner Weise als mit den australischen Bischöfen verbunden betrachtet hätten.

[15] Zu dieser Zeit galten alle Diözesanbischöfe als zur Teilnahme gesetzlich verpflichtet (falls sie verhindert waren, mußte ein Prokurator entsandt werden), außerdem Apostolische Administratoren, Administratoren vakanter Diözesen, Apostolische Vikare, ein gewählter Vertreter jedes Domkapitels, Abbates nullius, Bischofskoadjutoren, Weihbischöfe, andere zufällig anwesende Bischöfe, Ordensprovinziale, Rektoren der bedeutenderen Seminare, Äbte und diejenigen, deren Dienste den Bischöfen wünschenswert erschienen (zum Beispiel Priester, die als *theologi* oder Kanonisten fungierten), galten als teilnahmeberechtigt aufgrund von Gewohnheitsrecht. Laien konnten als Ratgeber in Rechtsangelegenheiten oder als *periti* zugelassen werden, so zum Beispiel Rechtsanwälte, die die zivilrechtlichen Bestimmungen hinsichtlich des Kirchenguts erläuterten (vgl. S.B. SMITH, Elements of Ecclesiastical Law, New York-9 1887, Bd. 1, 36-38). Bischof Murray von Maitland forderte, daß die Priester in Australien das Werk von Smith benutzen sollten (vgl. Murray an Moran, West Maitland, 29. April 1885; SAA, Moran Papers [=MP], Bd. 197).

achtzehn Prälaten teil[16], dazu zweiundfünfzig Priester, nämlich vierunddreißig Diözesangeistliche und achtzehn Ordensgeistliche, welche alle als *theologi* geführt wurden. Es ist nicht genau auszumachen, wie die Auswahl all dieser Teilnehmer erfolgte[17], doch waren die meisten Diözesen fast durchgängig mit mehreren Teilnehmern vertreten. Es nahmen je ein Priester aus dem Karmeliten-, dem Franziskaner-, dem Redemptoristen- und dem Vinzentinerorden teil, dagegen sechs Jesuiten, vier Benediktiner und vier Maristen[18].

Im Einberufungsschreiben für das Konzil war betont worden, daß das Konzil die Gelegenheit biete, die Dekrete des Vatikanischen Konzils ihrer hervorragenden Bedeutung gemäß zu würdigen, Fehlverhalten in der Kirchendisziplin zu korrigieren, das katholische Erziehungswesen zu unterstützen und zu erhalten, wie auch sonst alles zu tun, was dem Seelenheil oder dem Wohl der Kirche förderlich sei[19]. Das Konzil fand von Samstag, den 14. November, bis Sonntag, den 29. November 1885, statt. In der Marienkathedrale hielt man fünf öffentliche Sitzungen ab, jeweils am Sonntag und am Mittwoch, wobei man Pontifikalämter feierte und predigte, sowie den Vorschriften Genüge leistete, die das Pontifikale für die Eröffnung und den Abschluß des Konzils, sowie für die Verkündigung der Dekrete vorschrieb. Mehr als 5000 Menschen nahmen an den Eröffnungszeremonien teil, und Kardinal Moran nannte die Konzilszeremonien „. . .*the grandest ever witnessed in the Southern Hemisphere*“[20]. Bis zum Ende des Konzils war es zu dreizehn privaten Zusammenkünf-

---

16 Zusammen mit Kardinal Moran erschienen die Bischöfe von Hobart, Port Victoria, Dunedin, Maitland, Goulburn, Perth, Adelaide, Wellington, Armidale, Rockhampton, Brisbane, Auckland, Ballarat und Bathurst sowie der Bischof-Koadjutor von Sandhurst Stephen Reville OSA, der als Prokurator für Bischof Martin Crane OSA zugelassen wurde (Bischof Crane ließ sich wegen eines Augenleidens in Europa behandeln), der Apostolische Vikar von Queensland John Hutchinson OSA und schließlich Erzdiakon Patrick Slattery als Prokurator für den Erzbischof von Melbourne James A. Goold OSA, der wegen Krankheit nicht teilnehmen konnte.

17 In einem dem Einberufungsschreiben beigefügten Memorandum heißt es, daß aus dem Klerus jeder Diözese ein Repräsentant für die Teilnahme an öffentlichen Sitzungen von den Priestern erwählt werden solle, da es noch keine Diözesankapitel gebe. Dessen Rat sei auch einzuholen in Angelegenheiten, die die jeweilige Diözese beträfen, sollte dies notwendig werden (vgl. AP, SOCG, Bd. 1026, 1887, 554).

18 Es scheint, daß einige Ordensmitglieder eher eine Diözese als einen Orden vertraten. So nahmen zum Beispiel aus der Diözese Auckland, in der ein Benediktiner Bischof war, zwei Benediktiner, jedoch kein Vertreter der Diözese teil. Aus Port Victoria nahm ein Jesuit teil, da dort alle Priester dem Jesuitenorden angehörten.

19 Moran äußerte sich gegenüber den Vätern, das Ziel sei, „. . .*to root out evil, promote discipline, strengthen the bulwarks of faith, and establish the Church on a canonical footing*“ (vgl. Preparatory session, handschriftl. Memorandum, in: SAA, MP, Bd. 88).

20 Vgl. Moran an Kirby, Sydney, 1. Dezember 1885, in: IC, Moran-Kirby Letters, Nr.111.

ten der Bischöfe gekommen, die im Pfarrhaus stattfanden. Zweimal waren alle Konzilsbischöfe und Priester in der Kathedrale zusammengekommen. Außerdem hatte eine Reihe von Ausschußsitzungen stattgefunden, deren Anzahl nicht mehr zu ermitteln ist. Am Nachmittag des 19. November begaben sich alle nach Manly, einem Vorort Sydneys, um dort in Anwesenheit einer gewaltigen Menschenmenge den Grundstein für das St. Patrick's College zu legen, das neue Seminar des Erzbistums Sydney. Am Abend des 26. November gab man für die Konzilsbischöfe und Priester einen öffentlichen Empfang.

Auf einer vorbereitenden Sitzung am 14. November hatte man die Geschäftsordnung festgelegt und die Vorgehensweise für die privaten Zusammenkünfte der Bischöfe geregelt sowie die verschiedenen Konzilsbeamten ernannt. Sodann wurde das Präsidium gebildet, in welchem sich Kardinal Moran, als Sekretär Bischof Robert Dunne[21] von Brisbane, und drei weitere gewählte Bischöfe, nämlich James Murray von Maitland, William Lanigan von Goulburn und Francis Redwood SM aus Wellington befanden. Von diesem Komitee wurden die anderen Bischöfe und Priester den vier Kommissionen für Glauben, Disziplin, Sakramente, Erziehung - jeweils mit einem Bischof als Vorsitzendem und einem Priester als Sekretär – zugeteilt.

Während der Plenarsitzungen fanden keinerlei Debatten statt, wie noch auf der Synode von 1869. Bei der ersten Plenarsitzung am 14. November um 15 Uhr wurden die Priester davon in Kenntnis gesetzt, welchem Ausschuß sie zugeteilt worden waren, und die Konzilsbeamten in ihre jeweiligen Ämter eingesetzt. Auch ein Ergebenheitstelegramm an den Papst wurde abgesandt. Bei der zweiten Plenarsitzung am 23. November fand eine Diskussion über verschiedene Punkte der Disziplin statt, und es wurden Empfehlungen für Verbesserungen der vorgeschlagenen Gesetzgebung erlassen. All dies vollzog sich *maxima concordia et ecclesiastico decore* . Im übrigen konnten die Priester nur im Rahmen der Ausschußsitzungen Beiträge leisten; Sitzungsprotokolle davon sind allem Anschein nach nicht überliefert. In ihrer ersten privaten Zusammenkunft gestanden die Bischöfe den beiden Prokuratoren, Bischof Reville und Archidiakon Slattery das Stimmrecht zu, und Schemata der zu verabschiedenden Gesetzgebung wurden den jeweiligen Ausschüssen zur Diskussion übergeben.

So wie es dann nach Rom gesandt wurde, bestand das Gesetzgebungswerk aus 287 Dekreten, die in 32 Kapiteln, wie folgt, angeordnet waren: Glaube (9 Dekrete), Ablegen des Glaubensbekenntnisses (1), Vermeidung von Gefahren für den Glauben (8), Bischöfe (7), Dekane (3), Kanoniker (6), Pfarrer (10),

---

[21] RITZLER-SEFRIN VIII 158.

Synodalexaminatoren (4), der *concursus* (12), Diözesanseminare (7), männliche Ordensangehörige (13), Ordensfrauen (19), die Sakramente im allgemeinen (8), Taufe (7), Firmung (1), das Meßopfer (7), das Sakrament der Heiligen Eucharistie (9), das Sakrament der Buße (6), das Sakrament der Letzten Ölung (3), die Ehe (13), Lebensführung und Verhalten der Missionare (25), einheitliche Disziplin (31), Ausbreitung des Glaubens unter den Ureinwohnern (6), Fasten (12), Sorge für die Verstorbenen (11), Grundschulerziehung (15), weiterführende Schulen (3), Universitätsausbildung (3), kirchliche Gerichte (11), Vermeidung von Streitigkeiten (5), Errichtung von Archiven (4) und Kirchengüter (8 Dekrete).

Einige der Schemata sind wohl von Moran auf der Rückreise von seiner Ernennung zum Kardinal[22] auf See zwischen September und November 1885 entworfen worden. Viele Dekrete waren wörtlich aus dem Plenarkonzil von Maynooth 1875 übernommen[23], andere stimmten damit inhaltlich überein. Aus dieser Quelle stammten praktisch alle Gesetze über Glauben, Glaubensbekenntnis, Nonnen, Firmung, weiterführende Schulen, kirchliche Gerichte, die Vermeidung von Streitigkeiten, über Kirchengüter, sowie auch ein Großteil der Gesetzgebung bezüglich der Bischöfe, des Bußsakraments, des Sakraments der Letzten Ölung, der Lebensführung und des Verhaltens der Missionare. Auch eine Anzahl anderer Dekrete stammte aus dieser Quelle.

Bis zum 28. November, als die Konzilsväter sich entschlossen, die Verordnungen von 1869 bezüglich der Sakramente im allgemeinen als Textvorlage zu übernehmen, scheint niemand mit den vorbereiteten Schemata unzufrieden gewesen zu sein. Vor diesem Zeitpunkt hatte man viele der Schemata nach der Behandlung in den Ausschüssen angenommen, entweder ganz ohne Kommentar oder nach nur kurzer Diskussion. Man kann nur Vermutungen darüber anstellen, ob die ursprünglichen Schemata für die Sakramente, welche offenbar nicht mehr existieren, von Maynooth übernommen worden waren. Immerhin hatten sechs der Bischöfe an der Synode 1869 teilgenommen[24], wie auch vier von den Priestern, einschließlich des Archidiakons John Rigney von Sydney, der als Mitglied im Sakramentenausschuß saß und sogar noch an der Synode 1844 beteiligt gewesen war. Diese und alle anwesenden Bischöfe und Priester hatten sich daran gewöhnt, unter bisherigem Recht zu

---

[22] Vgl. Moran an Kirby, Adelaide, 28. Oktober 1885, in: IC, Moran-Kirby Letters, Nr.95.

[23] Vgl. dazu Acta et decreta Synodi plenariae episcoporum Hiberniae habitae apud Maynutiam, an. MDCCCLXXV (=Synodus Maynutiana, 1875), Dublin 1877, 375 S. – Als Bischof von Ossory nahm Moran an diesem Konzil als Konzilsvater teil.

[24] Drei davon waren Bischöfe (Murphy aus Hobart, Murray aus Maitland und Lanigan aus Goulburn), drei Priester (Moore aus Ballarat, aus Adelaide Reynolds, und Cani aus Rockhampton).

arbeiten, und ihre Zustimmung zu unnötigen Reformmaßnahmen war kaum zu erwarten. So kommt es, daß die meisten Ehedekrete und ein Dekret über die Taufe von der Synode des Jahres 1869 stammen, während so gut wie die gesamte Gesetzgebung zu den Sakramenten im allgemeinen – zur Taufe[25], zur heiligen Messe, großenteils auch zur Eucharistie und zum Bußsakrament – der Synode von 1844 entnommen sind.

Durch einen Erlaß Papst Leos XIII. waren für Großbritannien lange schwelende Meinungsverschiedenheiten zwischen Bischöfen und Ordensgeistlichen in der Frage der Männerorden beigelegt worden[26]. Das Gesetz über männliche Ordensangehörige bestand nun aus einer Reihe von Zitaten aus diesem Erlaß. Außerdem stammten fünf Dekrete zum kirchlichen Amt und zum Verhalten der Missionare aus der Vierten Provinzialsynode von Westminster (1873), während die Masse der Gesetzgebung bezüglich des *concursus* sowie ein Dekret über die Dekane dem Dritten Plenarkonzil von Baltimore (1884) entnommen waren. Die übrige Gesetzgebung scheint, zumindest was den Wortlaut und die Formulierung betrifft, originär zu sein, einschließlich eines Großteils der Dekrete zur Vermeidung von Gefahren für den Glauben, über Pfarrer, die Grundschulerziehung, die gesamte Gesetzgebung bezüglich der Kanoniker, zu den Synodalexaminatoren, den Seminarien, der einheitlichen Disziplin, den Ureinwohnern und der Fastendisziplin. Später behauptete Kardinal Moran, daß die Dekrete über Erziehung aus der Synode von 1869 in die Gesetzgebung von 1885 übernommen worden seien[27]. Ein Vergleich beider Texte zeigt jedoch keine Ähnlichkeiten, außer daß die gleichen Grundsätze angewandt wurden.

Die einzig wirklichen Debatten entwickelten sich über die Frage einer zentralen oder aber diözesanen Zuständigkeit für Ordensangehörige, die nicht Kleriker waren, und über die Einrichtung fester Pfarrstellen mit inamoviblen Pfarrern.

Im Jahre 1868 waren von Mary McKillop die Schwestern des Hl. Joseph vom Heiligen Herzen gegründet worden, und diese hatten in Rom und Australien lange hart dafür gekämpft, unter der Zentralgewalt einer Generaloberin stehen zu dürfen. Sie zogen dieses Prinzip der Unabhängigkeit der einzelnen Ordenszweige, die sich mit der Ausbreitung des Ordens entwickelt hatten, vor[28]. Weil aber Ortsbischöfe darauf bestanden hatten, waren diese Schwe-

---

25 Die Taufgesetzgebung von 1844, in der die Rede gewesen war von *patrinum qui catholicus non sit,* wurde abgeändert in *haereticos nullimode admittendos esse in munus patrini vel matrinae.*

26 Vgl. Leo XIII., Konstitution „*Romanos Pontifices*“, 8. Mai 1881, in: ASS 13, 481-498.

27 Vgl. MORAN, History 883.

28 Genaueres bei G. O'NEILL, Mother Mary of the Cross, Sydney 1930; O. THORPE, Mary McKillop: The Life of Mother Mary of the Cross, Foundress of the Sisters of St. Joseph of the Sacred Heart, London 1957.

stern in einigen Diözesen bereits vom Mutterhaus getrennt worden. Nach einer Diskussion auf der Synode stimmten nun die Bischöfe mit vierzehn gegen drei Stimmen dafür, daß die Ordensniederlassungen dieser Schwestern dem jeweiligen Bischof unterstehen sollten, wie dies bei den Sisters of Mercy bereits der Fall sei. Ein entsprechendes Dekret wurde über die weiblichen Orden hinzugefügt.

Außerdem führte noch eine weitere Angelegenheit zu langwierigen Diskussionen. Es ging um „permanent parish priests" -- also um die Errichtung dauernder Pfarrstellen. Unproblematisch war es gewesen, *aliquot titulares canonicos* in jeder Diözese auf Dauer zu ernennen, die dem Bischof als Ratgeber in besonders wichtigen Angelegenheiten zur Verfügung stehen sollten, und deren Aufgaben klar abgegrenzt waren. Es handelte sich zum Beispiel darum, den Bischof bei der Veräußerung von Eigentum und bei anderen genau umschriebenen Angelegenheiten zu beraten, bei Bedarf liturgische Dienste in der Kathedralkirche wahrzunehmen und Vorschläge zur Neubesetzung von vakanten Bischofsstühlen zu unterbreiten. Dies stellte vermutlich deshalb kein Problem dar, weil die Gesetzgebung den Passus enthielt, daß man aufgrund der örtlichen Gegebenheiten noch nicht, wie sonst üblich, die Vorschriften bezüglich der Kapitel zur Anwendung bringen könne. Doch herrschte in der Frage der Pfarrer keine solche Einmütigkeit. Einige argumentierten, daß man sich in Australien dem geltenden allgemeinen Recht anpassen solle, soweit dies die örtlichen Gegebenheiten erlaubten. Andere sahen die Gefahr, daß viele Diözesen, in denen Priestermangel herrschte, darunter zu leiden hätten, daß man die wenigen Priester nicht mehr frei versetzen könne. Bis dahin betrachtete man noch alle Priester als Missionare, die auf Anordnung des Bischofs versetzt werden konnten. In der neuen Gesetzgebung forderte man nun, wenn möglich eine ständige Pfarrstelle in einem Fünftel der Bezirke jeder Diözese, als absolutes Minimum aber drei ständige Pfarrstellen zu schaffen. Bei einer geheimen Abstimmung ergab sich eine Pattsituation: neun Stimmen dafür und neun dagegen. Kardinal Moran, dem gemäß der Verfahrensvorschriften das Recht zustand, mit seiner Stimme im Fall eines Patts den Ausschlag zu geben, stimmte für die Verabschiedung des Gesetzes.

Ein bedeutsames Privileg, das den Pfarrern und Kanonikern zuerkannt wurde, war dies, daß sie als Körperschaft zusammentreten konnten, um Kandidaten für das Bischofsamt vorzuschlagen, welche den Bischöfen der Kirchenprovinz zur Vorlage beim Heiligen Stuhl dienten, der das Recht der Ernennung behielt. Bis zu dieser Zeit waren die Vorschläge für australische Bischofskandidaten ausschließlich von den Bischöfen zusammengestellt worden, ohne daß eine Konsultation der Priester vorgeschrieben gewesen wäre.

Das Konzil trug ganz offensichtlich ein irisches Gepräge. Nicht nur bildete das Konzil von Maynooth 1875 die Hauptquelle der Gesetzgebung, sondern man konnte dies auch daran ablesen, daß im Kalender St. Patrick zu einem Festum duplex Iae classis wurde, an dem man die Fastenzeit unterbrach, sowie an der Einführung der Feste von zweiundzwanzig weiteren irischen Heiligen und des in Irland gebräuchlichen Katechismus[29]. Andere Fragenkomplexe betrafen die Errichtung einer Schulbuchkommission zur Auswahl der Lehrbücher für die katholischen Schulen und die Bitte an den Heiligen Stuhl, gewisse Vollmachten zu erteilen (zum Beispiel einem Priester zu gestatten, am Allerseelentag drei Messen zu zelebrieren). Eine jährliche Kollekte für die Missionen wurde befohlen, und die Konzilsväter waren von den Berichten über die Benediktinermission in New Norcia und die Jesuitenmission bei Palmerston in der Diözese Port Victoria so beeindruckt, daß sie den Auftrag erteilten, diese Berichte als Anhang zu den Konzilsdekreten anzufügen.

Während des Konzils verwendete man zwei ganze Sitzungen und einen Großteil von weiteren vier Sitzungen darauf, Empfehlungen über neue Bistümer und Kirchenprovinzen und deren Besetzung für den Heiligen Stuhl auszuarbeiten. Die Konzilsväter waren sich alle, oder doch beinahe alle, in dem Vorschlag einig, neue Diözesen in Grafton, Wilcannia, Sale, Port Augusta und Christchurch einzurichten. Ebenso herrschte Einmütigkeit darüber, die Apostolische Praefektur Fidschi im pazifischen Ozean zur Diözese zu erheben[30]. Als aber Kardinal Moran vorschlug, aus dem südlichen Teil der Diözese Sydney eine neue Diözese zu bilden, stieß er dabei auf Widerspruch. So ließ er sich überzeugen, statt dessen nur um einen Weihbischof zu bitten[31]. Bei Stimmengleichheit in der Frage, ob das Apostolische Vikariat Queensland zu einer Diözese erhoben werden solle, lehnte Kardinal Moran es schließlich ab, von seinem entscheidenden Stimmrecht Gebrauch zu machen[32]. Alle waren sich auch darüber einig, daß man dreier Apostolischer

---

[29] Zwölf der Konzilsväter stammten aus Irland, daneben zwei Spanier, Salvado aus Port Viktoria und Griver aus Perth, zwei Italiener, Torregiani aus Armidale und Cani aus Rockhampton, sowie zwei Engländer, Redwood aus Wellington und Luck aus Auckland.

[30] n einem Schreiben an die Propaganda hatte Kardinal Moran Fidschi als *una colonia Australese* bezeichnet, und dessen Repräsentation auf dem Konzil vorgeschlagen. Der betagte Apostolische Präfekt, Jean-Baptiste Bréhéret SM nahm jedoch nicht teil (vgl. AP, SC 14, fol. 1262-1263; SOCG 1026, 532-534).

[31] Dieses Gebiet wurde erst im Jahre 1951 zur Diözese Wollongong.

[32] Neun Nein-Stimmen, acht Ja-Stimmen, eine Ja-Stimme *iuxta modum*. Als einige der Väter Einwände gegen die Stimmabgabe *iuxta modum* vorbrachten, wurde ein erneuter Wahlgang durchgeführt, der ein Resultat von neun zu neun Stimmen erbrachte. Das Vikariat wurde erst im Jahre 1941 unter dem neuen Namen Cairns zur Diözese.

Vikariate bedürfe. Eines im Gebiet von Kimberley im Nordwesten Australiens, eines für alle Ureinwohner in Queensland, das den spanischen Augustinern, die auf den Philippinen arbeiteten, anvertraut werden sollte, und eines in Neuseeland, mit einem mit der Bischofsweihe ausgestatteten Vikar für alle Eingeborenen (Maoris). Die Konzilsväter stimmten auch mit siebzehn beziehungsweise zehn Ja-Stimmen dafür, Brisbane und Adelaide zu Erzbistümern zu machen. Schwieriger dagegen gestaltete sich diese Frage hinsichtlich Neuseelands. Die drei neuseeländischen Bischöfe enthielten sich der Stimme, und als Abstimmungsergebnis erhielt man neun Stimmen für Dunedin – die kleinste und jüngste Diözese, aber mit einem irischstämmigen Weltpriester als Bischof – je drei Ja-Stimmen für Auckland und Wellington. Als die Konzilsväter darüber abstimmten, ob man Christchurch zumindest vorläufig den Maristen überantworten solle, wie bereits Wellington, von dem es abgetrennt worden war, stimmten sieben dafür und elf dagegen. Daraufhin berieten sich die Bischöfe in Gruppen – eine aus der Kirchenprovinz Sydney, eine aus Melbourne und eine aus Neuseeland – um Vorschläge für die Besetzung der neuen Diözesen zu erarbeiten, wobei die Gruppe aus der Kirchenprovinz Melbourne zusätzlich Vorschläge für das Amt des Koadjutors für Melbourne und Perth zu unterbreiten hatte.

Im Verlauf des Konzils sandten die Konzilsväter Schreiben an den Papst, an die irischen Bischöfe – darin befürworteten sie die Heiligsprechung irischer Märtyrer –, an die Bischöfe der Vereinigten Staaten – wobei sie sie zum Dritten Plenarkonzil von Baltimore beglückwünschten –, an die Bischöfe Deutschlands, Spaniens und Chinas – in welchen sie sich mit ihren in diesen Ländern hart bedrängten Brüdern solidarisch erklärten – und an den Kardinalpräfekten der Propaganda – wobei sie die Behandlung der Kirche durch die italienische Regierung beklagten. Am letzten Tag des Konzils gab man einen langen Hirtenbrief an Klerus und Laien heraus. Darin beglückwünschte man sich selber, bezeichnete den Fortschritt in der Kirche Australasiens als: „. . .*unparalleled since the early days of the Apostles*„ und zeichnete daraufhin die Grundzüge der Konzilsarbeit nach. Ausführlich befaßte man sich mit den Problemen der konfessionsverschiedenen Ehen und des laizistischen Erziehungssystems, über das man ein vernichtendes Urteil abgab[33].

Die Akten und Dekrete übersandte man alsdann der Propaganda, wo sie einem der Konsultoren, dem späteren Kardinal Andreas Steinhuber SJ übergeben wurden, der das Material in drei Gruppen ordnete: 1. Kirchendisziplin, 2. Neue kirchliche Gesetzgebung, 3. Kandidaten für die neuen Bistümer. Steinhuber hatte seine Anmerkungen bis zum 16. November 1886

[33] Der Hirtenbrief liegt gedruckt vor in: MORAN, History 684-701.2

fertiggestellt. Mit Ausnahme der Frage der Besetzung der Bistümer Melbourne und Perth, die bereits im September des vorangegangenen Jahres erfolgt war, beriet die Propaganda sodann über die Vorschläge auf Plenarsitzungen am 21. und 22. März, sowie am 4. April 1887, wobei Luigi Kardinal Serafini den Vorsitz führte.

Man beschloß die Errichtung von Erzbistümern in Brisbane und Adelaide, von Diözesen in Grafton, Wilcannia, Sale und Port Augusta und entschied, das Apostolische Vikariat Queensland in Cooktown umzubennen, es jedoch nicht zur Diözese zu machen, wenngleich ein Titularbischof in der Person von John Hutchinson eingesetzt werden sollte. Auch die Errichtung zweier neuer Apostolischer Vikariate wurde vorgenommen: Queensland für alle Ureinwohner dieses Gebietes und Kimberley. Der Ablehnung verfiel hingegen der Vorschlag des Konzils, das Erzbistum für Neuseeland in Dunedin zu errichten[34]. Vielmehr entschieden sich die Kardinäle für die Hauptstadt Wellington. Bezüglich des Vikariats für die Maoris erließ man kein Gesetz. Was Fidschi betraf, wurde auf Anraten der Maristen die Präfektur nur zu einem Vikariat erhoben, ohne Verbindung zu einer Kirchenprovinz.

In seiner Einleitung zur Analyse der Konzilsdekrete teilte Kardinal Serafini den anderen Kardinälen mit, daß die Dekrete zum größten Teil aus den Synoden von Westminster und Baltimore übernommen seien. Dies scheint ein Mißverständnis seinerseits gewesen zu sein, waren sie doch größtenteils der Synode von Maynooth und den vorangegangenen australischen Synoden entnommen.

Die Dekrete erfuhren nun einige kleinere Verbesserungen hinsichtlich Rechtschreibung und Grammatik. Andere Verbesserungen bezogen sich auf unbedeutende Einzelheiten, zum Beispiel die Anwesenheit von drei statt zwei Synodalexaminatoren, die als Voraussetzung für einen gültigen *concursus* erforderlich war. Jede Diözese sollte statt vier „zumindest drei" Synodalexaminatoren entsenden. Statt eines beliebigen Pflanzenöls sollte Olivenöl für das Ewige Licht Verwendung finden. Einige Dekrete wurden gestrichen. So zum Beispiel eine Verordnung, welche die Zeitspanne, in der die Ostersakramente zu empfangen waren, von Aschermittwoch bis zur Peter- und Pauls-Oktav ausgedehnt hätte, und eine weitere, die es gestattet hätte, die Letzte Ölung *sub conditione* bis dreißig Minuten nach offenbarem Todeseintritt zu spenden. Ein Teil des ersten Dekrets zum Bußsakrament wurde gestrichen, obwohl es wörtlich aus der Synode von 1844 übernommen worden war[35].

---

[34] Vgl. AP, Acta 257, fol. 135-137.

[35] „*Semper excipiatur Sacramentalis Confessio in Ecclesia seu Capella, si sit possibile. Curet Sacerdos apertis ianuis pro Tribunali ipse sedere ut omnis suspicio mali abigatur. Surdorum confessionem in quocumque loco excipere possunt*" (vgl. Erste Provinzialsynode, Dekret 12).

Sein Inhalt ist jedoch, mit Ausnahme einer Regelung bezüglich der Schwerhörigen bzw. Tauben, Gegenstand der folgenden Dekrete. Ein weiteres, ratifiziert nach der Synode von 1869, wurde mit Zusätzen versehen, welche in der Hauptsache aus einer Instruktion über konfessionsverschiedene Ehen von 1858 stammen. Desweiteren strich man ein Dekret, in welchem darüber Klage geführt worden war, daß andere Priester als der eigentliche Pfarrer oder zuständige Seelsorger Trauungen vornähmen, und das diese Priester dazu verpflichtete, die Hälfte der Stolgebühren dem Pfarrer der Braut zu übersenden. In einem Dekret über die Verehrung des Heiligen Herzens wurde der Verweis auf die selige Margareta Maria Alacoque und auf ihren Namen gemachte Gelübde gestrichen, wie auch Angaben darüber, in welcher Weise das Fest des Heiligen Herzens zu feiern sei. Fünf prozeßrechtliche Dekrete strich man aus dem Abschnitt „*De foro ecclesiastico*„.
Es gab jedoch auch einige sehr wichtige Korrekturen. Eine davon betraf die Frauenorden[36], für die die Unterordnung von Ordensgemeinschaften unter den Ortsbischof nicht endgültig dekretiert wurde, wie es im letzten Dekret eigentlich vorgesehen gewesen war[37]. Dies war ein großer Sieg für Mutter Mary McKillop, die sich für die zentrale Leitung der Orden stark gemacht hatte. Aus dem Abschnitt „*De Canonicis*„ wurde „*De consultoribus dioecesanis*". Neben einigen geringfügigen Veränderungen wurde das Schlußdekret, in dem für Kanoniker die Ernennung auf Lebenszeit festgeschrieben worden war und wonach die Entfernung aus dem Amt nur nach erfolgtem kanonischen Prozeß und nach Einholung des Rates der übrigen Kanoniker erfolgen durfte, durch ein Dekret aus dem Dritten Plenarkonzil von Baltimore ersetzt, welches eine dreijährige Amtszeit vorsah und die Möglichkeit einer Entfernung aus dem Amt nach Befragen der anderen Konsultoren einräumte, wenn ein besonderer Grund – einschließlich Krankheit oder Altersschwäche – dies rechtfertigte. Aus dem Abschnitt „*De parochis*„ wurde „*De rectoribus inamovibilibus*". Das sechste Dekret, in welchem sich die Verpflichtung zur *Missa pro populo* fand, wurde aufgehoben, während man das vorletzte durch ein Dekret aus dem Konzil von Baltimore ersetzte. Kardinal Serafini hatte die Meinung vertreten, daß das ursprüngliche Dekret den Bischöfen Willkür ermögliche. Danach war die Entfernung von einer Pfarrstelle zulässig: a) wenn grobe Unfähigkeit zur Leitung einer Gemeinde *in spiritualibus* oder *in temporalibus* vorlag, b) bei hartnäckiger Weigerung, die von den Bischöfen

[36] Die Überschrift des Kapitels wurde von „*De monialibus*" zu „*De monialibus et institutis religiosis mulierum*" abgeändert.

[37] „*Quod vero attinet ad Congregationem quae Sorores Sancti Ioseph de Sanctissimo Corde denominatur, Episcopi opportunum ducunt, ut Conventus seu Religiosae domus quae in singulis Dioecesibus habentur suis respective ordinariis ad instar Sororum Misericordiae subsint*".

auf der Diözesansynode festgelegten Richtlinien zu beobachten, c) wenn trotz Ermahnung die Pflicht, eine Schule zu errichten oder zu unterhalten, vernachlässigt wurde, d) bei voreiliger und ungerechtfertigter Schuldenaufnahme, trotz Abmahnung, oder bei Weigerung, vorhandene Schulden abzutragen, e) bei Erregung öffentlichen Ärgernisses aufgrund von Trunkenheit oder f) bei Verdacht der Zölibatsverletzung. Das Dekret von Baltimore schränkte die Entscheidungsfreiheit des Bischofs ein[38]. Darüber hinaus bestimmte man, daß ein Priester, der ohne eigenes Verschulden aus dem Amt entfernt worden war, mit einer Pension und dem Titel *Rector emeritus* versehen werden konnte. Bezüglich des Verfahrens, Bischofsvorschläge durch die Konsultoren der Diözesen und ständige Kirchen-Rektoren erarbeiten zu lassen, warf der Heilige Stuhl keine Fragen auf und kommentierte dieses Vorgehen auch nicht[39].

In einer Audienz, die Papst Leo XIII. am 24. April 1887 Kardinal Simeoni gewährte, wurden die verbesserten Dekrete und die Neuzirkumskriptionen approbiert. Die *recognitio* des Konzils erfolgte am 1. Mai. Die Apostolischen Konstitutionen, durch die die neuen Provinzen, Diözesen und Vikariate errichtet wurden, erließ man mit Datum vom 10. Mai 1887.

4. Das Zweite Plenarkonzil von 1895

Am 31. Januar 1895 bat Papst Leo XIII. den Kardinal Moran in einem neuerlichen Schreiben darum, ein Plenarkonzil der Bischöfe Australiens einzuberufen, und ernannte ihn zum Apostolischen Legaten, als welcher er dabei den Vorsitz übernehmen solle. Am 24. Juli 1895 schrieb Kardinal Moran an die Erzbischöfe und Bischöfe in Australien und Tasmanien[40], ferner an die Äbte[41], die Provinziale der Orden und Kongregationen und an

[38] Es schrieb als Gründe fest: „*publica et perdurans infamatio*" und „*fraudulenta deceptio Ordinarii per deliberatam falsitatem*„.

[39] Moran war über die Veränderungen so erzürnt, daß er in Erwägung zog, diese zwecks erneuter Überarbeitung zurückzusenden (vgl. Moran an Kirby, Sydney, 5. Juli 1887; IC, NK, Nr. 1887/40). Sein Sekretär warf der Propaganda vor, die Dekrete entstellt zu haben und die wahren Interessen der australasischen Kirche mit Füßen zu treten (vgl O'Haran an Kirby, Sydney, 9. November 1887; IC, NK, Nr. 1887/34).

[40] Da noch kein Bund der australischen Kolonien gegründet worden war, bezog sich der Terminus *Australien* ausschließlich auf das Festland.

[41] Zu dieser Zeit zählten zu den Äbten: Bischof Rosendo Salvado OSB, Titularbischof von Adriana und Abt der exemten Abtei New Norcia; Abt Fulgentius Dominguez OSB, Abtkoadjutor der exemten Abtei New Norcia; Abt Ambroise Janny OCR, von Beagle Bay in Western Australia. Dominguez und Janny nahmen jedoch nicht am Konzil teil.

alle anderen, die nach Recht oder Tradition an einem Plenarkonzil teilnehmen sollten, und berief sie zur Eröffnung eines Konzils für Sonntag, den 17. November 1895, in die Marienkathedrale nach Sydney. Er verwies auf die Vorteile, die das Konzil mit sich brächte: Stärkung der Disziplin, Beförderung der Tugend, Festigung des Glaubens, Verteidigung der Kirche und Verherrlichung Gottes. Denis O'Haran, der Kanzler des Kardinals, erließ dazu am 28. August Instruktionen, in denen er vorschlug, daß jeder Bischof einen Theologen ernenne, der bei Ausschußsitzungen und allgemeinen Zusammenkünften anwesend sein solle, und daß die Pfarrer jeder Diözese einen aus ihren Reihen gewählten Vertreter entsenden sollten.

Seit dem letzten Konzil waren zwei neue Kirchenprovinzen und vier neue Diözesen eingerichtet worden. Darüberhinaus hatte man Hobart zur Erzdiözese erhoben, Port Victoria, nach dem Rücktritt Bischof Salvados, unter einem Apostolischen Administrator in „Victoria und Palmerston" umbenannt, und Hutchinson in seinem Vikariat, das nun den Namen Cooktown trug, zum Titularbischof ernannt. Obwohl die beiden anderen Vikariate, Queensland – für die Ureinwohner – und Kimberley, von Papst Leo XIII. eingerichtet worden waren, ließen sich diese Entscheidungen nicht realisieren, weil kein Orden sich bereit fand, diese Aufgaben zu übernehmen. Diese Fragen sollten natürlich auf dem Konzil erörtert werden. Auch war zu prüfen, ob die Gesetzgebung von 1885 den aktuellen Anforderungen noch entspreche.

Dreiundzwanzig Konzilsväter kamen zusammen[42]: zwölf davon waren bereits als Konzilsväter am Konzil 1885 beteiligt gewesen, und weitere sieben hatten als *theologi* an jenem Konzil teilgenommen[43]. Die Anzahl der *theologi* belief sich auf neunundvierzig: fünfunddreißig Weltpriester, von denen zwölf am Konzil 1885 teilgenommen hatten, und vierzehn Ordensgeistliche, davon drei Jesuiten, je zwei Maristen, Redemptoristen und Vinzentiner, und je ein Benediktiner, Karmelit, Franziskaner, Missionar vom Heiligen Herzen und Passionist, von denen nur zwei 1885 beteiligt gewesen waren.

---

[42] Außer Kardinal Moran waren anwesend: die Erzbischöfe von Melbourne, Brisbane, Hobart und Adelaide, die Bischöfe von Maitland, Goulburn, Armidale, Rockhampton, Ballarat, Bathurst, Perth, Wilcannia, Sale und Grafton, der Abt der exemten Abtei New Norcia (Bischof Rosendo Salvado OSB), der Apostolische Vikar von Cooktown (Bischof John Hutchinson OSA), die Koadjutorbischöfe von Sandhurst (Bischof Stephen Reville OSA), Hobart (Bischof Patrick Delany) und Goulburn (Bischof John Gallagher), der Weihbischof Kardinal Morans (Bischof Joseph Higgins), der Administrator *sede vacante* von Port Augusta (James Maher), sowie der Apostolische Administrator von Victoria und Palmerston (Anton Strele SJ).

[43] 1885 nahmen vier Personen nicht teil: die Erzbischöfe von Melbourne und Adelaide, Carr und O'Reily, sowie Bischof Higgins und der Priester Maher.

Eine vorbereitende Sitzung fand am Samstag, den 16. November statt, als die Väter sich versammelt hatten. Der Bischof von Sandhurst, der aus Gesundheitsgründen nicht teilnehmen konnte, hatte seinen Koadjutor als Vertreter entsandt. Kardinal Moran legte dar, daß man sich nach der Vorgehensweise von 1885 richten werde. Man ernannte die Konzilsbeamten, einschließlich des Bischofs Murray aus Maitland als Promotor, und Bischof-Koadjutor Delany aus Hobart als Sekretär. Dem Präsidium gehörten Kardinal Moran, alle Erzbischöfe, Bischof Delany, ferner drei Bischöfe, die von den anderen zu wählen waren, an. Es wurden die Bischöfe Murray aus Maitland, Lanigan aus Goulburn und Byrne[44] aus Bathurst dazu bestimmt. Wie beim vorhergegangenen Konzil teilten diese die anderen Bischöfe und Priester auf vier Ausschüsse auf. In der Frage des Stimmrechts für die Bischöfe Salvado und Hutchinson vertraten der Koadjutor, einige Weihbischöfe und die Priester Maher und Strele, sowie der als Kirchenrechtler bekannte Bischof Corbett aus Sale die Meinung, daß ihnen aufgrund von Präzedenzfällen auf neueren Konzilien kein Stimmrecht zustehe. Doch der Kardinal, der zwar die Meinung teilte, daß sie kein Recht darauf beanspruchen könnten, vertrat die Auffassung, daß das Konzil ihnen das Stimmrecht trotzdem einräumen könne, wofür er die Zustimmung der übrigen Konzilsväter fand.

Das Konzil endete am Sonntag, dem 1. Dezember. In der Marienkathedrale waren drei feierliche Konzilssitzungen abgehalten worden, jeden Sonntag eine, wobei man jeweils ein feierliches Hochamt zelebrierte, alle im Pontifikale vorgeschriebenen Zeremonien in besonders würdiger Form vollzog und die Konzilsdekrete in Anwesenheit einer großen Volksmenge promulgierte. Am 21. November empfing der Gouverneur von New South Wales, Henry Robert Brand, Viscount Hampden, die Konzilsväter im Regierungssitz, und am Abend des 25. November gab man zu Ehren der Konzilsväter und Priester einen Empfang im Rathaus von Sydney. Die Sitzungen fanden im St. Patricks College von Manly, dem Seminar von Sydney, statt.

An den drei Plenarsitzungen nahmen alle Konzilsväter wie auch alle Priester teil. Nach den rechtlichen Formalitäten setzte man die Priester auf der ersten Sitzung am 16. November über die erfolgte Ernennung der Konzilsbeamten in Kenntnis und teilte mit, welchem Ausschuß jeder zugeteilt worden war und welche Materien sie zu bearbeiten hatten. Nachdem man auf der zweiten Sitzung am 25. November die Arbeitsberichte der einzelnen Ausschüsse verlesen hatte, schloß sich eine lange Debatte über alkoholabhängige Geistliche an, und wie man diesem Übel begegnen könne. Die Gefahr des Alkoholismus war auf die großen Entfernungen und auf die sich daraus ergebende

[44] Ritzler-Sefrin VIII 143.

Vereinsamung zurückzuführen. Auch diskutierte man die Schwierigkeit, das Fastengebot und die Abstinenzregeln an Orten wie den Plantagen in Queensland zu beobachten, wo es kaum Fisch, Eier oder Gemüse gab; die Schwierigkeiten, denen sich Priester gegenübersahen, wenn sie an Sonntagen das ganze Breviergebet verrichten wollten[45]; und die Probleme, die sich aus der Beobachtung der verpflichtenden Feiertage ergaben. Auf der dritten allgemeinen Sitzung am 28. November führten die Priester zu drei Themen umfangreiche Diskussionen: Wahl der Kandidaten für das Bischofsamt in kleinen Diözesen; ablehnende Haltung der Priester dem *concursus* gegenüber; und der Wunsch einiger Priester, im Falle einer neuen Aufteilung der Diözese in der ursprünglichen Diözese zu verbleiben. Auch diskutierte man darüber, wie man Klandestinehen verhindern könne, über Eheverkündigungen[46], Trauung von Personen aus einem anderen Jurisdiktionsgebiet und die Rechte der Kirchenrektoren.

Zwischen dem 18. und dem 30. November fanden vierzehn private Zusammenkünfte der Konzilsväter statt. Auf der ersten Zusammenkunft einigten sie sich darüber, daß die Gesetzgebung von 1885 die Grundlage für die Kirchendisziplin in Australien darstellen solle und daß man, je nach Erfordernis, neue Dekrete einfügen könne. Man rief einen kleinen Ausschuß ins Leben, dem die Aufgabe zufiel, beim Heiligen Stuhl um die notwendigen Vollmachten nachzusuchen. Auf den Zusammenkünften wurde beschlossen, für die australischen Bischöfe um Erlaubnis zur Übernahme der Eidesformel zu bitten, die für die amerikanischen Bischöfe in Geltung war; außerdem die Ernennung Michael Verdons als Geschäftsträger der australischen Bischöfe in Rom[47]; die Heiligsprechung des seligen Peter Chanel, des Protomärtyrers von Ozeanien, zu betreiben, und den Heiligen Peter Claver zum Patron der Missionen *ad nigritos*[48] ernennen zu lassen, sowie ein Gesuch, die obligatori-

[45] Erzbischof Polding erhielt die Vollmacht, Priester, die an Sonntagen zwei Messen in verschiedenen Kirchen zelebrierten, von einigen Horen zu befreien, doch erstreckte sich diese Vollmacht nicht auf solche Geistliche, die in ein und derselben Kirche zwei Messen zelebrierten (vgl. AP, Udienze 106, fol. 98v-99v). 1862 erhielten die Bischöfe eine ablehnende Antwort auf ihr Ersuchen, Priester von den ersten beiden Nokturnen an Fastensonntagen befreien zu dürfen (vgl. AP, SC 7, fol. 898r-899v).

[46] Der Erzpriester Sheehy OSB erklärte, es sei Brauch, sogar konfessionsverschiedene Ehen öffentlich zu proklamieren, da das Zivilrecht dies erfordere.

[47] Im Februar 1869 reiste Verdon nach Rom, erhielt jedoch unterwegs die Nachricht, daß er zum Bischof von Dunedin in Neuseeland ernannt worden sei. Seit dieser Zeit wurde kein Prokurator in Rom mehr bestimmt.

[48] 1896 wurde dem Heiligen Peter Claver diese Bezeichnung zuteil, aufgrund eines Dekretes der Heiligen Kongregation für die Riten, unter Berücksichtigung von Petitionen afrikanischer, nord- und südamerikanischer, sowie australischer Bischöfe (vgl. Analecta ecclesiastica 5, 1897, 24). Mit einundzwanzig gegen zwei Stimmen befürworteten die Väter die Unterzeich-

schen Feiertage auf vier zu reduzieren, nämlich die Feste der Geburt unseres Herrn, der Beschneidung des Herrn, der Aufnahme Mariens in den Himmel und Allerheiligen; Ostern und Pfingsten fielen ohnehin auf Sonntage.

Wie bereits auf dem vorangegangenen Konzil verwendete man viel Zeit darauf, über neue Diözesen zu diskutieren. Für Westaustralien empfahl man wärmstens, zwei neue Diözesen, nämlich Geraldton und Coolgardie einzurichten, desgleichen für Queensland Townsville und Maranoa/Warwick. Der Vorschlag, zwei Diözesen für Victoria in Warrnambool und Benalla oder eine Diözese südlich von Sydney zu errichten, wurde dagegen abgelehnt. Die Konzilsväter empfahlen, den Bischofssitz von Grafton nach Lismore zu verlegen und in einigen Fällen bestehende Territorialgrenzen zu regulieren. Kardinal Moran sollte in Verhandlungen mit den Maristen oder mit den Jesuiten diesen die Fürsorge über die Ureinwohner in Queensland antragen.

Was die eigentliche Gesetzgebung betraf, wurden denen von 1885 zwei neue Kapitel angefügt: „*De studiis ecclesiasticis*“ und „*De missionibus parochialibus*“. In ersterem wurden die Kleriker in vier Dekreten dazu verpflichtet, ihr Studium durch Lektüre und Weiterbildungskonferenzen fortzuführen. Zehn Dekrete regelten, daß in jeder Gemeinde zur Beförderung der Frömmigkeit und zum Zwecke häufigeren Sakramentenempfangs zumindest alle fünf Jahre Volksmissionen durchzuführen seien. Die Bischöfe schlugen auch vor, in jeder Diözese, wo dies möglich sei, einen Generalvikar zu benennen, doch schlug sich dies nicht in einem Dekret nieder. In der Gesetzgebung von 1885 wurden folgende Zusätze bzw. Verbesserungen gemacht: a) in Diözesen, in denen sich weniger als zehn Diözesankonsultoren und inamovible Kirchen-Rektoren fanden, wurde allen Rektoren oder Administratoren, die in der Diözese länger als sieben Jahre gedient hatten, die Möglichkeit eröffnet, Bischofskandidaten vorzuschlagen; b) Ordensfrauen hatten vor der Profeß ein Testament zu machen und mußten die Klausur beobachten. Im Abschnitt über die Taufe bestimmte man im einzelnen die Voraussetzungen für die Übernahme des Patenamtes, wobei Häretiker davon ausgeschlossen wurden. Ehescheidung wurde scharf verurteilt, und zur Trennung der Ehegatten von Tisch und Bett die Erlaubnis eines kirchlichen Gerichts gefordert. Die bei der Feier der Heiligen Messe einzunehmenden körperlichen Haltungen sollten vereinheitlicht werden. Man empfahl ein Manuale für Kirchengesang und Zeremonien, und die Vierzigstündige Eucharistische Anbetung wurde eingeführt. Bruderschaften sollten zur Förderung der regelmäßigen Beichte bei-

---

nung der Petition. Der Jesuitengeneral hatte darum nachgesucht (vgl. Cong. privata, 22. November, 14 Uhr, handschriftl. Protokoll, 5; SAA, MP, Bd. 152). Dies hatte jedoch nicht zur Folge, daß dieser Heilige in Australien in irgendeiner Weise verehrt wurde.

tragen, für Kinder besondere Beichtzeiten angesetzt werden. Man legte auch eine Liste von Gelegenheiten vor, bei denen die Lossprechung von reservierten Sünden erlangt werden konnte. Aus heutiger Sicht mag ein Großteil der damaligen neuen Gesetzgebung belanglos erscheinen, doch spiegelt diese wahrscheinlich wohl die Auffassung der Konzilsväter wider, daß die Pioniertage der Vergangenheit angehörten und man nunmehr darauf zu achten habe, auch Details, die anderswo als wichtig gälten, zu beobachten.

Die meisten Erweiterungen erfuhr die ältere Gesetzgebung bezüglich der Lebensführung der Priester und der Kirchendisziplin. Unter anderem sollte in jeder Diözese für Priester die Unio Apostolica eingeführt werden, Priester hatten beim Umgang mit Frauen ganz allgemein große Sorgfalt walten zu lassen, besonders was die Auswahl ihrer Haushälterinnen betraf. Temperenzvereine sollten in den Seminarien, in denen Priester für Australien ausgebildet wurden, gefördert werden. Eine Ordensgemeinschaft sollte aufgefordert werden, ein Institut zur Rehabilitation alkoholkranker Priester einzurichten. In jeder Diözese war ein Ausschuß ins Leben zu rufen, der für einen Unterhaltsfonds für Priester, die sich wegen Alkoholabhängigkeit einer Behandlung unterziehen wollten, sorgen sollte. Wo mehrere Priester zusammenlebten, sollte einem im Haus die Leitung zufallen. Über die Finanzen mußte Buch geführt werden. Keinem Priester war es erlaubt, sich über irgendjemand öffentlich zu äußern. Ohne Erlaubnis des Bischofs durften weder Gebäude verändert noch Schulden aufgenommen werden. Die Mitglieder der Pfarrgemeinde waren über die Festtage in Kenntnis zu setzen sowie über Fast- und Abstinenztage und über Ablässe. Nur das Römische Rituale und das Rituale von Baltimore durften Verwendung finden, die vorgeschriebenen Matrikeln mußten geführt werden wie auch das Buch über den *status animarum*. Als offizieller Katechismus galt der irische Katechismus. Man sollte die Bruderschaften von der Christlichen Lehre, von der Heiligen Familie und die Catholic Truth Society fördern. Die Gläubigen waren zum Rosenkranzgebet zu ermahnen und vor den Gefahren, die bestimmte Tänze für junge Menschen in sich bargen, zu warnen. Für Begräbnisse schrieb man das Requiem vor, Blumenschmuck galt dabei als unziemlich. Man erlaubte, einige Gebete in englischer Sprache im Anschluß an den offiziellen Ritus zu sprechen. Denjenigen, die eine Einäscherung ihrer Leiche bestimmt hatten, war das Begräbnis zu verweigern, was auch für die Fälle galt, in denen Mitglieder eines Geheimbundes – Freimaurer – mit ihren Insignien am Begräbnis teilnehmen würden. Was die Erziehung anbelangt, wurden den 1869 und 1885 formulierten Grundsätzen weitere Einzelbestimmungen angefügt. So wurde den Pfarrern untersagt, eine Schule ohne bischöfliche Erlaubnis zu schließen, und angeordnet, in jeder Diözese einen Priester für die Schulaufsicht zu ernennen. Wenngleich auf dem Konzil 1885 bestimmt worden war, Eltern, die ihre Kinder auf nichtkatholische Schulen schickten, könne die Absolution verweigert werden, so stellte dieses Konzil fest, daß man ihnen die Sakramente ohne Befragung des Bischofs nicht öffentlich verweigern dürfe. Schulbücher aus dem Verlag der Gebrüder Benziger wurden ausdrücklich empfohlen. Man erneuerte den Anspruch auf einen Anteil an den staatlichen Mitteln und führte hierzu einige Aussagen des Dritten Plenarkonzils von Baltimore an. Die übliche Ergebenheitsadresse an den Papst wurde ebenso abgesandt wie ein gemeinsamer Hirtenbrief an Priester und Laien.

Nach Vornahme der Emendationen durch die Propaganda berieten die Kardinäle in Plenarsitzungen am 14. und 20. Dezember 1897 über die Gesetze und Verordnungen. Die Verbesserungen waren nur geringfügig und mit einer Ausnahme ohne größere Bedeutung. Diese bezog sich auf diejenigen Personen, die vor einem protestantischen Geistlichen die Ehe eingingen. Sie zogen sich demnach eine dem Heiligen Stuhl vorbehaltene Exkommunikation zu. Die Kardinäle stimmten überein, die Dekrete dem Papst zu empfehlen. Gleichermaßen sandten sie das Ersuchen, in dem um eine Verminderung der Anzahl der verpflichtenden Feiertage gebeten wurde, an das Heilige Offizium, von wo aus am 4. August 1898 eine Empfehlung an den Papst abging, der die Entscheidung traf, daß fünf Feiertage zu beobachten wären, nämlich die auf der Liste vorgeschlagenen und zusätzlich Christi Himmelfahrt. Die Bischöfe behielten die Vollmachten, die ihnen bereits in der Vergangenheit gewährt worden waren, Fasten- und Abstinenzgesetze zu mildern, jedoch durfte die Nüchternheitsverpflichtung der Priester hinsichtlich der Messe an Sonntagen nicht laxer gehandhabt werden. Jeder Priester mit diesbezüglichen persönlichen Problemen sollte jedoch besonders aufmerksam die üblichen Regeln der Moraltheologie beobachten, die entsprechende Auswege wiesen.

Was die vorgeschlagenen neuen Diözesen betrifft, gaben die Kardinäle ihr *Placet* nur für Geraldton und empfahlen als ersten Bischof William Kelly. Zumindest auf absehbare Zeit entschieden sie gegen die Errichtung von Diözesen in Coolgardie und Townsville, ebenso gegen Maranoa/Warwick. Nachdem sie ursprünglich ins Auge gefaßt hatten, das Apostolische Vikariat Kimberley aufzulösen, stimmten sie dann statt dessen dafür, es vorerst der Diözese Geraldton anzugliedern, während man nach möglichen Missionaren Ausschau halten wollte, insbesondere bei den Trappisten, die in diesem Gebiet einen Missionsauftrag übernommen hatten. Schließlich wurde die Grenze zwischen den Diözesen Victoria und Palmerston und den Diözesen von Queensland dem staatlichen Grenzverlauf angeglichen.

Nach dem Konzil war Kardinal Moran wegen der vorgeschlagenen Diözesen häufig schriftlich vorstellig geworden, doch hatte Erzbischof Dunne ebenfalls mehrere Briefe verfaßt, in denen er sich über die Einmischung Kardinal Morans beklagte und für sich in Anspruch nahm, daß er, der dreiunddreißig Jahre lang in Queensland gearbeitet habe, und Bischof Cani aus Rockhampton, der fünfunddreißig Jahre lang in Dienst gewesen sei, besser beurteilen könnten, welche Empfehlungen zu geben seien. Er führte Klage über die auf dem Konzil von 1885 herrschende Manie, neue Diözesen zu gründen, und beschrieb die Schwierigkeiten, die in Grafton, Wilcannia, Sale und Cooktown bestanden. Diese Bistümer seien ohne Vorbedacht ins Leben gerufen worden und befänden sich nun in finanziellen und sonstigen Schwierigkeiten[49].

Papst Leo XIII. bestätigte die Konzilsdekrete am 11. Januar 1898, und der Präfekt der Propaganda, Mieczyslaw Kardinal Ledóchowski, gab am 22. Januar 1898 ein dementsprechendes Dekret heraus. Zusammen mit den Gesetzen und Verordnungen des Konzils aus diesem Jahr veröffentlichte man einen aus zwanzig Dokumenten bestehenden Anhang, der nicht nur verschiedene römische Dekrete und Instruktionen umfaßte, sondern auch Zeitpläne, Muster für Dokumente, die einem Bischof von Nutzen sein könnten, verschiedene offizielle Gebetstexte und liturgische Regeln für Benediktionen und die Mitfeier der Laien bei der Messe.

5. Das Dritte Plenarkonzil von 1905

Am 19. September 1904 unterrichtete Kardinal Moran den Präfekten der Propaganda Girolamo Maria Kardinal Gotti OCD, daß man, nachdem in den Jahren 1885 und 1895 Plenarkonzilien abgehalten worden seien, in Übereinstimmung mit dieser Tradition das nächste Plenarkonzil im Jahre 1905 abhalten könne, wenn dies dem Kardinal opportun erscheine. Die Zustimmung des Heiligen Vaters vorausgesetzt, suchte Kardinal Moran um das Breve nach, das ihn dazu ermächtigte, ein Konzil einzuberufen. Außerdem bat er darum, ihm dies bis zum 1. Dezember zu gewähren, so daß die Bischöfe rechtzeitig über ein Konzil im Mai in Kenntnis gesetzt werden könnten, wo das Klima zuträglich sei. Er fragte auch an, ob von seiten der Propaganda irgendwelche besonderen Anliegen bestünden, die es zu bedenken gebe, und nachdem er darauf verwiesen hatte, daß Kardinal Ledóchowski den neuseeländischen Bischöfen eine Teilnahme am Konzil 1895 nicht erlaubt hatte, teilte er mit, daß es deren Wunsch sei, an dem geplanten Konzil

[49] Vgl. AP, NS 216, fol. 360-362.

teilzunehmen, um sich aus der Isolierung zu lösen und um ihre Einheit mit den australischen Bischöfen zu festigen[50].
In einem apostolischen Schreiben ermächtigte Papst Pius X. daraufhin am 30. November 1904 Kardinal Moran dazu, innerhalb der nächsten zwei Jahre ein Plenarkonzil der australischen Bischöfe zusammenzurufen und dabei den Vorsitz zu führen. Neuseeland wurde nicht erwähnt. Durch ein Dekret vom 4. April 1905 berief Kardinal Moran alle Erzbischöfe und Bischöfe des Commonwealth Australiens, wie auch Äbte, Obere der Orden und Kongregationen und alle übrigen, die nach Recht oder Tradition teilnehmen sollten, für Sonntag, den 3. September 1905 in die Marienkathedrale von Sydney. Nach den Instruktionen im Anhang kam jedem Bischof das Recht zu, einen Theologen zu benennen, sollte der Pfarrklerus jeder Diözese einen gewählten Vertreter entsenden und erhielt der Obere jedes Ordens mit einer Niederlassung in Australien das Teilnahmerecht.
Am 9. Mai 1905 fragte Kardinal Moran nochmals schriftlich bei Kardinal Gotti nach, ob er irgendwelche Instruktionen bezüglich des Konzils zu geben habe, und erwähnte, daß auch eine Überarbeitung des irischen Katechismus, der im Jahre 1885 angenommen worden war, zur Diskussion stünde, sowie die Erhebung Sydneys zum Primatialsitz, der für die anderen Erzbischöfe als Berufungsinstanz dienen könnte. Kardinal Gotti antwortete am 23. Juni, es gebe keine besonderen Instruktionen, die Arbeit am Katechismus werde verdienstvoll sein, und die Frage eines Primatialsitzes bedürfe sorgfältiger Prüfung. Am Samstag, dem 2. September, hielt man also im St. Patrick's College von Manly, dem Sitz des Konzils, eine vorbereitende Zu-

---

50 Am 8. September 1898 berief Francis Redwood SM, der Erzbischof von Wellington, die Bischöfe Neuseelands und alle, die nach Recht oder überliefertem Brauch an einer Provinzialsynode teilnehmen sollten, für den 21. Januar 1899 zu einer solchen Synode. In seinem Schreiben gab er an, daß der Heilige Stuhl vier Jahre zuvor die Entscheidung getroffen hätte, die Kirchenprovinz Wellington von Australien zu trennen, und daß man, so bald wie möglich, eine Provinzialsynode einberufen solle. Vom 21. bis 29. Januar wurde die Synode in der Kathedrale St. Joseph und im College St. Patrick abgehalten, unter Beteiligung der Bischöfe John Grimes SM aus Christchurch, Michael Verdin aus Dunedin, George Lenihan aus Auckland, sowie sechs Welt- und sieben Ordenspriestern. Bei der Eröffnungsmesse und den Zeremonien zur Eröffnung der Synode waren über 1800 Menschen anwesend. Am 23. Januar erklärten die Bischöfe, daß die Dekrete des Ersten Australasischen Plenarkonzils in ganz Neuseeland in Kraft blieben. Eine Überprüfung der Gesetzgebung ergibt, daß, von wenigen Ausnahmen abgesehen, die australischen Dekrete von 1895 wörtlich übernommen wurden. Die Bischöfe verzichteten auf Dekrete, in denen Priester zur Mäßigkeit oder zur Vorsicht im Umgang mit Frauen aufgefordert wurden. Man fügte ein kurzes Kapitel an, in dem die Notwendigkeit von Pfarrbibliotheken und Büchern hervorgehoben wurde, und gestaltete insbesondere den Abschnitt über das Seminar wesentlich umfangreicher, da in der Nähe von Dunedin ein solches Seminar errichtet wurde. Rom nahm nur wenige unbedeutende Veränderungen vor. Die Kardinäle gaben am 9. April 1900 ihre Zustimmung. Am 29. April 1900 folgte die Ratifizierung durch den Papst (vgl. Concilium Wellingtonense).

sammenkunft der Konzilsväter. Anwesend waren einundzwanzig Konzilsväter[51], von denen nur zwölf in dieser Eigenschaft am vorangegangenen Konzil teilgenommen hatten, drei andere hatten 1895 als *theologi* mitgewirkt. Der einzige, der schon 1869 dabeigewesen war, war Bischof James Murray aus Maitland. Zusammen mit dem Kardinal, Erzbischof Dunne aus Brisbane und Bischof Reville[52] aus Sandhurst, hatte er auch 1885 teilgenommen.
Nicht anwesend waren Erzbischof Murphy aus Hobart – er war schon 91 Jahre alt –, Bischof Gibney aus Perth, der auf der Seereise krank geworden war und in Sydney im Hospital lag, und Bischof Maher aus Port Augusta, der bis nach Adelaide gekommen war, ehe er dort krank wurde. Beratendes Stimmrecht gestanden die Konzilsväter den Titularbischöfen, dem Abt Torres und den Priestern Walsh und Norton zu. Da Bischof Gibney krank im Hospital verbleiben mußte, bestimmte er Lawrence Smith zu seinem Prokurator, der ab Donnerstag, den 7. September am Konzil teilnahm. Erzbischof Murphy hatte seinen Neffen, Monsignore Daniel Beechinor als Prokurator entsandt, doch die Konzilsväter, die die Rechtmäßigkeit dieses Vorgehens in Frage stellten, da bereits ein Bischof-Koadjutor anwesend war, übergaben die Angelegenheit dem Schiedsgericht für Streitfälle[53]. Das Präsidium der Synode bildeten der Kardinal, die Erzbischöfe, der Sekretär Bischof-Koadjutor Dwyer[54] aus Maitland, vier Bischöfe, die von den anderen gewählt worden waren, nämlich die Bischöfe von Ballarat, Sandhurst, Maitland und Goulburn, der Hilfssekretär James O'Brian und der Kanzler Monsignore Dennis O'Haran. Bei dieser Gelegenheit wurde auch der Beschluß gefaßt, ein Telegramm an den Papst und eines an den Präsidenten der Vereinigten Staaten von Amerika, Theodore Roosevelt, zu senden, in dem man letzterem zu den erfolgreichen Friedensverhandlungen anläßlich der Beendigung des russisch-japanischen Krieges gratulierte. Darüberhinaus sollte am folgenden Tag ein

---

[51] Außer Kardinal Moran nahmen die Erzbischöfe von Melbourne, Brisbane und Adelaide, der Koadjutorerzbischof von Sidney, die Bischöfe von Maitland, Sandhurst, Wilcannia, Sale, Lismore, Ballarat, Goulburn, Geraldton, Bathurst und Armidale, die Bischofskoadjutoren von Hobart und Maitland, der Apostolische Vikar von Cooktown (Bischof James D. Murray OSA), der Abt der exemten Abtei New Norcia, Fulgentius Torres OSB, der Administrator *sede vacante* von Rockhampton (William Mason Walsh) und der Prokurator des Bischofs von Port Augusta (John Norton) teil. Zu dieser Zeit war Bischof William Kelly von Geraldton auch Apostolischer Administrator der Diözese Victoria und Palmerston sowie des Apostolischen Vikariats Kimberley.

[52] Ritzler-Sefrin VIII, 498.

[53] Die Bischöfe Corbett aus Sale, Dunne aus Wilcannia, und Murray aus Cooktown, trafen die Entscheidung, die Ernennung sei *ultra vires*.

[54] Ritzler-Sefrin VIII 361.

Te Deum in der Kathedrale gesungen werden, in dem man den Dank für das Kriegsende zum Ausdruck bringen wollte.
In der Marienkathedrale wurden drei öffentliche Sitzungen mit feierlichen Messen, wie im Pontifikale vorgeschrieben, mit der üblichen Feierlichkeit zelebriert. Am Morgen des Samstag, den 2. September, wurde die Kathedrale durch den Koadjutor von Sydney, Erzbischof Michael Kelly konsekriert, und so geriet die erste öffentliche Sitzung am darauffolgenden Tag recht eigentlich zur öffentlichen Feier der Kirchweihe. Die übrigen öffentlichen Sitzungen fanden am Donnerstag und am letzten Tag des Konzils, Sonntag, dem 10. September, statt. Zusätzlich zu den bereits genannten Priestern waren zwölf Obere von Orden und Kongregationen und siebenunddreißig *theologi* anwesend, wobei sich unter den letzteren vier Ordensangehörige befanden und der Rest aus Weltpriestern bestand. Von diesen neunundvierzig waren neunzehn auf dem Konzil 1895 dabeigewesen. Wie schon auf den vorangegangenen Konzilien wurden sie in Ausschüsse aufgeteilt, doch existierten diesmal nur drei davon: Glaube und Sakramente, Disziplin, und Erziehung. Man hielt drei Plenarsitzungen aller Priester mit den Konzilsvätern ab. Die erste diente nur der Vorbereitung, doch auf der zweiten und dritten Zusammenkunft gab man den Priestern Gelegenheit, ihre Meinungen zu folgenden Themen zum Ausdruck zu bringen: Erziehung – einschließlich Lehrerkollegien und dem Verbot, Kinder auf staatliche Schulen zu schicken – *concursus*, Fasten- und Abstinenzregelungen, Kritik am Verbot, Pferderennen und Theater zu besuchen, Stiftungen für kranke Priester, Behandlung alkoholabhängiger Geistlicher, Unterbringung geisteskranker Priester, Probleme in den Missionsgebieten Westaustraliens und im Northern Territory, Kommunionempfang der Ordensfrauen, konfessionsverschiedene Ehen sowie die Australian Catholic-Truth-Society. Die behandelten Gegenstände ließen darauf schließen, daß sich die kirchlichen Verhältnisse im Vergleich zu jenen von 1844 gründlich gewandelt hatten.
Acht private Zusammenkünfte der Konzilsväter fanden in dieser Woche statt. Beim ersten Treffen verabschiedeten sie Briefe an den Papst, die Bischöfe von Irland und Frankreich, und trafen auch die Entscheidung, das Konzil solle einen Hirtenbrief herausgeben, der sich mit dem Sozialismus befasse. Er wurde noch vor Abschluß des Konzils abgefaßt und gebilligt. Am folgenden Tag nahmen die Väter die Dekrete des Konzils von 1895 als Grundlage für die Gesetzgebung an und bildeten einen Ausschuß, der zusätzliche Dekrete erarbeiten sollte.
Auf den meisten Zusammenkünften sprach man über Erziehungsfragen. Ebenso bildeten die konfessionsverschiedenen Ehen, denen man immer noch sehr ablehnend gegenüberstand, die Notwendigkeit, Feuerversicherungen

für kirchliche Gebäude abzuschließen, die Pflege des Gregorianischen Chorals und die Veröffentlichungen der Australian Catholic-Truth-Society wichtige Diskussionspunkte. Man untersuchte auch den kirchlichen Zustand in den australischen Missionsgebieten. Der Bischof von Geraldton berichtete in diesem Zusammenhang, wie er seit 1900 versucht habe, den Heiligen Stuhl dazu zu bewegen, ihm die Verwaltung der Diözese Victoria und Palmerston abzunehmen. Anders als auf den beiden vorhergegangenen Konzilien gab es aber keine Pläne für neue Diözesen oder Vikariate, mit Ausnahme eines Priorates „nullius" im Gebiet von Kimberley, zu dessen Gründung sich die Benediktiner aus New Norcia bereit erklärten und das mit vergleichbarem Status an New Norcia angegliedert werden sollte[55].

Die beiden Sitzungen am Samstag waren den Abstimmungen vorbehalten. Die Konzilsväter stimmten dafür, Sydney einen Ehrenprimat zuzuerkennen sowie dafür, daß der Katechismus überarbeitet und in jeder Diözese in Gebrauch genommen werden solle und daß katholische Schulen auch weiterhin an ihren hohen Leistungsanforderungen festhalten sollten. In bezug auf den Religionsunterricht sollte man gemäß der Vorgabe eines bischöflichen Ausschusses, in weltlichen Fächern hingegen gemäß den Anforderungen staatlicher Schulen verfahren. Sie erneuerten das Dekret von 1869, in dem Geldsammlungen ohne schriftliche Erlaubnis des Ortsbischofs verboten worden waren. Auch beschlossen sie, ein Missionsseminar für den Dienst auf den Philippinen und in Japan zu errichten und das „Werk der Glaubensverbreitung" zu fördern. Man solle in jeder Kirchenprovinz eine katholische Lehrerbildungsanstalt einrichten, an der Anwärter für Schulorden studieren könnten. Ebenso sollten Feuerversicherungen abgeschlossen und Anstalten für Geisteskranke und taubstumme Männer gegründet werden. Vergleichbare Einrichtungen für Frauen existierten bereits. Man empfahl auch die Veröffentlichungen der Catholic-Truth-Society und wies darauf hin, daß bereits beim Ankauf von Büchern für Büchereien und Preisverleihungen in Schulen sorgfältige Auswahl nötig sei. Gebetbücher und erbauliche fromme Schriften, welche ohne kirchliche Druckerlaubnis erschienen, wurden verworfen. Für Blasphemien gegen Christus und die Kirche, die kurz zuvor begangen worden waren, ordnete man an, daß Sühne geleistet werde. Daneben wollte man beim Heiligen Stuhl um einige Erleichterungen nachsuchen: die Erlaubnis, die heiligen Öle mit der Post zu versenden; die Erlaubnis für die Priester, an Sonntagen Matutin und Laudes ausfallen zu lassen; Lockerungen bei den Fasten- und Abstinenzregelungen und die Erlaubnis, bei der

[55] Errichtet als Missio sui iuris von Drysdale River am 10. Mai 1910 durch Dekret der Propaganda (vgl. AAS 2, 410-411).

Segnung des Taufwassers und beim Glaubensbekenntnis für Konvertiten Kurzformeln zu verwenden und die Verlegung einiger Feste auf den Sonntag. Man erwartete sich auch eine Klärung bezüglich der Beichtjurisdiktion auf Seereisen. Die Konzilsväter mißbilligten, daß die Erzbischöfe zur Berufungsinstanz in Fragen der Disziplin geworden waren, zuständig auch für die Durchführung der Dekrete der Plenarkonzilien. Nicht einverstanden war man auch mit einer einheitlichen Taxe für Ehedispensen. Auch forderte man eine Zusammenfassung und Erklärung schwieriger Worte am Anfang des Katechismus.

Die neuen Dekrete wurden den alten hinzugefügt, die, noch immer in Kapiteln angeordnet, nun in sechs Unterabschnitte gegliedert wurden: „*De fide*", „*De personis ecclesiasticis*", „*De sacramentis*", „*De disciplina*", „*De educatione*", „*De foro ecclesiastico*". Daneben stellte man eine Präambel aus drei neuen Dekreten voraus, in welcher zum Ausdruck kam, daß alle diese Dekrete als Norm für die Gesetzgebung im ganzen Commonwealth Australiens gelten sollten.

Man hatte zweiundvierzig neue Dekrete formuliert, wenngleich viele davon lediglich Gesuche an den Heiligen Stuhl um Fakultäten bzw. Erlaubnisse darstellten. In einem wichtigen Dekret stellte man fest, daß der Status eines ständigen Rektorats vom Bischof nach Anhörung der Berater aufgehoben werden könne, wenn die Bevölkerungszahl zurückgehe oder auch andere Gründe dies nahelegten.

Nachdem man die Gesetze und Verordnungen nach Rom gesandt hatte, wurde Kardinal Moran dahingehend unterrichtet, daß einige Dekrete eigentlich Petitionen an den Heiligen Vater darstellten. Daraufhin sandte er am 27. Februar 1906 im Namen aller Bischöfe eine lange Bittschrift an Papst Pius X.[56]. Darin bat er um: a) die Erlaubnis, heilige Öle mit der Post versenden zu dürfen; b) die Feier einiger höherer Feste am Sonntag; c) eine Kurzformel des Glaubensbekenntnisses für Konvertiten; d) die kurze amerikanische Segensformel zur Weihe des Taufwassers an Ostern und Pfingsten; e) die Ermächtigung, Dispens vom Ehehindernis der *disparitas cultus* zu gewähren, wo Dispens wegen Konfessionsverschiedenheit nötig war und Zweifel an der Gültigkeit der protestantischen Taufe bestanden; f) Lockerungen der Fasten- und Abstinenzvorschriften wegen des Klimas und weil es allgemein üblich war, Fleisch zu essen; g) Befreiung der Priester von der Verpflichtung, an Sonntagen Matutin und Laudes zu beten; h) Übernahme einiger Offizien des irischen Brevierpropriums; i) die Erlaubnis für Priester, innerhalb einer Woche drei Requiemmessen zu lesen; j) die Erlaubnis, daß australische Priester auf

[56] Vgl. AP, NS 512, fol. 527-534.

Seereisen alle priesterlichen Vollmachten ausüben dürften; k) darum, daß es den Bischöfen erlaubt sein solle, unabhängige Frauenorden zusammenzulegen[57].

Nach den Korrekturen, die von der Kommission zur Revision von Provinzialsynoden empfohlen wurden, verfuhren die Kardinäle mit den Konzilsdekreten auf bewährte Weise. Man strich alle Bitten um Fakultäten aus dem Text. Die einzige Petition, die ein einfaches *placet* erhielt, war die Bitte um die bereits für Irland genehmigten Eigentexte für das Brevier. Das Ersuchen, den Priestern die Matutin und Laudes am Sonntag zu erlassen, lehnte man ebenso ab wie die Erstellung einer Kurzformel des Glaubensbekenntnisses für Konvertiten, desgleichen die Bitte, in den Fällen, in denen Dispens vom Ehehindernis der gemischten Konfession erteilt worden war, *ad cautelam* auch Dispens vom Hindernis der Kultverschiedenheit gewähren zu können. Es wurde festgestellt, daß den Bischöfen zur Segnung des Taufwassers bereits der Gebrauch der Kurzform erlaubt sei, da sie das Rituale von Baltimore benutzen dürften. Auch könnten die Bischöfe bereits von den Fakultäten bezüglich Fasten- und Abstinenzregelungen, wie auch von den Fakultäten für Seereisen, Gebrauch machen. Hinsichtlich der Feier von Festtagen am Sonntag solle man den liturgischen Regeln folgen. Die Zusammenlegung von Ordensgemeinschaften war möglich, konnte aber nicht von den Bischöfen verpflichtend auferlegt werden. Die Erzdiözese Sydney sollte nicht Sitz eines Primas werden, da es sich um einen erst kürzlich eingerichteten Bischofssitz handele. Neu errichteten Sitzen werde kein hierarchischer Rang mehr zuerkannt, der in der Kirche nicht mehr in Gebrauch sei. Ebenso hatte bereits Papst Pius VII. ein ähnliches Ansuchen für Baltimore zurückgewiesen. Man bemerkte aber, daß der Heilige Stuhl statt dessen eine Apostolische Delegatur einzurichten wünsche. Die einzige Petition, die in den Dekreten verblieb, betraf die heiligen Öle. Man änderte den Text dahingehend ab, daß man Laien erlaubte, die heiligen Öle zu transportieren, was den Dienstleistungen der Post vorgezogen wurde. Von den verbleibenden Dekreten wurde dasjenige, das Geldsammlungen verbot, abgeändert, um die Rechte der Bettelmönche zu schützen. Dasjenige, das sich auf Sühne für Blasphemie bezog, strich man, und das Dekret, in dem für den Fall einer Eheschließung außerhalb der Kirche öffentliche Bußleistungen auferlegt waren, um dem öffentlichen Ärgernis entgegenzuwirken, wurde modifiziert. Ohne Zustimmung des Pfar-

[57] Im Jahre 1900 betrachteten die irischen Bischöfe eine Zusammenlegung von Häusern der Presentation Nuns und der Sisters of Mercy, sowohl auf Provinzial- als auch auf Diözesanebene, als „*optandum*" (vgl. Acta et decreta Synodi plenariae Episcoporum Hiberniae habitae apud Maynutiam an. MDCCCC [=Synodus Maynutiana, 1900], Dublin 1906, 116).

rers konnte der Status einer ständigen Pfarrstelle nicht verändert werden, solange der Pfarrer noch im Amt war.
Die anderen sechsundzwanzig Dekrete, die sich hauptsächlich damit befaßten, Gefahren für den Glauben abzuwenden, oder die sich auf Werke der Caritas oder die Erziehung bezogen, erfuhren so gut wie keine Veränderung. Papst Pius X. bestätigte die Dekrete am 4. September 1906, und Kardinal Gotti erließ am 24. September das entsprechende Dekret. Diese Dekrete wurde denjenigen von 1895 eingefügt und, zusammen mit einem Anhang, der aus mehreren Dokumenten bestand, im Jahre 1907 veröffentlicht.

6. Die Erste Provinzialsynode von Melbourne von 1907

Am Samstag, den 16. November 1907, kamen Erzbischof Thomas Joseph Carr, seine drei Suffraganbischöfe und dreiundzwanzig *theologi* , davon siebzehn Diözesan- und sechs Ordenspriester, in der Bibliothek der erzbischöflichen Residenz zu einer allgemeinen Sitzung zur Vorbereitung der Provinzialsynode zusammen, welche am 14. September einberufen worden war und am folgenden Tage feierlich eröffnet werden sollte. Melbourne war die kleinste und geographisch geschlossenste unter den australischen Kirchenprovinzen, was die Kontakte der Diözesen untereinander erleichterte. Im Einberufungsschreiben des Erzbischofs deutete nichts darauf hin, daß die Synode sich mit außergewöhnlichen Problemen zu befassen haben würde. Ganz im Gegenteil schrieb der Erzbischof an Kardinal Moran, die Synode „. . .*was to substitute for the numerous and divergent decrees of diocesan synods one harmonious body of provincial laws*“[58]. Auf der vorbereitenden Sitzung teilte man die Priester je einem von drei Ausschüssen zu, von denen jeder unter Leitung eines Bischofs stand. Den Ausschuß für die Sakramente leitete Bischof Stephen Reville OSA von Sandhurst, den für die Disziplin Bischof James Francis Corbett von Sale, während Bischof Joseph Higgins von Ballarat an der Spitze des Ausschusses für das Erziehungswesen stand. Die Bischöfe hatten alle an zwei oder drei Plenarkonzilien teilgenommen, während elf von den Theologen eines oder mehrere der Plenarkonzilien besucht hatten, so daß es keinem von ihnen an einschlägiger Erfahrung mangelte. In der Kathedrale St. Patrick fanden am Sonntag dem 17., Donnerstag dem 21. und Sonntag dem 24. November feierlich die üblichen öffentlichen Sitzungen statt. Die Ausschüsse traten am Montag, Dienstag und Mittwoch zusammen, doch scheint es, daß davon, wie

[58] vgl. Carr an Moran, Melbourne, 29. November 1907; Kopie in: MDHC, Carr Korrespondenz, B79.

auch von anderen Zusammenkünften privater oder allgemeiner Natur, keine Protokolle mehr existieren.
Von den 112 Dekreten, die das Konzil verabschiedete, bezogen sich 51 auf die rechte Sakramentenverwaltung. Die übrigen Dekrete betrafen in der Hauptsache Lebensführung und Disziplin der Kleriker einschließlich Kleidung, Wohnung und Besoldung, ferner die Verwaltung von Kirchengütern einschließlich Inventar, Spenden, Schulden, Testamenten, besonderen Kollekten und Hinterlassenschaften. Man erließ nur ein Dekret zur Erziehung: die Priester sollten nahegelegene Schulen wöchentlich, weiter entfernt gelegene monatlich visitieren, um Katechismus und Kirchengeschichte zu unterrichten oder den Unterricht zu überwachen[59]. Zur Vertiefung der religiösen Bildung wollte man darüberhinaus die Catholic Truth Society und Sodalitäten unterstützen. Im allgemeinen enthalten die Dekrete nur wenig an Besonderem. In Rom betrachtete man sie nur in geringem Maße als verbesserungsbedürftig und beinahe zur Gänze als übereinstimmend mit den allgemeinen Gesetzen und der Gesetzgebung der Plenarkonzilien. Tatsächlich beziehen sich viele der Dekrete auf das Dritte Plenarkonzil (1905), dessen Regelungen für den Einzelfall etwas genauer gefaßt wurden. Durch das vermutlich bedeutendste Dekret 66 räumte man Priestern, denen es erlaubt war, in einer Diözese der Provinz die Beichte zu hören, die Möglichkeit ein, in der ganzen Kirchenprovinz anderen Priestern die Absolution zu erteilen. Die Quelle eines Großteils dieser Dekrete bilden die Synoden der Erzdiözese Melbourne. Von den Dekreten getrennt zu betrachten war eine Petition, mit der man beim Heiligen Stuhl um Gewährung von Privilegien nachsuchte: 1) Befreiung der Priester von der Verpflichtung, Matutin und Laudes zu beten, und zwar an Tagen, an denen sie die Messe zweimal lesen; 2) Befreiung von der Verpflichtung, Matutin und Laudes an Sonntagen zu beten, wenn die Priester Samstags von fünfzehn bis zweiundzwanzig Uhr Beichten hören; 3) Befreiung von den Fastenvorschriften an einem von zwei aufeinanderfolgenden Abstinenztagen; 4) Erlaubnis für die Bischöfe, den Betrag für Meßstipendien zu erhöhen, wenn diese aus testamentarisch errichteten Meßstiftungen zu bestreiten waren.

[59] Wenngleich die Gesetzgebung hier nur minimal war, so verwendete man doch viel Zeit darauf, eine gemeinsame Vorgehensweise in Erziehungsangelegenheiten auszuarbeiten, zum Beispiel hinsichtlich der Registrierung von Lehrern und Schulen, der Aus- und Fortbildung der Lehrkräfte sowie der Errichtung eines katholischen Kollegs an der Universität Melbourne (vgl. MDHC, Carr Korrespondenz, B79; und Pastoral Letter of the Archbishop and Bishops of the Province of Melbourne to the Clergy and Laity of the Province, Melbourne 1907, 2-3).

Die Bischöfe leiteten das Ergebnis der Konzilsarbeit am 3. März 1908 an den Heiligen Stuhl weiter, wo die Dekrete der Kommission zur Revision der Provinzialsynoden übergeben wurden. Nach einem Bericht Pedro Armengol Valenzuelas OdeM, vom 5. Juni 1908, und nach einem Bericht des Archivars, unterzog die Kommission die Dekrete und die Petition am 27. Juni und am 4. Juli einer Untersuchung und gab nach einigen Verbesserungen die Empfehlung ab, daß die Synodendekrete die *recognitio* erhalten sollten. Alle vier Privilegien wurden verweigert, nachdem der Archivar im Zusammenhang mit dem Brevier und der Abstinenzfrage über ähnliche Verweigerungen nach dem Zweiten und Dritten Plenarkonzil berichtet hatte. Valenzuela wollte bezüglich des Breviers auf den anerkannten Rat der Moraltheologen zurückgreifen und hatte zu bedenken gegeben, daß die Anfrage bezüglich der Abstinenz ihm unnötig erscheine, da man fast überall ohne weiteres von der Abstinenz an Samstagen befreit werde[60] und er der Meinung sei, daß man für die Erhöhung der Meßstipendien keine Erlaubnis benötige[61]. Achtzehn Dekrete wurden mit Zusätzen versehen, die im großen und ganzen unbedeutend waren. Von Bedeutung dagegen war, daß es bei der Firmung nicht mehr als ausdrücklich notwendig, sondern nur mehr als erlaubt galt, zusätzlich den Namen eines Heiligen anzunehmen (Dekret 9). Man strich die Strafe der Suspendierung für einen Priester, der es wagte, einer Eheschließung ohne die Lizenz des Bischofs oder des Pfarrers der Braut zu assistieren (Dekret 41). Die Worte *quia haec est activa cooperatio in ritu haeretico* wurden aus der Bestimmung, die Katholiken die Teilnahme an nichtkatholischen Hochzeiten verbot, entfernt (Dekret 63). Die Bischöfe wurden nicht mehr als *supremi administratores*, sondern als *legitimi administratores* der Kirchengüter bezeichnet; ersterer Titel blieb dem Papst vorbehalten (Dekret 100). Die Konsultoren stellten auch das Dekret über Reservatfälle in Frage. Es wurde zur Untersuchung an das Heilige Offizium weitergeleitet, das am 11. März 1909 Kardinal Gotti anwies, das Dekret 33 zu entfernen, da sich in ihm Reservierungen fänden, die bereits vom Heiligen Stuhl oder den Plenarkonzilien verfügt worden seien[62]. Papst Pius X. approbierte alle Empfehlungen am 2.

60 Es scheint ihm entgangen zu sein, daß die Abstinenz in Australien an Samstagen in der Fastenzeit noch verbindlich vorgeschrieben war (vgl. Drittes Plenarkonzil, Dekret 302 b). Im Jahre 1910 suchte Erzbischof Carr im Namen der Bischöfe der Kirchenprovinz um eine Vollmacht zur Dispensierung nach. Für Melbourne erhielt er diese *ad decennium*, seine Suffragane durften einzeln neuerliche Gesuche stellen, wenn ihnen dies nötig erschien (vgl. Gotti an Carr, 9. Juni 1910, prot. num. 1128/910; MDHC, Holy See file).

61 Es scheint, daß er dies Ansuchen mißverstanden hat.

62 Nachdem Dekret 33 entfernt worden war konnte man die Anzahl der Dekrete trotzdem beibehalten, indem Dekret 19 aufgeteilt wurde in 19 und 20.

Juni 1909 und Kardinal Gotti erließ am 12. Juli 1909 ein diesbezügliches Dekret. Am 14. Juli sandte er einen Brief an Erzbischof Carr, in dem er die Ablehnung der Bitten und die Streichung des Dekretes 33 erklärte. Die Gesetze und Verordnungen wurden noch im gleichen Jahr in Melbourne gedruckt, zusammen mit einem Anhang aus siebenundzwanzig Dokumenten, der hauptsächlich Veröffentlichungen des Heiligen Stuhls aus den vorangegangenen zehn Jahren enthielt. Am 9. Juli 1909 bat Kardinal Gotti den Kardinal Moran in einem Brief, den australischen Bischöfen nahezulegen, sie sollten auf den Synoden berücksichtigen, daß Abtreibung, Abfall vom Glauben und *sollicitatio ad turpia* von der Liste der Reservatfälle gestrichen seien[63].

[63] Vgl. Moran an die Bischöfe Australiens, Sydney, 1. August 1909; Kopie in: SAA, MP, Bd. 5.

III. Konziliare Gesetzgebung in Australien und im übrigen englischen Sprachraum. Ein themenbezogener Vergleich.

Wie bereits in der Einleitung zu dieser Arbeit erläutert, befaßt sich dieses Kapitel mit der australischen Gesetzgebung zu sechs Themenkreisen, die gewählt wurden, weil sie einerseits repräsentativ sind und andererseits die Hauptanliegen deutlich werden lassen. Außerdem werden Vergleiche mit der Gesetzgebung auf zeitgenössischen Konzilien in anderen Ländern gezogen[1].

1. Leben und Dienst der Priester

Im neunzehnten Jahrhundert war es sowohl in Australien als auch anderswo ein Hauptanliegen auf beinahe jeder Synode, Regeln für würdige Lebensführung und frommes Verhalten der Priester festzuschreiben, so daß häufig der Hauptanteil der Gesetzgebung auf die Priester bezogen zu sein scheint. Von nur geringem praktischen Nutzen wäre ein Vergleich der Dekrete verschiedener Synoden zu Fragen wie dem Tragen des priesterlichen Kollars, des Bartverbots, frommen Übungen, dem *concursus* und der Auswahl von Haushälterinnen. Die Frage, ob das System der Missionspriester durch ständige priesterliche Ämter, wie das des Kanonikers oder des Pfarrers abgelöst werden sollte, ist jedoch eine Untersuchung wert.

---

[1] Hier wurde der Versuch unternommen, die im Folgenden dargestellten vielen Details auch für den Nichtfachmann verständlicher zu machen. Dazu fanden die Länder in jeweils unterschiedlicher Reihenfolge Berücksichtigung. Während im einen Fall die Darstellung von Ähnlichkeiten oder Unterschieden dazu führte, daß ein bestimmtes Land direkt nach Australien zu behandeln war, spielen in anderen Fällen auch andere Faktoren eine Rolle. So mußte zum Beispiel für die Vereinigten Staaten das Amt des Ständigen Rektors, großenteils nach dem Muster des Missionsrektors in England eingerichtet, näher erläutert werden. Gelegentlich werden auch mehrere Länder gemeinsam untersucht, entweder, um ein relevantes Merkmal besser herausarbeiten zu können (so im Falle der Spannungen, die aufgrund unterschiedlicher Gesetze bezüglich konfessionsverschiedener Ehen in England, beziehungsweise Irland bestanden), oder auch, weil die Gesetzgebung zu einem Punkt von nur untergeordneter Bedeutung oder von geringem Umfang war.

Kanoniker oder Konsultoren?

Australien

Abgesehen von nur gelegentlich stattfindenden Diözesansynoden gab es in Australien vor 1885 keine beratenden Gremien. Ein Tagesordnungspunkt auf dem Ersten Plenarkonzil waren die „*Capitula dioecesana*" gewesen[2]. Die Konzilsväter waren also einer Erörterung der Frage gegenüber offen. Den Dekretentwurf „*De canonicis*", welcher am 24. November erörtert worden war, verabschiedete man einstimmig, ganz im Gegensatz zu den langwierigen Diskussionen und den Meinungsverschiedenheiten in der Frage der Errichtung fester Pfarrstellen auf der gleichen sessio[3].

Weder der von der Propaganda zur Untersuchung der Konzilsdekrete bestimmte Konsultor Andreas Steinhuber SJ noch der Archivar erhoben Einwände gegen den Abschnitt „*De canonicis*". In der Plenarsitzung der Propaganda wurde jedoch die Überschrift des Abschnitts abgeändert in „*De consultoribus dioecesanis*", und wo auch immer in den Dekreten von „Kanoniker" die Rede gewesen war, wurde dies durch „Diözesankonsultor" ersetzt. Darüber hinaus erfuhr das erste der sechs Dekrete eine Veränderung: man strich die Worte, nach denen Kanoniker in wichtigeren Angelegenheiten Konsultoren des Bischofs sein sollten. Das letzte Dekret wurde durch eines aus dem Dritten Plenarkonzil von Baltimore (1884) ersetzt[4].

Verschiedentlich wurde die These vertreten, daß die Gesetzgebung Australasiens bezüglich der Diözesankonsultoren auf der Gesetzgebung von Baltimore beruhe[5]. Dagegen deutet eine Untersuchung der Materialien im Archiv der Propaganda darauf hin, daß der Einfluß Baltimores nur indirekt, und zwar auf dem Weg über die Propaganda, zustande kam[6] und daß die Bischöfe Australasiens, in der Mehrheit irischer Herkunft, versuchten, gesetzliche Regelungen für Kanoniker zu erlassen, wie sie zur damaligen Zeit in Irland üblich waren. Die Gesetzgebung, so wie sie auf dem Ersten Plenarkonzil

---

2 Vgl. Syllabus materiarum quas in synodo plenaria discutiendas nonnulli reverendissimi praesules proponunt, Nr. 4, in: MDHC, Erzbischof Goolds Tagebuch 1886.

3 Vgl. Concilium Plenarium Australiense, xxxi.

4 Vgl. AP, Acta 257, fol. 101r-101v. Wiederabdruck der verbesserten Originaltexte in Anhang 2.

5 Vgl. H.M. Ayrinhac, Constitution of the Church in the Code of Canon Law (Lib. II, Can. 215-486), London 1930, 258; J.B. Hannon, The College of Consultors and the Exercise of Ecclesial Authority, Diss., Ottawa 1986, 35; P.J. Klekotka, Diocesan Consultors (Canon Law Studies, Nr. 8), Washington 1920, 23.

6 Im Archiv der Erzdiözese Baltimore findet sich keine Korrespondenz, die vor dem Brief des Konzils von 1885 datiert (vgl. Archivar Reverend P.K. Thomas an den Autor, Baltimore, 28. April 1989).

Australasiens 1885 vorbereitet und beschlossen wurde, deutet darauf hin, daß, wenngleich die Umstände in Australien die Errichtung von Kapiteln gemäß den Vorschriften des Kanonischen Rechts noch nicht erlaubten, es doch opportun erschien, Titular-Kanoniker (*titulares canonicos*) einzuführen, denen eine hervorgehobene Stellung unter den Priestern zukäme, die Berater des Bischofs seien und denen bestimmte Obliegenheiten der Diözesanverwaltung zufallen sollten (Dekret 29).

Man empfahl eine stets gleichbleibende Anzahl von sechs Konsultoren, obwohl man vier oder auch nur zwei Konsultoren als ausreichend betrachten konnte (Dekret 30). Im Falle von Sedisvakanz sollten diese Kanoniker zusammen mit den Pfarrern Kandidatenvorschläge für die Bischöfe der Kirchenprovinz erarbeiten und mindestens zweimal jährlich bei besonders feierlichen Anlässen, welche durch die Diözesansynode festzulegen waren, dem Bischof bei der feierlichen Messe in der Kathedrale assistieren. Darüber hinaus sollten sie den Bischof in folgenden Fällen beraten: bei der Festlegung der Synodentermine und bei den Entwürfen zu neuen Statuten, welche auf der Synode vorgelegt werden sollten; in allen Fällen, in denen eine Pfarrei abgetrennt oder der Obhut eines Ordens übertragen werden sollte; vor der Ernennung eines neuen Kanonikers (Dekret 31). Darüber hinaus sollte bei der Veräußerung von Eigentum oder der Aufnahme von Hypotheken dem Bischof auch schriftlicher Rat gegegeben werden (Dekret 32). Ein Diözesanadministrator mußte zwar den Rat der Kanoniker einholen, konnte aber keine Kanoniker neu ernennen, dazu war nur der neue Bischof befugt (Dekret 33). Schließlich wurde festgelegt, daß die Ernennung der Kanoniker auf Lebenszeit erfolge. Man konnte ihnen zwar den Rücktritt nahelegen, doch durfte ihre Absetzung nur erfolgen, nachdem der Rat der anderen Kanoniker eingeholt worden war, und nur aus einem kanonischen Grunde, der auch zur Aberkennung einer Pfründe geführt haben würde (Dekret 34). Aufgrund der Tatsache, daß das Dekret 34 durch ein Dekret des Dritten Plenarkonzils von Baltimore ersetzt wurde, das statt Ernennung auf Dauer eine dreijährige Amtszeit vorsah und nach dem ein Grund nach Recht und Gesetz (einschließlich Altersschwäche und Krankheit) zur Absetzung ausreichte, sowie aufgrund der Abänderung der Bezeichnung „Kanoniker" in „Diözesankonsultoren", konnte der Eindruck entstehen, daß die australasischen Dekrete dem Konzil von Baltimore entstammten. Doch während das Konzil von Baltimore in vergleichbaren Fällen vorschrieb, daß die Konsultoren in Fällen zu befragen waren, für die das Kirchenrecht die Einholung des Rates der Kapitel verbindlich machte, so fehlte dort doch die Forderung nach Assistenz bei feierlichen Messen, oder irgendeiner liturgischen Funktion, und auch von höherem Rang im Vergleich zu den übrigen Priestern war dort keine Rede.

Im Unterschied zur australischen Gesetzgebung, nach der dem Bischof eine Ernennung freigestellt war, war die verbindliche Norm in Amerika, daß der Bischof die Hälfte der Kandidaten aus Listen auswählte, welche von den Priestern eingereicht worden waren[7].

Vereinigte Staaten

Zwar hatte man auf verschiedenen Synoden Amerikas Gesetze im Hinblick auf Diözesankonsultoren erlassen[8], doch waren solche weder verpflichtend vorgeschrieben noch hatte man ihnen bis zum Dritten Plenarkonzil 1884 feste Aufgaben zugeteilt. Wenngleich es scheint, als habe die Mehrheit der Bischöfe bis 1884 Konsultoren zur Verfügung gehabt, so waren doch die Bischöfe in keiner Weise dazu verpflichtet, deren Rat einzuholen. Die Gesetzgebung in Amerika über Konsultoren mit festgelegtem Aufgabenbereich ist das Ergebnis einer Zusammenkunft zwischen Beamten der Propaganda und Vertretern der amerikanischen Hierarchie im November 1883 in Rom, bei dem die Mitglieder der Kongregation darauf zu bestehen suchten, daß Kathedralkapitel eingerichtet würden, wogegen die amerikanischen Bischöfe die Auffassung vertraten, daß die Errichtung von Kapiteln nicht dringlich sei und daß die entsprechenden Aufgaben von Konsultoren wahrgenommen werden könnten, welche *ad nutum episcopi* abberufbar seien. Sie argumentierten, daß Kapitel dem amerikanischen Nationalcharakter nicht angemessen seien, daß die Zusammenkünfte von Kanonikern Ausgaben und Unannehmlichkeiten verursachten und die Kanoniker in unbotmäßiger Weise durch nichts gerechtfertigte Privilegien vom Bischof verlangen könnten; auch lehre die Geschichte, daß es zwischen Bischöfen und Kapiteln zu Auseinandersetzungen kommen könne. Die Entgegnung, daß die angestrebten Kapitel einem bischöflichen Senat entsprächen, wie dies in England und Holland der

---

[7] Die Bischöfe wiesen eine von den anwesenden Priestern einstimmig verfaßte Erklärung zurück, wonach „. . .*the priests of every diocese be entitled to elect one or more representatives to act as diocesan consultors*" (vgl. Sessio 9, 9. September 1905, handschriftliches Protokoll, 6; sowie: A Meeting of the Priests representing the Clergy, in: Handschrift Nr. 2, SAA, MP 230).

[8] So zum Beispiel auf dem Ersten und Zweiten Plenarkonzil und der Achten Provinzialsynode von Baltimore (vgl. CL 3, Sp. 146, 161-162, 421). In einer amerikanischen Diözese, nämlich in New Orleans, hatte es bereits ein Kapitel gegeben, nachdem die Konsistorialkongregation in dem Dekret, durch das die Diözese 1793 als Suffraganbistum zu Santo Domingo eingerichtet wurde, auch bestimmt hatte, daß zwei Kanoniker zu benennen seien, welche als Kapitel fungieren sollten (vgl. Eubel, Hierarchia catholica medii et recentioris aevi, 6, 108). Während der Amtszeit des ersten Bischofs arbeitete dieses kleine Kapitel, doch während der folgenden Sedisvakanz, nach Versetzung des Bischofs, geriet die Einrichtung außer Brauch. Die Nachfolger des Bischofs erweckten das Kapitel nicht wieder zum Leben (vgl. R. Baudier, The Catholic Church in Louisiana, New Orleans 1939, 219, 223, 228, 242, 249, 254).

Fall sei, überzeugte die Amerikaner nicht. Der Kompromiß, auf den man sich einigte, sah vor, daß die Errichtung von Kapiteln in Erwägung zu ziehen war, zumindest jedoch die Verpflichtung bestand, Diözesankonsultoren zu ernennen, die nach dem schottischen Auswahlmodus zur Hälfte frei vom Bischof und zur Hälfte aus Kandidatenvorschlägen der Priester ausgewählt wurden[9].

England

Die Kathedralkapitel waren in England von Papst Pius IX. nur wenige Monate nach Wiedererrichtung der Hierarchie geschaffen worden[10]. Man konnte sagen, daß er einen neuen Kapiteltypus einführte, der nur in lockerer Verbindung mit der Bischofskirche stand[11], doch anders als bei der Neuerrichtung der Kirche in einem Land lag der Schwerpunkt hier darauf, die bischöfliche Jurisdiktion, die von der Reformation ausgelöscht worden war, wiederherzustellen. Diese neuen Kapitel erhielten alle den Kapiteln zukommenden Rechte einschließlich des Rechts, während einer Vakanz einen Kapitularvikar zu wählen, wobei die weniger wichtigen Verpflichtungen beträchtlich modifiziert wurden.

Schottland

Die schottische Hierarchie wurde am 4. März 1878 wiedererrichtet[12]. Man plante ein Plenarkonzil, welches jedoch aus verschiedenen Gründen nicht vor 1886 abgehalten werden konnte. Ohne das Konzil abzuwarten, stellte Giovanni Kardinal Simeoni, Präfekt der Propaganda, in einem Schreiben an den Bischof von Aberdeen John MacDonald[13] am 27. Juli 1883 fest, daß Papst Leo XIII. die sofortige Bildung von Kapiteln wünsche. Wo dies nicht mög-

---

[9] Siehe dazu: Minutes of Roman Meeting Preparatory to the III Plenary Council of Baltimore, in: The Jurist 11 (1951) 124-125, 129-130.

[10] Vgl. Pius IX., Apostolisches Schreiben „*Nostris Apostolicis litteris*“, 19. November 1850, in: Pii IX Pontificis Maximi Acta, pars prima I, Rom 1854, 262-264.

[11] So zum Beispiel: Durch Dekrete der Propaganda, die auf den 21. April 1852 datiert sind, erteilte man besondere Vollmachten, einschließlich einer Befreiung von Residenzpflicht und Chorgebet, vorausgesetzt, die Erste Synode von Westminster benenne einige Termine für Geschäftssitzungen und Sitzungen der Kapitulare, bei denen der Bischof das Kapitel konsultieren könne. Für die Diözesen Plymouth, Newport und Menevia erließ man gesonderte Bestimmungen, um so in diesen Diözesen Kapitel zu gewährleisten (vgl. CL 3, Sp. 956-958).

[12] Vgl. Leo XIII., Apostolisches Schreiben „*Ex supremo apostolatus*“, 4. März 1878, in: Leonis XIII Pontificis Maximi Acta I, Rom 1881, 1-16.

[13] Der Sitz des Metropoliten, St. Andrews und Edinburgh, war vakant, Bischof MacDonald war dienstältester Suffraganbischof.

lich sei, sollten vier Konsultoren ernannt werden, zwei persönlich vom Bischof und zwei vom Bischof in Absprache mit dem Klerus. Im Unterschied zu den Kanonikern sollte diesen Konsultoren das Recht der Wahl eines Kapitularvikars und das Vorschlagsrecht für Bischofskandidaten nicht zukommen[14]. Man errichtete Kapitel in den Erzdiözesen Glasgow (1884), in St. Andrews und Edinburgh (1885)[15]. Für eine Übergangszeit wurden in den vier Diözesen Konsultoren ernannt, doch bis zum Jahre 1907 besaßen alle Diözesen Kapitel. In der Diözese Aberdeen wurde auf der ersten Synode am 9. Juli 1884 ein beratendes Konsultoren-Gremium gegründet, ebenso für die Diözese Argyle and the Isles auf der dortigen zweiten Synode am 23. Juli 1885. So wurden dies die ersten Diözesen überhaupt, in denen man Diözesankonsultoren als fest vorgeschrieben, mit genau definiertem Aufgabenbereich, einsetzte[16].

Kanada

In Kanada versuchte der Heilige Stuhl zunächst, die Errichtung von Kapiteln nach dem englischen Vorbild zu befördern[17], und beklagte, daß auf der Dritten Provinzialsynode von Québec 1865 nur ein einziges Kapitel, das von Montréal, vertreten war[18]. Außer in Halifax[19] und Ottawa wurden außerhalb des Staatsgebietes der Provinz Québec keine Kapitel errichtet. Die Gesetzgebung des Plenarkonzils von 1909[20] sah darum vor, daß sobald als möglich

---

[14] Vgl. Acta et decreta Concilii Scotiae plenarii primi post redintegratam hierarchiam (= Concilium Scoticum), Edinburgh 1888, 170-171.

[15] Vgl. ebd. 173-175; vgl. auch: Acta et decreta Synodi dioecesanae tertiae Glasguensis, accedunt synopsis decretorum primae et secundae Synodorum et regulae et constitutiones archidioecesis, cum appendicibus, Glasgow 1899, 2.

[16] Vgl. Acta et decreta synodi dioecesanae primae Aberdonensis, habitae in Ecclesia procathedrali Sanctissimae Virginis Mariae in Coelis Assumptae, Aberdoniae, die 9 iulii MDCCCLXXXIV, Aberdeen o. J., 6; vgl. Acta et decreta Synodorum II, III, et IV dioecesis Ergadiensis et Insularum, Glasgow 1891, 6; das Dritte Plenarkonzil von Baltimore endete am 7. Dezember 1884 und erhielt die *recognitio* erst am 21. September 1885.

[17] Vgl. Instruktionen der Propaganda vom 28. September 1852 und 23. April 1853, in: Acta et decreta Concilii plenarii Quebecensis primi, anno Domini MCMIX (= Concilium plenarium Quebecense), Québec 1912, 570-572.

[18] Vgl. CL 3, Sp. 684-686.

[19] In Halifax geriet das Kapitel außer Gebrauch, zuletzt wurde 1913 ein Mitglied im Jahrbuch geführt (vgl. Pius IX., Apostolisches Schreiben „*Sub die iv mensis*", 20. April 1855, in: IPPF, pars 1a, Bd. IV/1, 236; vgl. Le Canada ecclésiastique, 1913, Montreal, 292); im Jahrbuch von 1938 erscheinen zum ersten Mal Diözesankonsultoren für Halifax (vgl. Le Canada ecclésiastique, 1938, Montreal, 502).

[20] Im Jahre 1909 besaßen sechs der neunundzwanzig Diözesen in Kanada Kapitel: Joliette, Montréal, Ottawa, Rimouski, St-Hyacinthe, Trois Rivières. Alle Kapitel waren auf dem Konzil vertreten (vgl. Concilium plenarium Quebecense 17-18). Das 1684 errichtete Kapitel

Kapitel einzurichten seien, und wo dies nicht möglich sei, sollten vier oder sechs Diözesankonsultoren ernannt werden. Deren Amtszeit betrug drei Jahre. Sie sollten so oft wie nötig zusammenkommen, wurden nicht zur Liturgie herangezogen und waren auf den Rat der Konsultoren vom Bischof zu ernennen[21].

Irland und der irische Einfluß

Trotz Reformation und harter antikatholischer Strafgesetze, hatte es in Irland, zumindest theoretisch, seit Jahrhunderten Domkapitel gegeben, wenngleich sie in einigen Diözesen so gut wie gar nicht als Körperschaft tätig werden konnten. Auf dem Plenarkonzil von Maynooth (1875) waren zwölf Kapitel durch Prokuratoren vertreten. Seit unvordenklichen Zeiten war es Brauch, daß, wo vorhanden, das Kapitel und die Pfarrer einer Diözese im Falle einer anstehenden Bischofswahl eine *terna* vorlegten, welche den Bischöfen der Provinz zur Weiterleitung nach Rom übergeben wurde[22]. Die Bischöfe Australasiens erließen 1885 Regeln für Kanoniker, wie sie zu dieser Zeit in Irland existierten. Den Kapiteln wurden nur wenige Vorschriften gemacht, ein Minimum an liturgischen Verpflichtungen auferlegt und die Mitglieder des Kapitels auf Lebenszeit vom Bischof ernannt. Nach Überarbeitung durch die Propaganda verbesserte man die bischöflichen Dekrete dahingehend, daß aus den Kanonikern Diözesankonsultoren wurden, was die Propaganda nur widerwillig zugestand, als die amerikanischen Bischöfe die Errichtung von Kapiteln ablehnten[23]. Nachdem die Bischöfe die verbesserte Fassung der Dekrete zurückerhalten hatten, verliehen sie den Konsultoren den Titel „*Very Reverend*“[24], und einige erhielten sogar das Privileg, das

von Québec existierte nicht mehr. Es wurde 1915 wiedererrichtet (vgl. Mandements, Lettres pastorales et circulaires des évêques de Québec XI, 1912-1918, Québec 149-168).

21 Vgl. Concilium plenarium Quebecense 171-174.

22 1829 und 1833 erließ die Propaganda Instruktionen, durch die dies ordentliche Vorgehensweise wurde (vgl. Synodus Maynutiana, 1875, 273-279).

23 Die Klage Morans läßt keinen Zweifel über die Absicht der Bischöfe zu: „*The American consultores dioecesani take the place of our intended canonici*“ (vgl. Moran an Murray, Sydney, 20. Juni 1887, in: MA, Brief D.3, 205). Er führte diese Klage, nachdem die Propaganda den Rat erteilt hatte, es seien *al presente in Australasia i consultori dioecesani in luogo dei canonici* einzusetzen (vgl. Simeoni an Moran, Propaganda, 2. Mai 1887, in: SAA, MP, Bd. 91). Bis zum Plenarkonzil von 1937 erließ keine Synode Australiens oder Neuseelands weitere Gesetze über Diözesankonsultoren. Dort wurde die Gesetzgebung umformuliert, so daß sie mit dem Codex Iuris Canonici übereinstimmte. Man behielt jedoch das Dekret 31 b. von 1885 bei, nach dem gelegentliche Assistenz bei feierlichen Messen in der Bischofskirche gefordert wurde (Dekret 146).

24 Vgl. Resolutions of the Synodical Conference of the Archbishops and Bishops of Australia, held in Sydney in January 1888, Nr. 3.

Rochett zu tragen[25]. Im Jahre 1900 wurden die Konsultoren für Irland auf einem Plenarkonzil eingeführt. Wo keine Kapitel existierten, waren sechs, zumindest jedoch drei Konsultoren zu ernennen, deren Zustimmung oder Rat der Bischof einzuholen hatte, wo das Gesetz dies erforderte[26]. Als schließlich in Lateinamerika (1899) und auf den Philippinen (1907) die Ernennung von Diözesankonsultoren angeordnet wurde, wo es keine Kapitel gab, diente wiederum die australasische Gesetzgebung von 1885[27] als Quelle hierfür.

Pfarrer oder ständige Rektoren?

Australien

Den ersten australischen Missionaren hatte sich die Frage der Stabilität im Amt noch nicht gestellt, waren doch so viele von ihnen gezwungen gewesen, ständig große Gebiete zu bereisen, um die Menschen, die sie dort erreichen konnten, geistlich zu betreuen. Auf der Synode 1844 war deshalb die Stabilität im Amt kein Thema. Dort war das Anliegen eher, daß die Priester einander gelegentlich träfen[28]. Bis 1862, in der Zeit, die sich an den Goldrausch und den darauf folgenden Aufschwung anschloß, wurden die Missionare, die bis dahin umhergezogen waren, nunmehr ortsansässig, so daß im ersten Dekret des „Konzils" von Melbourne 1862 festgelegt wurde, daß an Orten, an denen mehrere Priester einem Distrikt zugeordnet seien, einem von ihnen die pastorale Verantwortung zukäme, die anderen aber seine Helfer seien[29]. Erzbischof Polding war deshalb beunruhigt über die Nachricht,

---

25 So erhielten zum Beispiel die Diözesankonsultoren in Sydney als Reaktion auf eine Petition Kardinal Morans, der sie als *un quasi capitolo dioecesano* beschreibt, am 22. Juli 1888 die Erlaubnis, das Rochett zu tragen (vgl. AP, Udienze 228, 1696). Die Konsultoren von Melbourne erhielten das gleiche Privileg am 25. Januar 1891 (vgl. ebd. 241, 180). Keinen Erfolg hatte jedoch eine Petition Bischof Murrays von Maitland, allen Suffragandiözesen Sydneys ein vergleichbares Privileg einzuräumen (vgl. AP, Lettere 386, fol. 18, fol. 292), nachdem Kardinal Moran die Ansicht vertreten hatte, dies sei im Hinblick auf einige Diözesen ein übereilter Schritt (vgl. AP, SC 17, fol. 51-52).

26 Vgl. Synodus Maynutiana, 1900, 93.

27 Vgl. Acta et decreta Concilii plenarii Americae latinae in Urbe celebrati anno Domini MDCCCXCIX, Rom 1902, 116-117; vgl. Acta et decreta Concilii provincialis Manilani I in urbe Manila celebrati anno Domini MDCCCCVII, Rom 1910, 124.

28 Drei der sechs jährlichen Einkehrtage mußten mit anderen Priestern des Dekanats gemeinsam verbracht werden (Dekret 5), und man sollte, wenn möglich, dreimal jährlich Konferenzen der Geistlichkeit besuchen (Dekret 6).

29 Für die Vereinigten Staaten von Amerika wurden 1929 auf der Ersten Provinzialsynode von Baltimore ähnliche Regelungen verabschiedet (Dekret 6); für England 1852 auf der Ersten

daß Bischof Quinn von Brisbane Pfarrer einsetze, weil dies „. . .*changes the aspect of a missionary country*" und auch in Amerika oder England nicht üblich sei. Außerdem bedürfe eine solche Neuerung „*the concurrence of his episcopal brethren*"[30]. Die Angelegenheit wurde jedoch auf der Synode von 1869 nicht behandelt, wenngleich einige Diözesansynoden bald darauf Priestern streng verboten, außerhalb des je eigenen Gebietes ihr geistliches Amt auszuüben[31].

Für das Konzil von 1885 stand unter anderem auf der Tagesordnung: *An parochi inamovibiles instituendi sint.*[32] Die Konzilsväter wollten also den Entwurf „*De parochis*" zur Sprache bringen. Es gab darüber zwei klar voneinander geschiedene Meinungen, wobei während der langen Debatte einige die Meinung vertraten, daß die örtliche Gesetzgebung mit der der Gesamtkirche übereinstimmen müsse, soweit dies die Umstände erlaubten, und daß ein Großteil der übrigen Gesetzgebung umsonst sei, wenn man die Amtsbeständigkeit ausschließe. Die anderen vertraten die Auffassung, daß viele Diözesen unter so großem Priestermangel litten, daß sich aus der Ernennung ständiger Pfarrer große Probleme ergeben würden und daß es gerade wegen des Fehlens einer Beständigkeit im Amt bis dahin noch keine Probleme gegeben habe[33]. Mit der Stimme Kardinal Morans verabschiedete man diesbezüglich neun Dekrete. Darin wurden die Meinungsverschiedenheiten der Bischöfe nicht erwähnt[34] und festgestellt, daß niemand daran zweifele, daß es gut sei, ordnungsgemäße Pfarrer, wie in katholischen Ländern üblich, zu ernennen. Weil die Gegebenheiten vor Ort dies jedoch nicht zuließen, so sollte der Bischof zumindest in den wichtigsten Missionen jeder Diözese, die er auszuwählen hatte, beständige Pfarrer einsetzen (Dekret 35). Wenn mög-

---

Provinzialsynode von Westminster (Dekret 13/6), und für Schottland 1886 (Dekret 24/6) (vgl. CL 3, Sp. 26, 926; vgl. Concilium Scoticum, 42).

30 Vgl. Polding an Goold, Sydney, 26. August 1865, in: MDHC; 1859 hatte Bischof Goold in einem Schreiben an die Propaganda seine und Poldings Sorge geäußert, daß irische Priester keine guten Missionare abgäben, da sie, statt einer Ernennung für die Diözese, eine Ernennung für eine Pfarrstelle erwarteten (vgl. AP, SC 6, fol. 517-519).

31 Siehe: Prima Synodus dioecesana Melbournensis habita in ecclesia Sancti Patritii, diebus X et XI martii 1875, Melbourne 1875, 17; Synodus dioecesana prima Ballaratensis habita die 24 feb. 1881 in ecclesia cathedrali S. Patritii apud Ballarat, Ballarat o.J., 61; Prima Synodus dioecesana Sandhurstensis, habita in ecclesia S. Kiliani diebus XX et XXI septembris, A.D. 1881 (= Synodus Sandhurstensis), Melbourne 1897, 6, 16.

32 Vgl. Syllabus materiarum – praesules proponunt, Nr. 5.

33 Vgl. Concilium plenarium Australiense, xxxi.

34 So schrieb zum Beispiel Bischof Reville am 16. Dezember 1885 an Kardinal Simeoni, daß er bei Verabschiedung dieses Gesetzes um Dispens nachsuchen werde, da, aufgrund der Mobilität vieler Katholiken, auch die Priester versetzbar sein müßten (vgl. AP, SOCG, Bd. 1026, 1887, 555).

lich sollte in jeder Diözese zumindest ein Fünftel aller Pfarrgebiete mit Pfarrern besetzt sein, zumindest waren jedoch in jeder Diözese drei Pfarrer zu bestellen (Dekret 36). Man solle dazu diejenigen Pfarrgebiete auswählen, die die notwendigen Voraussetzungen für Gottesdienst und Erziehung böten und die nicht zu stark verschuldet seien (Dekret 37). Um zum Pfarrer ernannt werden zu können, sollte man in der Diözese über sieben Jahre in der Seelsorge gedient haben, mußte man seine Fähigkeit zu geistlicher Leitung und zur Verwaltung weltlicher Güter unter Beweis gestellt haben und den *concursus*, gemäß den vom Konzil geforderten Richtlinien, bestanden haben (Dekret 38). Der Bischof konnte den ersten Pfarrer ohne *concursus* ernennen (Dekret 39). Den Pfarrern erlegte man die Pflicht auf, an Sonn- und Feiertagen die *Missa pro populo* zu applizieren (Dekret 40). Ständige Pfarreien konnten vom Bischof in neue Missionen, die für gewöhnlich nicht fest errichtet waren, umgewandelt werden (Dekret 41). Bei Errichtung einer neuen Diözese war der Rektor der Kathedrale *ipso facto* nicht auf Dauer ernannt (Dekret 42). Man fügte eine Liste der Gründe an, die eine Entfernung aus dem Amt rechtfertigten (Dekret 43), und man stellte fest, daß dem Pfarrer kein anderes Recht als das der Ernennung auf unbegrenzte Zeit zukäme, wenn nicht ein Plenarkonzil, eine Provinzialsynode oder eine Diözesansynode ihm ein anderes Recht zugestehe (Dekret 44).

In dem Hirtenbrief, den die Konzilsväter am Ende des Konzils veröffentlichten, faßten sie ihre Entscheidungen zusammen:

„*As regards our clergy, those who have left home and kin, and who deny themselves so much that they may work with us in the Master's vineyard, we have decided to submit to the Holy Father our opinion, that they have a title to share, to some extent, that permanency of position with hitherto has been possessed by bishops only in Australia. For years back the necessities of these missions required that every priest should be ready, at the beck of authority, to start in any direction [. . .] half a century does not record a word of refusal [. . .] the extend of country now settled makes an opening to give a comparatively greater permanence to some of the priests. We thankfully welcome it, and hasten to submit to Rome our desire that it may be availed of*"[35].

Nachdem der Konsultor der Propaganda, P. Steinhuber S.J., von der Diskussion und dem Abstimmungsergebnis Kenntnis genommen hatte, stellte sich ihm die Frage, ob es schon opportun sei, Pfarreien zu errichten. So riet er, daß man für Australien die gleichen gesetzlichen Regelungen wie für die Vereinigten Staaten von Amerika erlasse. Man solle also aus den am besten geeigneten Missionsgebieten eine Auswahl treffen und in ihnen unter der

[35] Vgl. MORAN, History 685.

Leitung von inamoviblen Missionaren Quasipfarreien wie in England errichten. Demgemäß hatte das Dritte Plenarkonzil von Baltimore die Termini „Pfarrei" und „Pfarrer" nicht verwendet, wenngleich es Beständigkeit im Amt kannte, die sich aber nicht daraus ableitete, daß das Missionsgebiet zu einer Pfründe wurde, sondern durch Privileg begründet war. Steinhuber zog es vor, daß man in Australien, wie schon in England und den Vereinigten Staaten, keine Pfarreien errichte. Dann befaßte er sich mit den Versetzungsgründen (Dekret 43) und bemängelte, daß sie zu viele und zu ungenau formuliert seien, so daß das Privileg der Unversetzbarkeit nicht wirksam werde und die Bischöfe zu willkürlich Entscheidungen treffen könnten[36]. Die Empfehlung des Archivars ging dahin, die Dekrete denen von Baltimore anzugleichen.
Bei der Plenarsitzung der Propaganda brachte der Ponens, Luigi Kardinal Serafini, die Angelegenheit zur Sprache, indem er die Frage stellte, ob es regelrechte Pfarrer geben solle, und die Kardinäle ersuchte, die ähnlichen Bedingungen in England und in den Vereinigten Staaten in ihre Überlegungen einzubeziehen. Auch gab er zu bedenken, daß die Gründe für eine Versetzung zu zahlreich seien und dies den Bischöfen Willkür ermögliche, und verwies auf die Klauseln, die diesbezüglich in Baltimore erlassen worden waren. So änderte man schließlich die Überschrift in „*De rectoribus inamovibilibus*", und der gesamte Text wurde dahingehend abgeändert, daß „Pfarrer" jeweils durch „ständiger Pfarr-Rektor" ersetzt wurde. Das Dekret 40, in dem man die Verpflichtung zur *Missa pro populo* auferlegte, strich man heraus, während das Dekret 43, nun unter der Nummer 42, welches Versetzungsgründe, einschließlich des Verdachtes der Zölibatsverletzung und der Erregung öffentlichen Ärgernisses aufgrund von Trunksucht, enthielt, durch ein annehmbareres Dekret aus Baltimore ersetzt wurde[37].
Das Konzil von 1895 änderte die Gesetzgebung nicht, doch auf dem Dritten Australischen Plenarkonzil im Jahre 1905 behandelten die Konzilsväter die Frage, ob ein Bischof, nachdem er den Rat der Diözesankonsultoren eingeholt habe, den Status eines Amtsbezirkes mit garantierter Amtsbeständigkeit wieder aufheben und dort ein normales Missionsgebiet errichten könne, falls die Gründe für den besonderen Status nicht mehr gegeben seien. Man erwog, ob dies wegen schwankender Bevölkerungszahl oder aus anderen Gründen möglich sei und ob in einem solchen Fall der Bischof den Amtsinhaber auf

---

[36] Vgl. AP, Acta 257, fol. 138-139.

[37] Vgl. ebd. fol. 101v-102v; vgl. Acta et decreta Concilii plenarii Baltimorensis tertii A.D. MDCCCLXXXIV, praeside Illmo. ac Revmo. Jacobo Gibbons, archiepiscopo Balt. et delegato apostolico (= Concilium plenarium Baltimorense III), Baltimore 1886, Dekret 38, 23-24.

eine andere ständige Stelle versetzen könne[38]. Das Dekret fand die Zustimmung der Bischöfe, nachdem man die Klausel, daß der Rektor auf eine andere ständige Stelle zu versetzen sei, entfernt hatte[39]. Giovanni de Marchi OSM, ein Konsultor der Kommission zur Revision der Provinzialsynoden, äußerte sich zu diesem Dekret vor der Propaganda und empfahl, einem Geistlichen, dem das Privileg der Amtsbeständigkeit genommen worden sei, in irgendeiner Form Kompensation zu leisten, so daß ihm kein Unrecht geschehe[40]. Die Vollversammlung der Propaganda korrigierte daraufhin das Dekret durch den Zusatz, derlei Regelungen träten, außer bei Zustimmung des Amtsinhabers, solange nicht in Kraft, wie der Amtsinhaber sein Amt noch ausübe[41]. Auf der Ersten Provinzialsynode von Melbourne behandelte man die Frage der Amtsbeständigkeit für Geistliche nicht.

England

Durch ein Dekret der Propaganda vom 21. April 1851[42], das feststellte, daß trotz der Wiederherstellung der Hierarchie in England die Umstände es nicht zuließen, das allgemeine Gesetz überall zu beobachten, besonders was die Pfarreien betreffe, wurde der englische „Missionsrektor" ins Leben gerufen. Demnach erlaubte der Heilige Stuhl den Bischöfen, auf den Rat ihrer Kapitel hin geeignete Kirchen auszuwählen, welche als Quasipfarreien betrachtet werden sollten. Der verantwortliche Priester sollte jeweils den Titel „Missionsrektor" tragen. Dessen Fürsorge für Kirche und Seelen war der anderer verantwortlicher Priester vergleichbar, doch übte der Missionsrektor sein Amt dauerhaft aus. Außerdem mußte der jeweilige Bischof auf der Diözesansynode eine Untersuchungskommission bilden, welche aus fünf von ihm ausgewählten Priestern bestand, von denen drei den Bischof immer dann zu beraten hatten, wenn es um die Versetzung eines Missionsrektors ging. Diese Verordnungen wurden 1852 auf der Ersten Provinzialsynode von Westminster erlassen (Dekret 13), und die Vorgehensweise bei der Handhabung solcher Fälle festgelegt[43], was später vom Heiligen Stuhl approbiert wurde. Die Synode stellte sicher, daß die Errichtung einer Quasipfarrei für den Bischof die Möglichkeit offenhielt, diese zu einem späteren Zeitpunkt zu

---

38 Eine Petition der 1899 versammelten Metropoliten an die Propaganda diesbezüglich war abschlägig beschieden worden (vgl. AP, NS 170, fol. 493-494).
39 Vgl. Concilium plenarium Australiense III, xlvi und 27.
40 Vgl. AP, NS 512, fol. 523v.
41 Vgl. ebd. fol. 558v.
42 Vgl. CL 3, Sp. 959-960.
43 Vgl. ebd. Sp. 925-926, 960-961.

unterteilen. Ungeachtet möglicher Einsprüche des Missionsrektors mußte er dazu nur den Rat seines Kapitels einholen. Alle anderen Missionare konnten vom Bischof beliebig versetzt werden. Die dazu erforderlichen Abgrenzungen der Missionsgebiete untereinander wurden festgeschrieben.

Vereinigte Staaten

Weil es in den Vereinigten Staaten bisweilen vorkam, daß mehrere Priester Anspruch auf ein und denselben Sprengel und dieselbe Kirche erhoben, ihr Amt jedoch unabhängig voneinander versahen, erließ man auf der Ersten und auf der Vierten Provinzialsynode von Baltimore 1829, beziehungsweise 1840, die Bestimmung, daß es in jedem Amtsbezirk nur einen verantwortlichen Priester geben solle, dem die anderen Geistlichen zur Seite stünden[44]. Auf dem Ersten Plenarkonzil (1852), wie auch auf der Ersten Provinzialsynode von New Orleans (1856)[45], forderte man eindeutige Grenzen zwischen den Sprengeln[46]. Die bestehende Gesetzgebung wurde auf dem Zweiten Plenarkonzil (1866) wiederholt, und man erließ die Bestimmung, daß in größeren Städten Quasipfarreien zu errichten seien und der jeweilige verantwortliche Seelsorger mit den entsprechenden Rechten auszustatten sei. Ausdrücklich schloß man jedoch die Inamovibilität aus, auch wenn man eine Art *concursus* einrichtete[47].
Auf der Zusammenkunft zwischen Beamten der Propaganda und Vertretern der amerikanischen Hierarchie im November 1882 in Rom, brachte man am ersten Tag, dem 13. November, seitens der Propaganda die Angelegenheit der Pfarreien mit inamoviblen Amtsinhabern zur Sprache. Für die Amerikaner stimmte Erzbischof James Gibbons der Errichtung solcher Pfarreien unter der Voraussetzung zu, daß die Entscheidung über die Tauglichkeit der zu ernennenden dem Bischof überlassen bleibe, die Berufenen sich einem *concursus* unterwürfen und nur, wer seit zehn Jahren in der Diözese gearbeitet habe, für dieses Amt ausgewählt werden dürfe. Die Angelegenheit kam jedoch am 16. November erneut zur Sprache, als der Erzbischof von Oregon City, Charles Seghers, die Notwendigkeit solcher Pfarreien in Frage stellte, da in keiner Mission in den Vereinigten Staaten die erforderlichen Voraussetzungen für eine ordentliche Pfarrei bestünden. Als die Kardinäle sich zur Begründung auf das allgemeine Recht beriefen wie auch auf Klagen von

[44] Vgl. ebd. Sp. 26 und 69.
[45] Vgl. ebd. Sp. 146.
[46] Vgl. ebd. Sp. 242. Dieses Konzil benutzte den Terminus *paroecia*, doch für den Priester den Terminus *sacerdos*, nicht *parochus*.
[47] Vgl. ebd. Sp. 432-433.

Priestern, welche Amtsbeständigkeit wünschten, hielt Erzbischof Seghers dem entgegen, daß man in einer mobilen Gesellschaft lebe und deshalb nicht bereit sei, jungen Priestern eine solche Anstellung zu gewähren. Die Kardinäle bestanden darauf, daß solchen Priestern ordentliche und nicht nur delegierte Jurisdiktion zu übertragen sei. Am nächsten Tag stellten Erzbischof Patrick Ryan, Koadjutor von St. Louis, und der Erzbischof von Chicago, Patrick Feehan, die Frage, ob man nicht, wie in England, ständige Rektoren ernennen könne, da dies der dauerhaften Anstellung entspräche, welche von den Priestern gefordert werde. Die Kardinäle versprachen, den Vorschlag zu überdenken. Als die Angelegenheit am 22. November von Erzbischof Seghers erneut angesprochen wurde, baten die Kardinäle um schriftliche Darstellung der Probleme hinsichtlich der Pfarrer, damit man auf einer Zusammenkunft der Kardinäle der Propaganda entscheiden könne, ob man regelrechte Pfarrer oder, nach englischem Vorbild, ständige Rektoren ernennen werde. Am darauffolgenden Tag gab man bekannt, daß bis auf weiteres ständige Rektoren, wie in England, ernannt werden könnten[48].
In der Gesetzgebung des Dritten Plenarkonzils von Baltimore sprach man sich dann für ständige Rektoren aus. Die dort erlassene Gesetzgebung entspricht im wesentlichen den verbesserten Gesetzen Australasiens, wenngleich auch wichtige Unterschiede feststellbar sind. Von zehn Amtsbezirken sollte nur einer mit einem ständigen Rektor versehen sein, ein Verhältnis, das auf zwanzig Jahre festgeschrieben wurde. Voraussetzung für eine solche Ernennung war eine zehnjährige Amtszeit des betreffenden Priesters in der Diözese sowie Einholung des Rates der Konsultoren. Darüberhinaus ermahnte man diese Rektoren, mit dem Bischof in besonders engem Kontakt zu bleiben[49]. Es scheint, daß die Bischöfe 1886 auf der Ersten Provinzialsynode von Milwaukee nichts unternahmen, um die Inamovibilität zu fördern. Sie betonten die diesbezüglich von Baltimore geforderten Voraussetzungen sowohl hinsichtlich der Mission, als auch hinsichtlich der Priester, und erklärten, daß diese auch die Errichtung von Schulen in den Pfarreien *pro utroque sexu* mit einschlössen[50]. Die endgültige Fassung der diesbezüglichen Gesetzgebung in den Vereinigten Staaten[51] erfolgte 1889 auf der Fünften

---

[48] Vgl. Minutes of Roman Meeting Preparatory to the III Plenary Council of Baltimore 124-125, 130-131, 303-304, 310.

[49] Vgl. Concilium plenarium Baltimorense III 20-25.

[50] Vgl. Acta et decreta Concilii provincialis Milwaukiensis primi, A.D. MDCCCLXXXVI, praeside Illmo. ac Revmo. Michaele Heiss, archiepiscopo Milwaukiensi (= Concilium Milwaukiense), Milwaukee 1888, 32.

[51] Nach der Provinzialsynode von Baltimore 1884 fanden in den Vereinigten Staaten Provinzialsynoden nur noch in Oregon 1891, 1932 und 1957 statt.

Provinzialsynode von Cincinnati durch ein Dekret, in dem man die Bezeichnung „Rektor" für diejenigen Priester reservierte, welche das Privileg der Inamovibilität besaßen. Alle anderen Priester, die ein pfarrliches Amt versähen, waren mit „Pastor" zu betiteln[52].

Schottland

Einige Monate vor dem Treffen mit den amerikanischen Bischöfen im Jahre 1883 setzte der Kardinalpräfekt der Propaganda die schottischen Bischöfe davon in Kenntnis, daß in Schottland bis auf weiteres Missionen den Pfarreien vorzuziehen seien und fügte die Empfehlung an, für die Hauptkirchen ständige Missionsrektoren zu benennen[53]. Die Gesetzgebung des Plenarkonzils von 1886 lautete dementsprechend. Man empfahl keine bestimmte Anzahl; solche Rektoren mußten seit zehn Jahren ihr Amt in Schottland ausgeübt haben, und die Missionsbezirke waren erst nach Beratung mit dem Kapitel oder den Konsultoren auszuwählen. Bevor die Propaganda die *recognitio* erteilte, fügte sie das Dekret von Baltimore, in welchem die Gründe für eine Absetzung genannt sind, ein[54].

Kanada

In Kanada, einem neuerschlossenen Land, vergleichbar Australien und den Vereinigten Staaten, wo die Entfernungen riesig waren und die Bevölkerung über das ganze Land verstreut lebte, ist die Sachlage nicht so klar. Während es scheint, daß auf dem Staatsgebiet der heutigen Provinz Québec unter französischer Herrschaft einige Pfarreien errichtet wurden[55], stand im allgemeinen die Lage der dortigen Mission der für eine Pfarrei unerläßlichen Ortsbeständigkeit entgegen. Außerhalb Québecs kann man die Missionierungsbemühungen denen in Australien und in den Vereinigten Staaten vergleichen. Deshalb bezog man sich in der Gesetzgebung der ersten vier Provinzialsynoden von Québec, welche 1851, 1854, 1863 und 1868 abgehalten wurden, häufig auf Pfarreien und Pfarrer im Zusammenhang mit Liturgie,

---

52 Vgl. Concilium Cincinnatense provinciale V, habitum anno 1889 a die 19 ad diem 26 maii (= Concilium Cincinnatense V), Cincinnati 1893, 38.

53 Vgl. Concilium Scoticum 171.

54Vgl. ebd. 36-38; vgl. verbesserter Text im Schottischen Katholischen Nationalarchiv, Edinburgh (= SNCA, Dokument ED4/79).

55 Vgl. G. Arbour, Le droit canonique particulier au Canada, Ottawa 1957, 63.

Sakramenten und Katechese[56], wenngleich sich nichts über Pfarreien als solche oder deren Errichtung findet. Pfarreien fanden Erwähnung auf der Ersten Provinzialsynode von St. Boniface (1889), doch bezeichnete man dort die Priester nicht als *parochi*, sondern als *pastores*[57]. Ausführlich befaßte man sich dagegen in der Gesetzgebung der Ersten Provinzialsynode von Montreal mit den *parochi*, ohne jedoch den Status der Pfarreien oder die Ortsbeständigkeit zu behandeln[58]. Auf der Ersten Provinzialsynode von Halifax (1857) verwendete man mit Bedacht die Begriffe „Mission“ und „Amtsbezirk„[59]. Auf der Ersten Provinzialsynode von Toronto (1875) sprach man, nachdem man die Dekrete der Ersten vier Synoden von Québec erneut promulgiert hatte, von Pfarreien und Pfarrern, sodann jedoch von Priestern, welche die pastorale Fürsorge für Kirchen *quas parochias vocamus* ausübten, jedoch *ad nutum episcopi* versetzbar seien[60]. Es scheint, daß man gelegentlich zwar darum bemüht war, nicht den Eindruck entstehen zu lassen, daß ordentliche Pfarreien existierten, jedoch bei anderen Gelegenheiten den Terminus *parochus* beliebig verwendete. Jedenfalls erließ das Plenarkonzil von Québec (1909) ein Dekret, daß es Pfarreien geben solle. Wo dies jedoch nicht möglich sei, sollten Missionen oder Quasipfarreien errichtet werden. In den Dekreten findet sich sowohl die Bezeichnung „Pfarrer“ als auch „Missionsrektor“. Erstere waren zur *Missa pro populo* verpflichtet, letztere nicht[61].

Irland und der irische Einfluß

In Australien, dies sei zusammenfassend gesagt, scheint man in der Frage der Pfarrer so vorgegangen zu sein, wie bereits hinsichtlich der Kathedralkapitel. Seitens der Propaganda hatte man darauf bestanden, daß in den Vereinigten Staaten Pfarrer eingesetzt würden, war jedoch allmählich zu dem Kompromiß übergegangen, bloß mehr ständige Rektoren, wie sie zu jener Zeit in

---

[56] Vgl. zum Beispiel CL 3, Sp. 614-615, 640, 642, 648, 652, 711, etc.; besonders erwähnenswert ist hier Dekret 6 der Synode von 1863, in dem die Bischöfe ermahnt werden, Pfarrer nur in Übereinstimmung mit den tridentinischen Erfordernissen zu ernennen (Sp. 674).

[57] Vgl. Acta et decreta primi Concilii Sancti Bonifacii, 1889 (= Concilium S. Bonifacii), St. Boniface 1892, 12, 15-17.

[58] Vgl. Acta et decreta Concilii provincialis Marianopolitani primi, A.D. MDCCCXCV, praeside Illmo et Rmo Eduardo Carolo Fabre, archiepiscopo Marianopolitano (= Concilium Marianopolitanum), Baltimore 1901, 85-91.

[59] Vgl. CL 3, Sp. 745, 749, 756, etc.

[60] Vgl. Acta et decreta primi Concilii provincialis Torontini in ecclesia metropolitana Sti. Michaelis celebrati mense septembris MDCCCLXXV, a Sancta Sede revisa et recognita anno III pontificatus Leonis P. P. XIII, additis quibusdam aliorum Conciliorum decretis (= Concilium Torontinum I), Toronto 1882, 34.

[61] Vgl. Concilium plenarium Quebecense 174.

England eingeführt waren, zuzulassen. Kurz darauf baten die Australier um Pfarrer und erhielten den Bescheid, ebenso wie in England und den Vereinigten Staaten, Rektoren zu ernennen. Es scheint, daß man in Australien nicht an ständige Rektoren gedacht hatte, sondern darum nachsuchte, was der Mehrheit der Bischöfe, den Iren nämlich, erfahrungsgemäß als normal galt, Pfarreien und Pfarrer[62], welche in Irland, trotz Reformation und Penal Laws, weiter existiert hatten[63].

Beteiligung von Priestern bei Bischofsernennungen[64]

Australien

Auf dem Plenarkonzil 1885 wurde die Bestimmung erlassen, daß, wenn die Bischöfe der Kirchenprovinz dem Heiligen Stuhl Kandidaten zur Ernennung als Diözesanbischof oder Bischof-Koadjutor unterbreiteten, Kanoniker und Pfarrer – welche von seiten der Propaganda in „Diözesankonsultoren" beziehungsweise „ständige Rektoren" umbenannt worden waren – drei Namen vorschlagen sollten. Diese Regelung für Australasien entsprach dem System, das in Irland seit Jahrhunderten in Gebrauch war. Es war bereits vorgekommen, daß Geistliche dieses Privileg angestrebt hatten[65]. Außerdem erscheint es als folgerichtig, daß irische Bischöfe sich für die Ernennung von Kanonikern und Pfarrern aussprachen. In den Gesetzen forderte man, daß die Diözesankonsultoren und ständigen Rektoren einer vakanten Diözese unter

[62] Von der Propaganda wurde Moran in Kenntnis gesetzt, daß es nicht opportun erscheine *per ora in Australia le parrocchie propriamente dette* einzuführen, sondern, daß es aufgrund der ähnlichen Gegebenheiten in England wie in den Vereinigten Staaten besser sei, *introdurre prima costi il sistema dei rettori inamovibili come si e pratticato nelle dette regioni* (vgl. Simeoni an Moran , Propaganda, 2. Mai 1887, in: SAA, MP, Bd. 91). Moran erteilte an Bischof Murray von Maitland den Rat, „*the rectores inamovibiles are substituted for the parochi*" (vgl. Moran an Murray, Sydney, 20. Juni 1887, in: MA, Letter D.3.205).

[63] Vgl. Schreiben der Propaganda an die Erzbischöfe Irlands vom 25. Juni 1791 über Disziplinfragen, in dem eindeutig die Rede ist von regelrechten Pfarreien und Pfarrern, in: Collectanea S. Congregationis de Propaganda Fide, seu decreta, instructiones, rescripta pro apostolicis missionariis (= Collectanea) I, Rom 21907, 375-379; vgl. die Dekrete über Pfarrer in: Synodus Maynutiana, 1875, 108-114.

[64] Hier wird ausschließlich die Rolle und Beteiligung der einfachen Priester untersucht, nicht diejenige der Bischöfe.

[65] Während die Diözese Ballarat 1883 vakant war, sandte der Klerus spontan eine Empfehlung an den Heiligen Stuhl und an den Metropoliten (vgl. AP, SOCG 1018, 1325-1344). Am 8. Juli 1884 richteten die Priester der Diözese Goulburn an Papst Leo XIII. eine Petition, in der sie um das beständige Privileg nachsuchten, Priester nominieren zu dürfen, aus denen dann der Bischof gewählt werde (vgl. AP, SC 14, 1177).

Leitung – im Normalfall – des Erzbischofs zusammentreten sollten, um nach Ableistung eines Eides, durch den sie persönliche Vorteile und Begünstigungen als Motivation ausschlossen, in geheimer Wahl eine Liste mit den Namen dreier Priester, welche ihnen als am würdigsten und für das bischöfliche Amt am geeignetsten erschienen, zu erstellen. Sie war der Propaganda und den Bischöfen der Kirchenprovinz zu übersenden, damit diese bei der Erstellung des Vorschlags für den Heiligen Stuhl diese Liste vor Augen hätten. Sollten sie die von den Priestern vorgeschlagenen Kandidaten übergehen, so waren sie verpflichtet, dies zu begründen (Dekret 23). Bei den Vorschlägen zur Ernennung eines Bischof-Koadjutors ging man ähnlich vor. Die Zusammenkunft der Priester konnte vom Erzbischof geleitet werden, welcher diese Aufgabe aber auch an den Bischof, der den Koadjutor benötigte, oder einen anderen Suffragan delegieren konnte. Für die Wahl eines Bischofs für eine neue Diözese mußte der Erzbischof alle Diözesankonsultoren der Diözese, aus der die neue Diözese herausgelöst wurde, zusammenrufen, und außerdem alle Rektoren der neuen Diözese (Dekret 25)[66].

Dieses System war in Australien und in Neuseeland in Gebrauch, bis es durch die Bestimmungen des Vierten Plenarkonzils von Australien und Neuseeland (1937) ersetzt wurde, wo man die aktive Beteiligung der Priester dahingehend begrenzte, daß vom Bischof nurmehr die Diözesankonsultoren und zumindest einige ständige Pfarrer einzeln und unter strengster Geheimhaltung zu befragen waren[67]. Solange dieses System in Übung war, scheint es, daß im großen und ganzen weder die Bischöfe noch die Pfarrer damit unzufrieden waren, obschon die praktische Anwendung bald Probleme aufwarf[68].

---

66 Seltsamerweise wurde das Dekret 25 1895 umgangen, als sich die Bischöfe auf dem Zweiten Plenarkonzil dazu entschlossen, die *terna* für die neuzuerrichtende Diözese Geraldton und auch für weitere zu errichtende Bistümer auf dem Konzil auszuarbeiten (vgl. AP, NS 216, fol. 573v-574; vgl. Congregatio privata, 29. Nov. 14 Uhr, handschriftl. Protokoll, 3; SAA, MP, Bd. 152). 1917 entschied der Apostolische Delegat, Erzbischof Bonaventura Cerretti, daß trotz der konziliaren Gesetze nur die Bischöfe der Kirchenprovinz Sydney die *ternae* für die neue Diözese Wagga Wagga und die wiedererrichtete Diözese Wilcannia-Forbes erstellen sollten. Er stützte dies mit dem Argument, der Heilige Stuhl habe, aufgrund des allgemeinen Kirchenrechts, in jedem Fall das Erstbesetzungsrecht für eine neuzuerrichtende Diözese (vgl. AP, Acta 289, fol. 113v-115). Dekret 25 wurde zum ersten Mal 1928 angewandt, im Zusammenhang mit der Diözese Toowoomba (vgl. J. J. WIEMERS, West of the Range, Fifty Years of the Diocese of Toowoomba, Toowoomba 1979, 5-6).

67 Vgl. Concilium plen. Aust. et N.Z., xliv; der Apostolische Delegat setzt hier die Väter davon in Kenntnis, daß die Bestimmungen im zur Abstimmung anstehenden Dekretentwurf *iuxta explicitam mentem Sanctae Sedis* seien, 16; vgl. auch B.A. SANTAMARIA, Daniel Mannix, the Quality of Leadership, Carlton/Victoria 1984, 182-184.

68 Zum ersten Mal wurde diese Prozedur 1891 angewandt, als man für die Erzdiözese Hobart, zu der siebzehn Missionen gehörten, einen Koadjutorbischof suchte. Nur vier Priester waren

Auf einer Zusammenkunft der Bischöfe am 19. November 1891 anläßlich der Einweihung der Kathedrale St. Patrick in Ballarat und beim zweiten jährlichen Treffen der Erzbischöfe in Melbourne am 1. Dezember 1891 erörterte man die Vorgehensweise. Kardinal Moran erklärte später dem Kardinal der Propaganda Ledóchowski gegenüber, daß es in einigen Diözesen bei der Bildung einer *terna* Schwierigkeiten geben könne, nämlich dort, wo es insgesamt nur drei oder vier Diözesankonsultoren und ständige Rektoren gebe. Deshalb bat er um die Erlaubnis, in Fällen, in denen weniger als zehn Stimmberechtigte vorhanden seien, den *rectores parochiales amovibiles* einer solchen Diözese, in der Reihenfolge ihres Dienstalters, das Stimmrecht zuerkennen zu dürfen, vorausgesetzt, daß die Gesamtzahl der Stimmberechtigten zehn nicht übersteige, und unter der Voraussetzung, daß solche *rectores amovibiles* in der Diözese, für die die Wahl stattfinden sollte, mindestens seit fünf Jahren tätig gewesen wären. Am 24 Juli 1892 wurde dies gewährt bis zum nächsten Plenarkonzil[69], und Kardinal Moran teilte das den Bischöfen gegen Ende des Jahres 1892 in einem Rundschreiben mit[70]. Diese Verfügungen wurden auf dem Plenarkonzil von 1895 in die Gesetzgebung integriert, jedoch so erweitert, daß sie *caeteri rectores (seu administratores)* umfaßten, welche in der Diözese seit sieben Jahren tätig gewesen waren, ohne daß irgendeine Begrenzung der Anzahl Erwähnung fand (Dekret 22). Außerdem durfte jeder Stimmberechtigte nur eine einzige Stimme abgeben[71], wodurch in der Frage, ob man eine oder drei Stimmen habe, endlich Klarheit geschaffen werden sollte. Standen nur zwei Kandidaten zur Wahl, so war ein weiterer Wahlgang durchzuführen, aus dem ein dritter Kandidat hervorging (Dekret 22). Diesbezügliche Bestimmungen erließen weder das Plenarkonzil 1905, noch die Provinzialsynode von Melbourne 1907.

---

stimmberechtigt, und man interpretierte die Bestimmung *tria nomina proponent* dahin, daß jeder drei Stimmen abgeben solle. Als Ergebnis erhielt man zwei Stimmen für einen Priester und je eine Stimme für zwei Bischöfe und acht Priester (vgl. AP, NS 51, fol. 369-370).

69 Vgl. AP, SC 17, fol. 1010.

70 Vgl. AP, Udienze 250, fol. 3007; Moran an die australischen Bischöfe, o. J., (SAA, MP, Bd. 5). Von der Vollmacht machte man 1893 in Adelaide Gebrauch, als man den sechs bereits wählbaren Priestern vier weitere hinzufügte; jeder gab jeweils drei Stimmen ab. Das Resultat war, daß zwei Kandidaten acht, beziehungsweise sechs Stimmen erhielten, die anderen Stimmen sich auf die neun restlichen Kandidaten verteilten (vgl. AP, Acta 264, fol. 559-560).

71 Dies hatten die Wahlberechtigten in Goulburn im Juli 1894 und in Port Augusta im März 1895 auch tatsächlich so gehandhabt (vgl. ebd. 265, fol. 83-86, fol. 534-537).

72Vgl. Pius VI., Apostolisches Schreiben „*Ex hac apostolicae*", 6. November 1789, in: IPPF, pars 1a, Bd. IV 344-346.

Vereinigte Staaten

Wenngleich John Carroll, der erste Bischof von Baltimore, dem Heiligen Stuhl von den Priestern der Diözese vorgeschlagen worden war, so geschah dies jedoch „. . .*pro prima hac vice tantum, et ex speciali gratia*"[72]. Bis zum Dritten Plenarkonzil von Baltimore lagen alle weiteren Bischofsernennungen in der Hand der Bischöfe, obwohl man 1855 auf der Achten Provinzialsynode von Baltimore, nachdem erörtert worden war, ob man Diözesankonsultoren ernennen solle, festlegte, daß dies freigestellt sei. Man überließ es der Umsicht und Gewissensentscheidung des jeweiligen Bischofs, ob er diese konsultieren wolle, ehe er Kandidaten für ein Bischofsamt in Vorschlag brächte[73]. Auf der vorbereitenden Zusammenkunft für das Dritte Plenarkonzil, die 1883 zu Rom stattfand, erarbeitete man seitens der Propaganda einen Dekretentwurf, in dem vorgeschlagen wurde, die Priester bei der Zusammensetzung der *terna* zu beteiligen. Erzbischof Gibbons wies darauf hin, daß dies für die Bischöfe der Vereinigten Staaten annehmbar sei, vorausgesetzt, daß die Zusammenkunft der Kleriker unter dem Vorsitz des Erzbischofs oder des ältesten Suffraganbischofs stattfinde[74]. Dementsprechend war die diesbezügliche Gesetzgebung des Konzils im wesentlichen mit der des Ersten Plenarkonzils Australasiens identisch und wies nur folgende unerhebliche Unterschiede auf: im Unterschied zur australasischen betonte man in der amerikanischen Gesetzgebung die Geheimhaltung und hob hervor, daß das Stimmrecht nur beratender Natur sei. In Amerika legte man für die Einberufung keine Frist fest, wogegen in Australasien fünfzehn Tage vorgeschrieben waren. Um einen Bischof-Koadjutor vorzuschlagen, sah die amerikanische Gesetzgebung für den Bischof, der den Koadjutor bestellen wollte, die Möglichkeit vor, einen Priester abzuordnen, der an seiner Stelle den Vorsitz führe und auch Priester vorschlagen könne, die ihm für das Amt als geeignet erschienen, wohingegen dies in Australasien nicht vorgesehen war. Die amerikanische Gesetzgebung betraf nur die ständigen Rektoren in einer neuen Diözese, wogegen sich die australasische Gesetzgebung auf alle Rektoren bezog[75]. In den Vereinigten Staaten wurden von keiner Synode weitere Gesetze zu dieser Frage erlassen. Am 30. März 1910 gab die Konsistorialkongregation ein Dekret heraus, in dem man bei Bischofsernennungen in den Vereinigten Staaten Geheimhaltung vorschrieb, da die öffentliche Diskussion über die Kandidaten oft *iniusta et iniqua* sei, was dazu führe, daß der gute Ruf einzel-

[73] Vgl. CL 3, Sp. 158, 161-162.
[74] Vgl. Minutes of Roman Meeting Preparatory to the III Plenary Council of Baltimore, 126.
[75] Vgl. Concilium plenarium Baltimorense III 12-14.

ner Personen geschädigt und die Wahlfreiheit des Heiligen Stuhls eingeschränkt werde[76]. Mit einem weiteren Dekret vom 25. Juli 1916 wurde in den Vereinigten Staaten der Beteiligung der Kleriker bei der Zusammenstellungung der *terna* ein Ende gesetzt. Von da an sollten die Bischöfe die Diözesankonsultoren und inamoviblen Rektoren nur noch einzeln und unter Geheimhaltung konsultieren[77].

Kanada

Außer im Zusammenhang mit der Ernennung des siebten Bischofs von Québec im Jahre 1765 hatten die Priester in Kanada niemals das Privileg besessen, in irgendeiner Form bei der Auswahl der Bischöfe mitzuwirken[78]. In einem Dekret, in welchem für die Bischöfe Kanadas und Neufundlands neue Normen bezüglich der Kandidatenvorschläge an den Heiligen Stuhl erlassen wurden, erlaubte die Konsistorialkongregation am 19. März 1919 schließlich dem Bischof, den Rat umsichtiger Priester einzuholen, ehe er an den Beratungen der Bischöfe zur Erstellung einer *terna* teilnehme[79].

England

Am 21. April 1852 gab die Propaganda eine Instruktion bezüglich der englischen Empfehlungen zur Ernennung von Bischofskandidaten heraus. Am Beginn des Wahlvorgangs stand demnach eine Zusammenkunft des Diözesankapitels, welches in drei geheimen Wahlgängen drei Kandidaten zu nominieren hatte. Wenn in einem Wahlgang keine eindeutige Mehrheit für einen Kandidaten zustande kam, so galt die Wahl als ungültig und wurde wieder-

---

[76] Vgl. AAS 2, 286-287; die Wähler wurden eidlich dazu verpflichtet, über die in Frage kommenden Namen Stillschweigen zu bewahren. Dabei wurde den Diözesankonsultoren als Strafe für Zuwiderhandlung die Entfernung aus dem Amt angedroht, den ständigen Rektoren drohte man, ihnen das Wahlrecht für immer zu entziehen. In weiteren Dekreten wurde dies allgemein verbindlich für alle Orte, an denen man nach dem *terna-* System wählte (vgl. AAS 2, 648; AAS 3, 182).

[77] Vgl. AAS 8, 400-404.

[78] Während des französischen Regimes in Québec stand das Recht zur Bischofsernennung dem König zu. Als Bischof Henri-M. de Pontbriand im Jahre 1760 starb, kurz vor der Kapitulation Montréals, fehlte ein einschlägiges Gesetz. Das Kapitel von Québec ergriff schließlich 1764 die Initiative und wählte zunächst Etienne Montgolfier, dann, nachdem die Britische Regierung gegen ihn ein Veto eingelegt hatte, Jean-Olivier Briand, den Papst Clemens XIII. ernannte. Doch erkannte die Propaganda dies nicht als Recht des Kapitels an (vgl. Mandements, lettres pastorales et circulaires des évêques de Québec, Bd. 2, Québec 1741-1806, 185-188).

[79] Vgl. AAS 11, 124-128.

holt. Sodann übersandte man den Bischöfen der Provinz die drei Namen in alphabetischer Reihenfolge ohne Kommentar[80]. Diese Vorgehensweise wurde 1852 in die Gesetzgebung der Ersten Provinzialsynode von Westminster aufgenommen[81] und 1873 auf der Vierten Provinzialsynode von Westminster leicht abgeändert. Man empfahl nämlich, daß die Kanoniker nicht nur Mitglieder des Kathedralkapitels in ihre Überlegungen einbeziehen sollten, und verlangte, die Wahlergebnisse mit einem Kommentar zu versehen[82]. 1903 gewährte der Heilige Stuhl den Bischöfen die Abänderungen, um die man nachgesucht hatte, einschließlich der Erlaubnis, Wahl und Wahlprüfung durch das Kapitel durchführen zu lassen[83]. Dieses Privileg der aktiven Beteiligung der Kanoniker an der Bischofsernennung ist vom Heiligen Stuhl bis heute nicht zurückgenommen worden und ist auch durch das geltende Kirchenrecht anerkannt, so daß England (einschließlich Wales) das einzige hier untersuchte Land darstellt, wo Priester noch immer aktiv an der Ernennung von Bischöfen beteiligt sind[84].

Schottland

Für Schottland legte die Propaganda in einem Dekret vom 25. Juli 1885 fest, daß die *terna* im Falle, daß das vakante Bistum kein Kapitel habe, von den schottischen Bischöfen zusammengestellt werden solle. Wo es jedoch ein Kapitel gebe, solle der Kapitularvikar die Kanoniker zu einer Sitzung einberufen, die nach drei Wahlgängen eine *terna* bestimmen und diese zusammen mit den Abstimmungsergebnissen den schottischen Bischöfen und der Propaganda mitteilen sollten[85]. Auf dem Plenarkonzil von 1886 übernahm man diese Bestimmung unverändert in die Gesetzgebung[86], trotz Diskussionen über die Frage, ob es recht sei, den Vorsitz bei einer Zusammenkunft dem Kapitularvikar anstelle des Bischofs zu übertragen, und ob man nicht in Diözesen ohne Kapitel die Priester beteiligen könne[87]. Am 20. November

---

[80] Vgl. CL 3, Sp. 958-959.

[81] Vgl. CL 3, Sp. 924-925.

[82] Vgl. Decreta quattuor conciliorum provincialium Westmonasteriensium 1852-1873, adiectis pluribus decretis, rescriptis, aliisque documentis (= Concilia Westmonasteriensia), London 2 o.J., 213.

[83] Vgl. Statuta capitularia excerpta ex conciliis provincialibus Westmonasteriensibus adiectis nonullis documentis recentissimis, London 1907, 47-48.

84Vgl. Kanones 364, 4 und 377, 3; vgl. Paul VI. Motu proprio „*Sollicitudo omnium ecclesiarum*", 24. Juni 1969, Nr. 6/2c, in: AAS 61, 481.

[85] Vgl. Concilium Scoticum 171-173.

[86] Vgl. Concilium Scoticum 32-34.

[87] Vgl. Provinzialsynode von Fort Augustus, August 1886, handschriftl. Protokoll, 29-31, in: SNCA, Dokument ED 4/69.11.

1920 ordnete die Konsistorialkongregation in einem Dekret für Schottland eine neue Vorgehensweise an. Die Beteiligung der Priester wurde dahingehend eingeschränkt, daß der Bischof seine Kanoniker einzeln konsultieren solle, wie auch „. . .*alios prudentes viros, etiam e clero regulari, praesertim parochos seniores et prudentiores*“[88].

Irland

Wie bereits erwähnt, war es in Irland seit unvordenklichen Zeiten Brauch gewesen, Kanoniker und Pfarrer an der Auswahl der Bischofskandidaten zu beteiligen, und so erscheinen die Anordnungen der Propaganda in einer Instruktion vom 17. Oktober 1829 als ein Versuch, Mißbrauch zu verhindern und ein ordnungsgemäßes Vorgehen zu sichern[89]. Die Provinzialsynode der Provinz Cashel führte 1853 als eine der Pflichten des Metropoliten an, daß er die Pfarrer und Kanoniker einer vakanten Diözese zusammenzurufen habe „. . .*ut tres idoneos viros commendent, e quibus summus pontifex eligat, si velit, unum qui dioecesi vacanti praeficiatur*“[90]. Zweifellos ist Irland das Land, in dem die meisten Priester aktiv an Bischofsernennungen beteiligt waren, doch endete diese Praxis am 25. März 1925, als die Konsistorialkongregation die Beteiligung der Priester in neue Bahnen lenkte. Von da an pflegte der Erzbischof, bevor er einer Zusammenkunft der Bischöfe der Kirchenprovinz beiwohnte, welche eine *terna* bildeten, die Kanoniker und die umsichtigeren unter den Pfarrern in geheimen Einzelgesprächen um deren Rat zu bitten[91].

Zusammenfassend ist festzustellen, daß man abgesehen von England, in Australien und Neuseeland das System der aktiven Beteiligung des Diözesanklerus länger aufrecht erhielt als in den anderen hier untersuchten Ländern[92]. Bemerkenswert ist es, daß die Bischöfe 1895 die Gesetzgebung veränderten, um diese Art der Beteiligung der Priester sicherzustellen.

---

[88] Vgl. AAS 13, 13-16.

[89] Nach den Anordnungen in dieser Instruktion mußte die Kirchentür geschlossen und Beschlußfähigkeit hergestellt sein, alle Namen einzeln verlesen werden, drei Namen auf eine Wahlliste gesetzt werden und außerdem der Metropolit den Vorsitz führen (vgl. Synodus Maynutiana, 1875, 273-277); in einem Brief vom 25. April 1835 an Erzbischof Murray von Dublin ordnet die Propaganda an, daß nur ein Kandidat auf der Wahlliste stehen dürfe (vgl. ebd. 277-279).

[90] Vgl. CL 3, Sp. 831.

[91] Vgl. Appendix ad acta et decreta Concilii plenarii episcoporum Hiberniae quod habitum est apud Maynutiam die 2 augusti et diebus sequentibus usque ad diem 15. augusti 1927, Dublin 1929, 27-31.

2. Katholische Volksschulerziehung[93]

Australien

Zunächst galt es in den verschiedenen australischen Kolonien und in Neuseeland als selbstverständlich, daß die Erziehung Sache des Klerus sei, wie dies seit Jahrhunderten in Großbritannien und in anderen Gegenden Europas üblich gewesen war. Ursprünglich beanspruchten die Anglikaner einen bevorzugten Status für die Staatskirche, doch sehr schnell traten Geistliche anderer Konfessionen dagegen auf und verlangten, daß ihnen das gleiche Recht zugestanden werde, Erziehung und Ausbildung zu betreiben und den christlichen Glauben gemäß ihrer eigenen Tradition weiterzugeben. Natürlich ergaben sich Unterschiede von einer Kolonie zur anderen, doch im großen und ganzen vollzog sich überall die gleiche Entwicklung. Zu Beginn errichtete man mit staatlichen Mitteln Konfessionsschulen. Sodann folgte ein zweigleisiges System von staatlichen und Konfessionsschulen, die alle vom Staat bezahlt wurden. In den siebziger Jahren des 19. Jahrhunderts schließlich ließ man nach einer hitzigen Debatte in der Öffentlichkeit, die unter dem Slogan „Schulpflicht in freien, weltlichen Schulen" geführt wurde, nur noch staatliche Schulen zu. Diese Schulen verschrieben sich einer rein laizistischen Erziehung und wurden aus öffentlichen Mitteln finanziert[94]. Man kritisierte die vorausgegangenen Schulsysteme als ineffizient und kostspielig, doch waren die Kosten nicht der einzige Grund für den Umschwung, da in der Auseinandersetzung häufig das Argument deutlich ausgesprochen wurde, daß man die neue Philosophie des Liberalismus der traditionellen christlichen Erziehungslehre vorzog.

So hielt man es 1844 auf der ersten australischen Provinzialsynode nicht für nötig, Zeit auf Gesetze über Erziehung und Ausbildung zu verwenden. Nur in einem einzigen Paragraphen des Dekrets 14 „*De verbi praedicatione*" legte man fest, daß jeder Missionar in seinem Bezirk Schulen zu errichten habe, diese oft visitieren solle, dort für das tägliche Gebet und religiöse Unterweisung sorgen müsse, sowie dafür Sorge zu tragen habe, daß die Lehrer für ihr Amt qualifiziert seien und um eine gute Lebensführung bemüht waren. Da es zu dieser Zeit nur Konfessionsschulen gab, stellte diese Gesetzgebung lediglich eine Ermahnung an die Priester dar, in dieser Hinsicht ihren normalen

---

92 Die Erste Provinzialsynode von Wellington 1899 übernahm *verbatim* die diesbezüglichen Abänderungen des australischen Konzils von 1895 (vgl. Concilium Wellingtonense 18-19). 93Höhere Schulen wie auch Universitätsausbildung werden hier nicht behandelt, da die Gesetzgebung diesbezüglich zu dieser Zeit nicht sehr umfangreich war.

94 1872 entzog als erste Kolonie Victoria allen nichtstaatlichen Schulen die finanzielle Unterstützung der Regierung. Als letzte Kolonie folgte hierin Western Australia im Jahre 1895.

pastoralen Dienst zu versehen. Bis zum Jahre 1862 jedoch hatte sich das Bild gewandelt. Die Bischöfe zeigten sich über die Diskussionen um die staatliche Unterstützung der Kirchen besorgt. Sie beunruhigte der Kompromiß einer nicht konfessionsgebundenen religiösen Unterweisung in den Schulen und die Auseinandersetzungen um die völlige Verbannung der Religion aus den Schulen, welche ganz und gar weltlich ausgerichtet werden sollten[95]. Deshalb entwarfen sie ein Dekret, worin sie den Priestern die strenge Verpflichtung auferlegten, in Anbetracht des staatlichen Erziehungssystems, das von vielen gefördert wurde, das aber nur der Häresie dienlich sei und Indifferentismus hervorbringe, eine wahrhaft katholische und christliche Erziehung für die ganze katholische Jugend zu gewährleisten. In einem Hirtenbrief an die Gläubigen, den sie gleichzeitig herausgaben, erläuterten die Bischöfe ihr eigenes Selbstverständnis und die zugrundeliegenden Prinzipien: „. . .*No system of education can be accepted, which does not recognise the guardianship of the bishops over the education of Catholic children; and to the security of such guardianship are essential the ownership of their schools, and control over teaching, by the power of appointing and dismissing teachers*“[96].

Auch gaben die Bischöfe eine eindeutige Beurteilung über das neuheraufziehende Erziehungssystem ab:

„*Catholics do not believe that the education of a child is like a thing of mechanism that can be put together bit by bit [. . .] We hold that subjects taught, the teacher and his faith, the rule and practices of the school day, all combine to produce the result which we Catholics consider to be education [. . .] the human being teaching will, by reason of his religious faith and other qualities, influence the human being taught; the day with its works and devotions, arranged on a plan consisted throughout with our faith, will mould one form of character*“[97].

Man muß der australischen Hierarchie das Verdienst zuschreiben, daß sie von der eindeutigen Stellungnahme zu diesen grundlegenden Prinzipien einer ganz und gar katholischen, der Autorität der Kirche unterstellten Erziehung niemals abgewichen ist, wenngleich die Prinzipien natürlich weiterent-

---

[95] Die Katholiken zeigten sich über den Common Schools Act besorgt, den das Parlament von Victoria am 18. Juni 1862 verabschiedete. Er betraf alle Schulen, die staatliche Unterstützung erfuhren. Darin war die Einrichtung von Kommitees vorgesehen, die ohne Rücksicht auf Konfessionszugehörigkeit besetzt wurden. Die Schulbehörde stellte die oberste Instanz für die Einstellung und Entlassung von Lehrern dar, die Mittel wurden bei Konfessionsschulen zweckgebunden für Löhne und zum Kauf von Büchern, hingegen wurden keine Mittel für die Errichtung von Bauten oder Reparaturen zur Verfügung gestellt. Man erließ ein Verbot, im Umkreis von zwei Meilen um eine bereits bestehende Schule, die Unterstützungsgelder erhielt, eine neue Schule zu errichten (vgl. A.G. Austin, Select Documents in Australian Education, 1788-1900, Melbourne 1963, 176).

[96] Vgl. Polding, The Eye of Faith 385.

[97] Vgl. ebd.

wickelt und verbessert wurden. Die erste Gelegenheit dazu bot sich 1869 auf der Zweiten Provinzialsynode, deren „*Decretum de educatione*" selbst aus heutiger Sicht für seine eindeutigen Prinzipien, welche die feste Haltung der Bischöfe bis in unsere Zeit dokumentieren, Anerkennung verdient. In Übereinstimmung mit der Lehre Papst Pius IX. wiederholten sie ihre entschiedene Stellungnahme, daß katholische Erziehung verpflichtend sei und diese der Autorität der Kirche unterstehe. Doch nun zog man daraus deutlich auch die praktischen Konsequenzen. So etwa seien katholische Kinder aus staatlichen Schulen, welche man nicht guten Gewissens tolerieren könne, herauszunehmen. Katholiken sollten ihre eigenen Schulen unter Leitung von eigenem, gut ausgebildetem Lehrpersonal, einrichten. Man ließ allerdings staatliche Kontrolle der Schulen zu und forderte einen den Katholiken zustehenden angemessenen Anteil an öffentlichen Mitteln für Schulen und Lehrerbildungsstätten als gutes Recht ein. Im begleitenden Hirtenbrief verwahrten sich die Bischöfe gegen den wegen dieser ihrer Forderungen erhobenen Vorwurf des Sektierertums, indem sie behaupteten, daß vielmehr die öffentlichen Schulen sektiererisch seien, da diese den Wünschen einiger weniger Bürger in allem nachkämen, anderen dagegen das, was diese für notwendig erachteten, vorenthielten[98].

Das Plenarkonzil von 1885 verabschiedete schließlich sogar die stattliche Zahl von14 Dekreten unter dem Titel „*De educatione primaria seu elementari*". Wenngleich der Text von 1869 hier keine Verwendung fand[99], so galten doch unverändert die gleichen Grundsätze, denen noch ein weiterer beigefügt wurde: Eltern und Vormünder von Kindern besäßen ein natürliches Recht und die Pflicht, ihre Kinder entweder persönlich oder durch andere Personen zu erziehen (Dekret 235). Dies richtete sich offenbar gegen diejenigen, die ein Erziehungsrecht für den Staat beanspruchten. Auf diesem Konzil bestand man darauf, daß in jedem Missionsgebiet eine Schule unterhalten werde, welche im Regelfall aus der Missionskasse unterstützt werden sollte. Weil dies von grundlegender Bedeutung war, hatte man die Schule, die vorübergehend auch als Kapelle genutzt werden konnte, noch vor einem Kirchenbau zu errichten (Dekrete 239; 240). Die katholische Erziehung wurde so wichtig genommen, daß man Eltern, die die religiöse Erziehung vernachlässigten, die ihre Kinder auf ungeeignete oder staatliche Schulen schickten, ohne zulängliche Begründung oder ohne Vorsichtsmaßnahmen gegen eine falsche Erziehung ihrer Kinder zu treffen, die Absolution verwei-

[98] Vgl. ebd. 398-401.

[99] Auf Ersuchen des Kardinals Moran hin wurde der Dekretentwurf 1885 von Bischof Patrick Moran von Dunedin verfaßt (vgl. Bischof P. Moran an Kardinal Moran, Dunedin, 2. Oktober 1885, in: SAA, MP, Bd. 197).

gern sollte, wenn sie sich nicht einsichtig zeigten (Dekret 238). Außerdem traf man auch Regelungen bezüglich besonderer Einrichtungen für Taubstumme (Dekret 242) und für die sorgfältige Auswahl der Schulbücher (Dekret 243; 244). Schließlich schlugen die Konzilsväter noch eine „leistungsgerechte Bezahlung" vor, ein System, nach dem staatliche Mittel auf einfache und gerechte Weise verteilt werden konnten. Die Gehälter der Lehrer sollten erst festgesetzt werden, nachdem sie die von staatlichen Beamten durchgeführten öffentlichen Examina bestanden hätten (Dekret 245).

Für die Propaganda war die Erteilung der *recognitio* für diese Dekrete unproblematisch, obschon das Dekret 234 mit einem Zusatz versehen wurde, einem Zitat aus einem Brief Papst Pius IX. an den Erzbischof von München und Freising vom 11. Dezember 1862, worin der Papst das Recht und die Pflicht der Kirche, das überkommene Glaubensgut in seiner Gesamtheit zu lehren, Irrtum und falsche Philosophien dagegen zu verurteilen, hervorhebt[100].

Dem Dekret, das die Verweigerung der Absolution für uneinsichtige Eltern beinhaltete, folgte 1895 ein weiteres. Darin legte man fest, daß die öffentliche Verweigerung der Sakramente in solchen Fällen nicht *inconsulto ordinario* erfolgen dürfe (Dekret 300). In weiteren, neuen Dekreten wurde den Priestern untersagt, Schulen ohne Erlaubnis des Bischofs zu schließen (Dekret 303) und denen Lob gezollt, welche Schulen errichteten und die notwendigen Geldmittel zu deren Unterhalt zur Verfügung stellten (Dekret 304). Die Konzilsväter bekräftigten feierlich das den Katholiken zustehende Recht auf einen Anteil an den öffentlichen Mitteln für Erziehung und Ausbildung (Dekret 309). Von der Propaganda wurde der zweite Teil des gleichen Dekrets gestrichen, in dem die Konzilsväter festgestellt hatten, daß es nicht ihre Absicht gewesen sei, einen Präzedenzfall für andere religiöse Körperschaften zu schaffen, und sie außerdem ihren Wunsch, daß niemandes Rechte verletzt würden, zum Ausdruck brachten[101]. Die Konzilsväter wiesen darauf hin, auf welche Weise in anderen Ländern katholische Schulen vom Staat unterhalten würden (Dekret 310), empfahlen, in jeder Diözese einen Priester zum Schulinspektor zu ernennen (Dekret 311), richteten einen bischöflichen Ausschuß ein, der mit dem amerikanischen Verlag der Gebrüder Benziger über die Produktion von Schulbüchern verhandeln sollte, und fügten schließlich noch einige Dekrete des Dritten Plenarkonzils von Baltimore an, nach denen hohe Leistungsstandards, regelmäßige Visitation durch Priester, großzügige finanzielle Unterstützung und Einschätzung der Schulen als grundlegenden Be-

[100] Vgl. AP, Acta 257, fol. 123.

[101] Vgl. AP, NS 216, fol. 640, fol. 652v.

standteils einer Gemeinde zu betrachten waren, gefordert wurden (Dekret 313)[102].

Dem gab es im Jahre 1905 nur weniges hinzuzufügen, doch die Väter erteilten einigen katechetischen Büchern und einigen Werken für den Geschichtsunterricht die offizielle Genehmigung (Dekret 331) und entschlossen sich zu einer neuen Auflage des beliebten, weitverbreiteten katholischen Lesebuchs, das von den Gebrüdern Benziger verlegt worden war (Dekret 332). Die Väter bestanden wiederum auf hohen Leistungsstandards (Dekret 332) und drängten zur Errichtung von Colleges für die Lehrerbildung in der Provinz oder der Diözese, welche auch von Anwärtern auf den Ordensstand besucht werden konnten (Dekret 340). Wie bereits erwähnt, strich die Propaganda ein Dekret, in dem der Heilige Stuhl darum ersucht worden war, daß unabhängigen Häusern von Ordensfrauen die Erlaubnis erteilt werde, sich zu Kongregationen auf Diözesanebene zusammenzuschließen, da dies eigentlich eine Petition darstellte. Es ist jedoch bemerkenswert, daß das gestrichene Dekret sich unter den Erziehungsdekreten fand, da dem die Idee zugrundelag, den Ordensnachwuchs in einem gemeinsamen Noviziat religiös und pädagogisch auszurichten[103].

In Anbetracht des eben Gesagten ist es nicht verwunderlich, daß von einhundertzwölf Dekreten der Ersten Provinzialsynode von Melbourne im Jahre 1907 nur eines die Erziehung betraf, obwohl eine der drei Kommissionen als Erziehungsausschuß fungiert hatte. In diesem einen Dekret legte man genau fest, wie oft ein Priester seine Schulen als Katechet und als Lehrer der Kirchengeschichte zu visitieren habe – entweder persönlich oder durch einen Beauftragten. Dies habe im Umkreis von bis zu acht Kilometern zumindest wöchentlich zu geschehen, bei weiter entfernten Schulen zumindest allmonatlich (Dekret 96).

Vereinigte Staaten

Es ist bemerkenswert, daß auf den ersten sieben Provinzialsynoden von Baltimore fast keine Gesetze über Erziehung und Ausbildung erlassen wurden[104]. Man wurde jedoch 1852 auf dem Ersten Plenarkonzil von Baltimore

---

[102] Vgl. Concilium plenarium Baltimorense III, Dekrete 200-202.

[103] Vgl. AP, NS 512, fol. 560v.

[104] Die Erste Synode 1829 traf einfach die Feststellung, daß es für katholische Schulen unerläßlich sei, religiöse und moralische Erziehung der Kinder zu betreiben; daß es Aufgabe der Bischöfe sei, die Schulbücher daraufhin zu überprüfen, daß diese frei seien von historischen und dogmatischen Fehlern, doch erwähnte man in keiner Weise eine Verpflichtung zum Besuch katholischer Schulen (vgl. CL 3, Sp. 32). Die Zweite Synode 1833 richtete ein

etwas deutlicher, als man die Bischöfe drängte, wegen der schwerwiegenden Übel, denen die Jugend ausgesetzt sei, neben jeder Kirche eine Schule zu errichten, und dazu aufforderte, geeignete Lehrer aus Kirchenmitteln zu bezahlen[105].

Acht der zwölf Provinzialsynoden der Vereinigten Staaten, zwischen dem Ersten und Zweiten Plenarkonzil, erließen zu Erziehung und Ausbildung keine gesetzlichen Regelungen[106]. Die Erste Provinzialsynode von New Orleans (1856) verpflichtete die Priester unter anderem zur Errichtung von Gemeindeschulen, welche so rasch wie möglich erfolgen solle, getrennt nach Geschlechtern[107]. Auf den Provinzialsynoden von Cincinnati bezog man sodann eindeutig Position[108]. Auf der ersten Synode 1855 drängte man in der Gesetzgebung darauf, daß Schulen, die sich der kirchlichen Autorität unterstellten, solchen Schulen, die eine Gefährdung des Glaubens darstellten, vorzuziehen seien[109]. Die Zweite Synode 1858 verpflichtete jeden Pfarrer unter Sünde dazu, wenn irgend möglich, eine Schule zu unterhalten und dazu, dem Bischof eine jährliche Abrechnung der Finanzen der Pfarrei zu übersenden, so daß dieser feststellen könne, ob man der Verpflichtung nachgekommen sei[110]. Auf der Dritten Synode 1861 erließ man zunächst die

Approbationskomitee ein, das die in katholischen Schulen verwendeten Schulbücher auf ihre Korrektheit hin überprüfen sollte (vgl. ebd. Sp. 42), während die Vierte Synode 1840 die Priester drängte, darauf zu achten, daß katholische Kinder nicht einer Gefährdung des Glaubens oder der Frömmigkeit ausgesetzt seien durch Gebrauch von protestantischen Bibeln, Gebeten oder Kirchenliedern (vgl. ebd. Sp. 71). Keine weitere Synode erließ irgendwelche Gesetze dazu, auch nicht die Erste Provinzialsynode von Oregon 1848.

105 Vgl. ebd. Sp. 147.

106 Hier: Die Achte und Neunte Provinzialsynode von Baltimore 1855 und 1858, die ersten drei Provinzialsynoden von New York 1854, 1860 und 1861, die Erste und Zweite Provinzialsynode von St. Louis 1855 und 1858, und die Zweite Provinzialsynode von New Orleans 1860. In Hirtenbriefen gab man jedoch auf der Zweiten Provinzialsynode von St. Louis die Empfehlung, die Pfarrer sollten Schulen errichten, (vgl. ebd. Sp. 1193). Auf der Ersten Provinzialsynode von New York sprach man sich für ausreichende religiöse Unterweisung aus, während man jedoch betonte, daß man nicht anstrebe, „*...to overturn the system of education which has found acceptance with our fellow-citizens of other denominations*" (vgl. ebd. Sp. 1173), und die Erste Provinzialsynode von New York beklagte, daß Rechte, Glaube und Gewissen der Kinder in von Katholiken errichteten und gemeinsam mit anderen Mitbürgern unterhaltenen Schulen nicht respektiert würden (vgl. ebd. Sp. 1183).

107 Vgl. ebd. Sp. 243.

108 Die 1850 errichtete Kirchenprovinz Cincinnati umfaßte die Staaten Ohio, Michigan, Kentucky und Indiana. 1875 verkleinerte sich das Territorium etwas, als die Diözese Sainte Marie und Marquette im oberen Michigan abgetrennt wurde, doch erfuhr das Gebiet eine Erweiterung, als 1883 der Staat Tennessee dazukam. Während des hier untersuchten Zeitraums verzeichnete man keine weiteren Gebietsveränderungen.

109 Vgl. CL 3, Sp. 197.

110 Vgl. ebd. Sp. 209; der Hirtenbrief der Synode war voll des Lobes über die von deutschen Einwanderern errichteten Schulen und erwähnte die Ungerechtigkeit, die darin bestände,

Vorschrift, daß Gregorianischer Choral und Liturgie als Schulfächer zu unterrichten seien, und übte sodann in einem Hirtenbrief scharfe Kritik an den öffentlichen Schulen, die sich in nichts von einer „Erziehung unter Heiden" unterschieden. Man beklagte das Staatsmonopol bei der Erziehung und warf die Frage auf, warum die heiligen Rechte der Eltern von Staatsbeamten mit Füßen getreten würden[111]. Auf dem Zweiten Plenarkonzil 1866 wurde die frühere Gesetzgebung Baltimores wieder aufgenommen und festgestellt, daß es die beste Gegenmaßnahme gegen den glaubensgefährdenden Besuch öffentlicher Schulen sei, in der Nähe jeder Kirche eine Schule zu unterhalten. Deshalb sollten die Pfarrer, wo nur immer möglich, solche Schulen errichten und ausstatten. Wo es hingegen diese Schulen nicht gebe, sei an Sonn- und Feiertagen Katechismusunterricht zu erteilen, besonders zur Vorbereitung auf die Erstkommunion und die Firmung. Die Bischöfe drängten auch, wo dies nötig erschien, auf die Errichtung von Berufsschulen und Besserungsanstalten für Jugendliche[112].
In dem Jahrzehnt nach dem Zweiten Plenarkonzil fanden Synoden in drei Provinzen statt. 1869 auf der Zehnten Provinzialsynode von Baltimore erließ man keine Gesetze zu Erziehung und Ausbildung[113]. Auf der Dritten Provinzialsynode von New Orleans 1873 erging nochmals eine Ermahnung, welche sich auch auf Kinder *africana stirpe* bezog[114]. Auch auf der Ersten Provinzialsynode von San Francisco 1874 stellte man bedauernd fest, daß es nicht bei

daß man den zustehenden Anteil an öffentlichen Geldern für die Erziehung den Schulen nicht zukommen lasse (vgl. ebd. Sp. 1225).

111 Vgl. ebd. Sp. 223, 1237, 1239; diese Synode stellt eine Quelle für die auf dem Zweiten Vatikanischen Konzil aufgestellte Forderung dar, daß Eltern, denen in erster Linie die unveräußerliche Pflicht zur Erziehung wie auch das Recht auf Erziehung ihrer Kinder zukäme, vollkommene Freiheit bei der Wahl der Schule, wie auch Zugriff auf öffentliche Erziehungsgelder zustünde (vgl. Gravissimum educationis, Nr. 6, in: AAS 58, 733).

112 Vgl. CL 3, Sp. 514-519; im Hirtenbrief hebt man vor allem ab auf die Bedeutung katholischer Schulen, und stellt es als wünschenswert heraus, daß Religionsunterricht ein Bestandteil der Erziehung sein solle (vgl. ebd. Sp. 1265).

113 Immerhin wurde zu einem Tagesordnungspunkt die Frage gestellt, ob es hilfreich sei, wenn jeder Bischof in seinem jeweiligen Staat legale, geeignete Wege suche, um einen Anteil an öffentlichen Geldern für die katholische Erziehung zu erhalten. Auf der Synode rieten die *theologi* den Bischöfen, nicht voreilig zu handeln. Man einigte sich schließlich darauf, eine Schrift zur katholischen Position drucken und, wo nur möglich, verteilen zu lassen (vgl. ebd. Sp. 578, 590).

114 Vgl. Concilium Neo-Aurelianense provinciale tertium habitum mense ianuario, A.D. 1873, cui addita in appendice duae constitutiones Vaticanae, epistola encyclica Quanta cura, Syllabus et formula iuramenti pro ordinandis ad subdiaconatum sub titulo missionis, Neo Aureliae 1875, Dekret 5, S. 20.

jeder Kirche eine Schule gebe, und drängte jeden Priester dazu, sich seiner Pflicht zum Unterricht in christlicher Lehre bewußt zu sein[115].
Um diese Zeit, am 24. November 1875, gab der Heilige Stuhl, der sich über das staatliche Schulsystem in den Vereinigten Staaten von Amerika besorgt zeigte, eine Instruktion heraus, in der dieses als gefährlich, antikatholisch und unbrauchbar verurteilt wurde, außer in Fällen, in denen es offensichtlich unwahrscheinlich sei, daß die rechte Lehre entstellt werde. Die Bischöfe sollten jedes Mittel und wenn möglich die Errichtung katholischer Schulen dazu benutzen, den Glauben zu schützen[116]. Infolge dieser Instruktion mußten die Synoden klare Position beziehen. Deshalb bedauerte man auf der Ersten Provinzialsynode von Philadelphia 1880, daß Katholiken keine öffentlichen Schulen besuchen könnten, obschon diese auch aus den Steuermitteln der Katholiken unterhalten würden, und man erließ die Bestimmung, daß Priester jede nur mögliche Anstrengung zur Errichtung von Pfarrschulen unternehmen müßten. Wo sich dies als unmöglich erwies, mußten die Kinder kirchlicherseits im Glauben unterwiesen werden, so daß ihr Glaube nicht in Gefahr gerate[117]. Auf der Zweiten Provinzialsynode von Oregon 1881 verurteilte man den radikalen Liberalismus, der, neben anderen Übeln, religionslose Schulen hervorbringe[118]. Auf der Zweiten Provinzialsynode von San Francisco 1882 verpflichtete man die Pfarrer nicht nur zur Errichtung von Schulen, sondern auch dazu, diese in Absprache mit dem Bischof mit Ordensfrauen zu besetzen. Um nun dies zu erreichen, diskutierte man die Gründung einer eigenen Kongregation für diese Aufgabe[119]. Auf der Vierten Provinzialsynode von Cincinnati 1882 traf man die Bestimmung, daß die Weigerung, eine Schule zu errichten, ein Grund sei, einen Pfarrer zu versetzen oder gar aus dem Amt zu entfernen. Andererseits betonte man, daß Eltern sündigten, wenn sie ihre Kinder in eine staatliche Schule schickten, obwohl eine katholische Schule erreichbar sei. Die Synode zitierte weite Passagen der Instruktion von 1875 und erließ außerdem die Bestimmung,

---

115 Vgl. Concilii provincialis S. Francisci I, in ecclesia metropolitana Sancti Francisci, A.D. MDCCCLXXIV habiti, et a Sede Apostolica recogniti, acta et decreta (= Concilium S. Francisci I), San Francisco 1875, 30. Im Hirtenbrief hob man hervor, daß das Erziehungssystem der Regierung den Glauben und die Moral der Kinder den größten Gefahren aussetze (vgl. ebd. 79).

116 Vgl. Collectanea, 1907, II 94-95.

117 Vgl. Decreta concilii provincialis Philadelphiensis I anno MDCCCLXXX habiti (= Concilium Philadelphiense), Philadelphia 1897, viii-ix.

118 Vgl. Acta et decreta Conciliorum provinciae Oregonopolitanae annis 1848, 1881 et 1891 celebratorum (= Concilia Oregonopolitana), Mount Angel 1895, 32.

119 Vgl. Concilii provincialis S. Francisci II, in ecclesia metropolitana Sancti Francisci A.D. MDCCCLXXXII habiti, et a Sede Apostolica recogniti, acta et decreta, San Francisco 1883, 12, 15-16, 27.

daß in jeder Diözese ein Erziehungsausschuß einzurichten sei und die Lehrer zu examinieren seien[120]. Auch auf der Vierten Provinzialsynode von New York 1883 bezog man sich auf die Instruktion von 1875 und forderte, wo immer möglich, katholische Schulen zu errichten[121].

Auf der vorbereitenden Zusammenkunft zum Dritten Plenarkonzil von Baltimore, welche 1883 in Rom stattfand, diskutierte man ausführlich die Frage der Gemeindeschulen. Erzbischof Gibbons von Baltimore wies dabei darauf hin, daß man die Richtlinien von 1875 übernommen habe. Die Propaganda forderte die Bischöfe darum auf, auf Errichtung von Gemeindeschulen zu bestehen und Priester, die in dieser Angelegenheit schuldhaft nachlässig gehandelt hätten, zu bestrafen, wenngleich man für die Durchführung dieser Aufgabe keine Frist setzte. Erzbischof Michael Heiss von Milwaukee fragte an, ob es Beichtväter genauso wie Bischöfe beurteilen könnten, ob eine bestimmte Schule eine unmittelbare Gefährdung des Glaubens darstelle. Man antwortete ihm, daß Beichtväter diese Entscheidung treffen könnten, insofern Einzelpersonen betroffen seien, jedoch könne allein der Bischof ein Urteil über den Charakter einer Schule fällen[122].

Auf dem Konzil befahlen die Bischöfe den Eltern, eine katholische Erziehung zu gewährleisten und ihre Kinder vor den Gefahren des säkularisierten Denkens zu bewahren, indem sie sie auf katholische Schulen schickten, mit Ausnahme bestimmter Einzelfälle, in denen der Bischof eine anderslautende Entscheidung treffe. Man vermied jedoch, von Sünde, Denunziation oder Verweigerung der Sakramente zu sprechen. Mittels weiterer Dekrete wurde der Versuch unternommen, ein vollständiges Curriculum und Erziehungssystem zu gewährleisten. Im Dekret 199 erließ man vier fundamentale Regelungen, die man folgendermaßen zusammenfassen kann:

---

[120] Vgl. Acta et decreta quatuor Conciliorum provincialium Cincinnatensium 1855-1882, adjectis pluribus decretis, rescriptis, aliisque documentis (= Concilia Cincinnatensia I-IV), 1886, 223-227; in dem Hirtenbrief der Synode brachte man zum Ausdruck, daß die Katholiken eine schwere und ungerechte Last zu tragen hätten, indem sie gezwungen seien, ihre Schulen selbst zu unterhalten (vgl. ebd. 260-261).

[121] Vgl. Acta et decreta Concilii provincialis Neo-Eboracensis IV, in ecclesia metropolitana S. Patritii, Neo- Eboraci, a die XXIII ad XXX septembris, A.D. MDCCCLXXXIII, praeside eminentissimo ac reverendissimo Joanne McKloskey, tituli S. Mariae supra Minervam S.R. ecclesiae presbytero cardinali et archiepiscopo Neo-Eboracensi, habiti, et a sede Apostolico recogniti (= Concilium Neo-Eboracense IV), New York 1886, 12-14; im Hirtenbrief der Synode machte man deutlich, daß kein Katholik eine Erziehung, der jegliche Religion fehle, gutheißen könne, und man sprach von dem Unrecht, Katholiken Steuern für öffentliche Schulen entrichten zu lassen, auf die sie ihre Kinder nicht guten Gewissens schicken könnten (vgl. ebd. liii-lvi).

[122] Vgl. Minutes of Roman Meeting Preparatory to the III Plenary Council of Baltimore 422-424.

1. Innerhalb von zwei Jahren ist in der Nähe jeder Kirche eine Pfarrschule zu errichten, außer in Fällen, in denen der Bischof dies für unmöglich erklärt.
2. Vernachlässigt ein Priester diese Pflicht, so ist er abzuberufen.
3. Versäumt es eine Mission oder eine Pfarrgemeinde, dementsprechend tätig zu werden, so ist sie zu maßregeln und bei hartnäckiger Widersetzlichkeit mit geistlichen Strafen zu belegen.
4. Katholische Eltern sind dazu verpflichtet, ihre Kinder auf Pfarrschulen zu schicken, es sei denn, sie sorgen zu Hause oder in anderen katholischen Schulen in ausreichendem Maße für katholische Erziehung oder schicken aus gutem Grunde, mit Erlaubnis des Bischofs, ihre Kinder auf andere Schulen[123].

Mit der Provinzialgesetzgebung, die auf das Plenarkonzil folgte, setzte man diese entschiedene Haltung fort. Auf der Ersten Provinzialsynode von Milwaukee 1886 legte man großen Wert auf die Gesetzgebung von 1883. Man bestand darauf, daß der Katechismus sowohl in Englisch als auch in der zu Hause gesprochenen Muttersprache zu lehren sei, damit die Jugend auch nach dem Verlassen des Elternhauses ihren Glauben praktizieren könne. Man forderte, in jeder Diözese Schulausschüsse ins Leben zu rufen, je einen zur Auswahl der Lehrkräfte und je einen zur Inspektion von Schulen und Schülern[124]. Auf der Fünften Provinzialsynode von Cincinnati 1889 erließ man ein Dekret, nach dem Kinder, welche andere als die Pfarrschulen besuchten, nicht zur Erstkommunion oder zur Firmung zuzulassen seien, ohne die Mitteilung an den Bischof, daß die Regeln und Statuten der Diözese für solche Fälle beachtet worden seien[125]. Die Dritte Provinzialsynode von Oregon 1891 traf unter anderem die Bestimmung, daß den Kindern in der Schule Gebete zu lehren und auch Kinder, deren Eltern das Schulgeld nicht zahlen könnten, zuzulassen seien[126].

Trotz solcher Gesetze war deren Verbindlichkeit umstritten und man wußte, daß in der Hierarchie darüber gegensätzliche Meinungen bestanden. Man kritisierte den Erzbischof John Ireland von St. Paul wegen seiner Feststellung, er bedauere es, daß katholische Schulen notwendig seien und daß man Kompromisse schließen müsse[127]. Man kritisierte auch Erzbischof Gibbons

123 Vgl. Concilium plenarium Baltimorense III 99-110.
124 Vgl. Concilium Milwaukiense 39-41.
125 Vgl. Concilium Cincinnatense V 38.
126 Vgl. Concilia Oregonopolitana 64-66.
127 Für einige katholische Bevölkerungszentren in seiner Erzdiözese hatte Erzbischof Ireland stillschweigend die Regelung getroffen, daß an Orten mit katholischer Bevölkerungsmehrheit auch die Lehrer Katholiken seien, die religiöse Unterweisung und Gebete leiteten, was

wegen seines öffentlichen Ausspruchs, er hoffe, katholische Schulen würden eines Tages mit dem öffentlichen Schulsystem einen Verbund bilden. Am 21. April 1892 sandte Kardinal Ledóchowski ein Dekret an den Erzbischof Ireland. Darin wurde verfügt, daß die besonderen Vorkehrungen des Erzbischofs aufgrund der Umstände toleriert werden könnten, doch hob man hervor, daß die Dekrete von Baltimore hinsichtlich der Pfarrschulen voll in Geltung blieben[128].

Dies war aber noch nicht das Ende der Debatte. Noch im gleichen Jahr unternahm darum Erzbischof Francesco Satolli, ein persönlicher Legat Papst Leos XIII., den Versuch, die Bischöfe in dieser Frage zu einen. Er legte ein Dokument vor, in welchem die Grundzüge der Gesetzgebung von Baltimore wiederholt und daneben Vorschläge für legitime Alternativen gemacht wurden: a) eine Übereinkunft zwischen dem Bischof und der Schulbehörde, im Geiste der Fairneß und des guten Willens, katholischen Kindern die Erlaubnis zu erteilen, in der Freizeit zu religiöser Unterweisung zusammenzukommen; b) katholische Kinder sollten sich unter der Leitung von Eltern und Priestern außerhalb des Schulgebäudes zu festgesetzten Zeiten zum Katechismusunterricht und zur Glaubensunterweisung versammeln können; c) den Priestern falle die Verantwortung dafür zu, die Eltern beständig dazu zu drängen, ihre Kinder nach gesunder Morallehre und im katholischen Glauben aufzuziehen und selbst Katechismusunterricht in der Kirche abzuhalten zu Zeiten, die sich nicht mit dem Schulunterricht überschnitten[129].

Die endgültige, rechtsverbindliche Entscheidung traf Papst Leo XIII. in einem Brief an Kardinal Gibbons am 31. Mai 1893[130]. Darin stellte er fest, daß

---

vor oder auch nach dem regulären weltlichen Unterricht zu geschehen habe. Nichtkatholiken könnten ihre Kinder teilnehmen lassen oder auch, auf Ersuchen der Eltern hin, nicht teilnehmen. Dieses Vorgehen rief sowohl bei Katholiken als auch bei Nichtkatholiken Kritik hervor.

128 Vgl. ASS 24, 622-624.

129 Vgl. Archbishop Satolli's Fourteen Propositions for the Settling of the School Question, in: Catholic Education in America: a Documentary History, hrsg. von N.G. McCluskey, New York 1964, 151-160.

130 Die Wirksamkeit der Gesetze kann aus folgenden Angaben ermessen werden: 1917 gab es in den Vereinigten Staaten 10190 Kirchen mit einem dort residierenden Priester, doch nur 5687 Gemeinden besaßen eine Pfarrschule; 1927 lauteten die entsprechenden Zahlen 11823 Kirchen und 6995 Schulen; 1937 12776 Kirchen und 7445 Schulen (vgl. The Official Catholic Directory 1938, Anhang, New York 1938); 1988 zählte man 19596 Gemeinden und 7387 Pfarrschulen und Diözesanvolksschulen (vgl. The Official Catholic Directory 1989, Anhang, New York 1989); 1917 zählte man in Australien 560 Pfarrbezirke und 918 katholische Volksschulen (vgl. Australian Catholic Directory for 1917, Sydney 1917, 215-216); 1927 788 und 1410 (vgl. Australian Catholic Directory for 1927, Sydney 1927, 276-277); 1937 724 Pfarreien und 1024 Volksschulen (vgl. Australian Catholic Directory for 1937, Sydney 1937, 442-443); 1988 1486 Pfarreien und 1308 Volksschulen (vgl. Official Directory of the Catholic Church in Australia 1988-1989, Newtown/New South Wales 1988, 272-274).

es in der Angelegenheit der Pfarrschulen nicht angehe, die Dekrete von Baltimore oder die Anweisungen des Heiligen Stuhls in Zweifel zu ziehen[131].

Kanada

Auf dem Gebiet der heutigen Provinz Québec nahm man aufgrund der französischen und damit katholischen Besiedlung allgemein an, daß der Kirche das Recht zustehe, Erziehung und Ausbildung ihrer Gläubigen zu bestimmen. Nach dem Übergang der Provinz an Großbritannien tolerierten die Behörden ungeachtet der Penal Laws die katholische Position[132]. In den anderen britischen Kolonien, die allmählich eine Föderation mit Québec eingingen, welche 1867 den Namen Kanada erhielt, oder auch in Kolonien, die sich erst später anschlossen, galt die Auffassung, daß nach der rechtlichen Gleichstellung der Katholiken der katholischen Kirche, wie auch anderen Kirchen, die Leitung von Schulen zu ermöglichen sei[133].
Man hielt die ersten vier Provinzialsynoden Québecs ab, als die Kirchenprovinz noch das Gebiet der heutigen Staaten Québec, Ontario, Manitoba, Saskatchewan und Alberta, den Nordwesten und das Yukon-Gebiet umfaßte, wengleich außerhalb Québecs (Niederkanada) und Ontario (Oberkanada) nur sehr wenige Menschen lebten. Auf diesen Synoden wurde im Hinblick auf die zufriedenstellenden Verhältnisse die Erziehung nicht als ein Hauptproblem betrachtet[134]. Auch die Erste Provinzialsynode von Halifax

---

[131] Vgl. Leo XIII., Apostolisches Schreiben „*Clara saepenumero edidimus*", 31. Mai 1893, in: Leonis XIII Pontificis Maximi Acta 13, 166-172.

[132] Dies ist der Teil der britischen Gesetze, durch die Katholiken diskriminiert worden waren, insgesamt 26 Gesetze, die zwischen 1559 und 1722 erlassen worden waren. Mehrmals wurden zwischen 1778 und 1926 Gesetze zur Milderung dieser Gesetzgebung erlassen, doch der wichtigste Schritt war das 1829 erlassene Gesetz, von Katholiken in Großbritannien „The Catholic Emancipation Act" genannt.

[133] In Kanada ist Erziehung und Ausbildung Angelegenheit der Provinzen und nicht des Bundes. Jede Provinz besitzt ein eigenes Schulsystem. So ist es möglich, daß es in Québec Konfessionsschulen gibt, die aus Steuergeldern bezuschußt werden. In Alberta, Ontario und Saskatchewan existieren dagegen besondere Schulen für Minderheiten, die als von den öffentlichen Schulen getrennt zu betrachten sind. In New Brunswick, Nova Scotia und Prince Edward Island unterstützt der Staat aufgrund eines gentlemen's agreement die katholischen Schulen. Staatliche Unterstützung für Konfessionsschulen gibt es in Neufundland und, erst in den letzten Jahren, begrenzte staatliche Unterstützung privater Schulen in British Columbia und in Manitoba.

[134] Die Erste Synode 1851 forderte, daß die Priester zu gewährleisten hätten, daß der Glaube nicht in Gefahr gerate, da gemischte, also von katholischen und nichtkatholischen Kindern gemeinsam besuchte Schulen, die es zu dieser Zeit in Oberkanada gab, den Indifferentismus förderten. Außerdem sollten die Priester darauf achten, daß das Recht der Katholiken auf

1857, auf der Gesetze für die Küstenprovinzen erlassen wurden, hielt es nicht für nötig, zu diesem Thema irgendwelche Dekrete zu verabschieden.
Im Jahre 1870 begrenzte man die Kirchenprovinz Québec auf das Gebiet des Staates Québec sowie den Teil der Diözese Ottawa, welcher sich auf dem Staatsgebiet Ontarios befand. In dieser verkleinerten Provinz nahm man nach wie vor an, daß die Möglichkeit katholischer Erziehung und Ausbildung den Normalzustand darstelle. Die dortige fünfte Synode 1873, auf der man sich besorgt darüber zeigte, daß einige Priester den Besuch nichtkatholischer Schulen auch aus Gründen erlaubten, die nicht schwerwiegend genug waren, ermahnte die Beichtväter, solchen Eltern, die trotz Abmahnung bei dieser Praxis blieben, keine Absolution zu erteilen, wenngleich die Bischöfe in besonderen Fällen ihre Erlaubnis dazu geben konnten[135]. Auf der sechsten Synode wurden keine Dekrete zu Erziehung und Ausbildung erlassen, wogegen 1886 auf der siebten Synode die bestehende Gesetzgebung zunächst wiederholt wurde, sodann die Feststellung erfolgte, daß Pfarrschulen nötiger seien als private Schulen und Katholiken keinen finanziellen Beitrag zum Unterhalt nichtkatholischer Schulen leisten dürften, außer in Fällen, in denen dies gesetzlich vorgeschrieben sei. Man bestand darauf, für Schulen nur erstklassiges Baumaterial zu verwenden, ersuchte wohlhabende Katholiken, einen Beitrag zur Erziehung zu leisten, und erinnerte die Aufsichtsbehörden der Schulen an ihre Verpflichtung, für gute religiöse Unterweisung Sorge zu tragen, bei der Ernennung von Lehrern mit den Priestern zu kooperieren und den katholischen Charakter der Schulen zu wahren[136]. Im Jahre 1886 wurde die Kirchenprovinz Montréal aus der Provinz Québec ausgegliedert. Die Synode von Montréal 1895 wiederholte daraufhin wörtlich die Erziehungsgesetze der Siebten Provinzialsynode von Québec[137].
Auf der Ersten Provinzialsynode von Toronto im Jahre 1875 hielten es die Bischöfe von Ontario für notwendig, detailliertere Gesetze zu erlassen. Man sollte separate Schulen oder Pfarrschulen weiterhin erhalten, neue erbauen und unter die Leitung von Ordensangehörigen stellen. Bischöfen und Pfar-

eigene Schulen erhalten bliebe (vgl. CL 3, Sp. 616); auf der Zweiten Synode führte man die Schulvisitation und Erziehung der Jugend lediglich unter anderem auf, als Bestandteil der zahlreichen Pflichten der Geistlichen (vgl. ebd. Sp. 655); die Dritte Synode führte diese Pflichten als Pflichten der Bischöfe (vgl. ebd. Sp. 675-676); auf der Vierten Synode 1868 war Erziehung kein Thema.

135 Vgl. Acta et decreta quinti Concilii provinciae Quebecensi civitate anno Domini MDCCCLXXIII celebrati a Sancta Sede recognita (= Concilium Quebecense V), Québec 1875, 30, 32, 34, 63-64.

136 Vgl. Acta et decreta septimi Concilii provinciae Quebecensi civitate anno Domini MDCCCLXXXVI celebrati a Sancta Sede revisa et recognita (= Concilium Quebecense VII), Québec 1888, 54-57.

137 Vgl. Concilium Marianopolitanum 237-240.

rern fiel die Aufgabe zu, Schulbücher, die sowohl in katholischen als auch in öffentlichen Schulen in Gebrauch waren, zu kontrollieren. Alle Schulen sollten von Priestern visitiert werden, welche dem Bischof alljährlich Bericht zu erstatten hatten. Die Lehrergehälter waren so zu bemessen, daß sie einen Anreiz für hoch qualifizierte Lehrkräfte darstellten. Die kirchlichen Schulen sollten den öffentlichen Schulen in nichts nachstehen. Lehrer benötigten zu ihrer Anstellung das Empfehlungsschreiben eines Priesters. Wo keine Ordensangehörigen zur Verfügung standen, sollte ein gut ausgebildetes Lehrpersonal aus dem Laienstand gewonnen werden[138]. Im Westen Kanadas ermahnte man auf der Ersten Provinzialsynode von St. Boniface (1889) die Eltern dazu, die Kinder schon früh Gebete zu lehren und sie im christlichen Glauben zu unterweisen, schlug die Errichtung katholischer Schulen vor, schärfte den Eltern ein, daß Kinder, die andere Schulen besuchten, keinen geistlichen Gefahren ausgesetzt werden dürften, und betonte den Wunsch nach katholischen höheren Bildungseinrichtungen[139].
Auf dem Ersten Plenarkonzil von Québec (1909) schuf man in bewundernswerter Weise die Grundlage zur Gesetzgebung über Erziehung und Ausbildung, nachdem man festgestellt hatte, daß die Notwendigkeit dazu aus der Taufe resultiere. Verschiedene Rechte wurden wiederum hervorgehoben: das Erziehungsrecht der Eltern für ihre Kinder, das Recht der Kirche, das Evangelium zu predigen, und die Pflicht des Staates, die Eltern zu unterstützen und die Rechte der Kirche zu sichern. Daraufhin befaßte man sich mit den nichtkatholischen Schulen und unterschied zwischen antikatholischen und „neutralen" Schulen. Mehrere Päpste hatten die Gefahr neutraler Schulen betont. In einigen kanadischen Provinzen waren die Katholiken gezwungen, ihre Rechte zu verteidigen. Unter der Voraussetzung, daß Vorsichtsmaßnahmen getroffen wurden, ließ es das Konzil zu, daß der Ortsbischof, wo nötig, den Besuch neutraler Schulen genehmigte. Im Falle antikatholischer Schulen jedoch war viel größere Vorsicht geboten. Das war ebenso eine Zusammenfassung der päpstlichen Lehren und der Instruktion an die Bischöfe der Vereinigten Staaten von 1875 wie eine Warnung vor den Gefahren des Materialismus, Liberalismus und Modernismus[140].

[138] Vgl. Concilium Torontinum I 23-24.
[139] Vgl. Concilium S. Bonifacii 17.
[140] Vgl. Concilium plenarium Quebecense 252-275.

Großbritannien

Die auf den Provinzialsynoden von Westminster versammelten Bischöfe scheinen Erziehung und Ausbildung nicht als vordringliche Angelegenheit betrachtet zu haben[141]. Der Themenkreis wird 1852 auf der ersten Provinzialsynode, im Dekret 8 „*De modis tuendi fidem*", einmal angeschnitten, wo man unter anderem die Priester auffordert, für alle Kinder in ihren Gemeinden Schulen einzurichten oder zu erweitern, den Katechismusunterricht zu visitieren und dabei mitzuhelfen, sowie sich der Abwerbung von Kindern durch nichtkatholische Schulen entgegenzustellen. Sowohl für die oberen Schichten als auch für die Armen seien Schulen notwendig[142]. Im begleitenden Hirtenbrief wies man darauf hin, daß die Errichtung guter Schulen Vorrang vor allen anderen Unternehmungen habe und daß bei Errichtung einer neuen Mission die erste Präferenz dem Bau einer Schule - welche auch für eine Übergangszeit als Kirche dienen könne - zukomme. Man hob auch hervor, daß katholische Schulen anderen Schulen in jeder Hinsicht ebenbürtig sein müßten und daß Schulen zu gründen seien, in welchen eine gute berufliche und allgemeine Bildung für Kinder aus bessergestellten Familien angeboten werde, so daß diese nicht Schulen besuchten, in denen es an religiöser Erziehung fehle und deshalb ihr Glaube ernsthaften Anfechtungen ausgesetzt sein könnte[143]. Bis zur vierten Synode im Jahre 1873 war die Erziehung kein Thema mehr. Dort heißt es in Dekret 17 „*De laicorum informatione*", daß man sich genauso um diejenigen zu kümmern habe, die weder reich noch arm seien, wie man sich auch dem Phänomen der Schulen ohne religiöse Unterweisung zuwenden solle. Wie schon Pius IX., so war man auch auf dieser Synode nicht bereit, Schulen zu tolerieren, die die kirchliche Autorität abwiesen[144]. Die schottischen Bischöfe betrachteten es auf ihrem Plenarkonzil 1886 hingegen nicht als notwendig, Gesetze bezüglich Erziehung und Ausbildung zu erlassen, außer denjenigen im Kapitel über die Sicherung des Glaubens. Dort fordert man, wo noch nicht vorhanden, die Errichtung ka-

---

141 Erziehung und Ausbildung war schon von jeher als Angelegenheit der Kirche betrachtet worden. Vor dem 19. Jahrhundert wurde die öffentliche Erziehung im Primarbereich nicht als Pflicht des Staates eingestuft. Erst 1833 wurde der erste Zuschuß für Erziehungs- und Ausbildungszwecke durch Parlamentsbeschluß gewährt und unter protestantischen Schulen vergeben. Im Jahre 1847 konnten auch katholische Volksschulen einen Anteil an den staatlichen Mitteln erhalten. Zum Zwecke der Überwachung und Verteilung der Gelder gründete man das Komitee für bedürftige katholische Schulen.

142 Vgl. CL 3, Sp. 920-921.

143 Vgl. ebd. Sp. 1333-1335.

144 Vgl. Concilia Westmonasteriensia 248-251.

tholischer Schulen, die von katholischen Kindern dann auch zu besuchen seien[145].

Irland

Die Bischöfe verabschiedeten ein Gesetzeswerk, das ein staatlich unterstütztes, konfessionsgebundenes Schulsystem unter Kontrolle der Bischöfe forderte. Tatsächlich war die Erziehung, soweit sie die Volksschulen, und Universitäten betraf, der eigentliche und unmittelbare Anlaß für die Nationalsynode von Thurles (1850)[146], das erste Plenarkonzil Irlands seit dem 12. Jahrhundert, auf dem man auch allgemeine Gesetze zur Beförderung des katholischen Lebens nach der rechtlichen Gleichstellung der Katholiken erließ. Auf dem Konzil erhoben die Bischöfe zunächst einen Rechtsanspruch auf staatliche Unterstützung zur Errichtung separater Konfessionsschulen, wie bereits in England, und beschlossen, die Dienste der staatlichen Schulen unter Beachtung der Vorsichtsmaßregeln des Reskripts von 1841 in Anspruch zu nehmen. Schulbücher, gegen die die Bischöfe Einwände erhoben, waren nicht zum Gebrauch zuzulassen. In den Lehrerbildungsanstalten war den Katholiken der Besuch von Vorlesungen über Glaube, Moral und Geschichte nur dann erlaubt, wenn diese von Katholiken gehalten wurden. Die religiöse Unterweisung hatte für Katholiken und Protestanten getrennt zu erfolgen, und die Schulen mußten nominell unter der Leitung des Pfarrers

---

145 Vgl. Concilium Scoticum, 6; zu dieser Zeit erhielten Katholiken für ihre Schulen teilweise staatliche Unterstützung; aufgrund des Schottischen Erziehungs- und Ausbildungsgesetzes von 1918 werden die Schulen seitdem uneingeschränkt unterstützt.

146 Während der ersten Hälfte des 19. Jahrhunderts wurde man sich darüber klar, daß ein nationales Ausbildungssystem von Nöten sei, denn solange die Kirche für die Ausbildung verantwortlich gewesen war, hatten viele Menschen überhaupt keine oder nur eine sehr rudimentäre Ausbildung erhalten. Viele Bischöfe waren der Ansicht, daß man nicht hoffen könne, eine katholische Erziehung bei staatlicher Finanzierung aufrechtzuerhalten. Deshalb zielten ihre Pläne statt auf ein System katholischer Pfarrschulen auf ein staatliches Schulsystem ab, auf das der Klerus angemessenen Einfluß besäße. Politik der Regierung wurde es, für alle Kinder, gleich welcher Konfession, staatliche Schulen im ganzen Land einzurichten (die Bevölkerung bestand zu 80% aus Katholiken, und die restlichen 20% Nichtkatholiken konzentrierten sich im Nordwesten der Insel); man sollte darauf achten, nicht gegen religiöse Empfindungen zu verstoßen; den Kindern war Religionsunterricht getrennt nach Konfessionen zu erteilen; das Finanzierungskommitee trug ein Drittel aller Baukosten und benannte die Treuhänder; die Lehrer erhielten ihre Ausbildung an bestimmten Ausbildungsschulen. In der Praxis waren die meisten Sponsoren Kleriker. Zehn Bischöfe (alle Bischöfe der Provinz Tuam sowie drei andere Bischöfe) schwärzten dieses System jedoch in Rom an, da es Abwerbung zugunsten anderer Konfessionen möglich mache. Durch Entscheid vom 16. Januar 1841 (vgl. Collectanea 1893, 193-194) fiel die Angelegenheit in den Aufgabenbereich des jeweiligen Bischofs, vorausgesetzt, der Glaube werde aufrechterhalten.

oder Bischofs (nicht der Schulbehörde) stehen, der alles sorgfältig zu überwachen habe. Man erließ noch weitere Dekrete: über die finanziellen Zuwendungen, die Treuhändern zu überantworten seien; über die Notwendigkeit, alle Schulbücher vom Bischof approbieren zu lassen; in jeder gemischtkonfessionellen Schule habe zumindest ein katholischer Lehrer zu unterrichten; es sei Aufgabe der Erzbischöfe, der Regierung die Ansprüche der Kirche vorzutragen[147]. Diese Gesetze machten die katholischerseits erhobenen Forderungen deutlich. Man mochte sich die Frage stellen, wie die Bischöfe dies durchzusetzen gedächten, doch trotz ihrer eigenen Bedenken erließen sie diese Gesetze für ein überwiegend katholisches Volk, in dessen staatlichen Schulen Katholiken die überwiegende Mehrheit darstellten, die Lehrer katholisch und die Führungskräfte Priester waren. Die Provinzialsynode von Dublin 1853 berücksichtigte Erziehung und Ausbildung nicht[148], während die Synode von Cashel im gleichen Jahr vor der Verbreitung von Schriften durch Protestanten warnte und die Notwendigkeit katholischer Berufsschulen als Gegengewicht zu den protestantischen betonte[149]. Mit Suspendierung drohte eine Synode in Armagh im Jahre 1854 jenen Pfarrern, die ihre Pflicht vernachlässigten, staatliche Schulen und – sofern durchführbar – auch alle anderen zu visitieren[150]. Unter Führung des Erzbischofs John MacHale nahmen die Bischöfe der Provinz Tuam eine besonders unbeugsame Haltung ein. Auf einer Synode im Jahre 1854 drängten sie darauf, mehr rein katholische Schulen zu errichten, und untersagten Schulen, die von Pfarrern oder Ordensangehörigen geleitet wurden, sich ohne Erlaubnis des Bischofs dem staatlichen Schulsystem einzugliedern[151]. Ebenso betonten sie auf einer weiteren Synode 1858 nicht nur die Notwendigkeit einer größeren Anzahl katholischer Schulen, besonders in der Regie der Orden, sondern hoben auch hervor, daß Unterricht in gälischer Sprache zu erteilen sei[152]. Das folgende Plenarkonzil, auf dem die Bischöfe die Gesetzgebung von 1850 bezüglich der staatlichen Schulen weiterentwickelten, fand 1875 in Maynooth statt. Dort bestimmten sie zum Beispiel, daß es in jeder Gemeinde genügend Schulen geben müsse, daß Bischof und Pfarrer Mitglieder der School-Trustees sein sollten und daß katholische Lehrer nicht an Fortbildungseinrichtungen der staatlichen Erziehungsbehörde auszubilden seien, sondern in katholischen

---

147 Vgl. CL 3, Sp. 795-797.

148 Der Hirtenbrief der Synode hebt jedoch ab auf Bekehrung der Armen, verschiedene Versionen der Heiligen Schrift und auf Bücher zur allgemeinen religösen Unterweisung (vgl. ebd. Sp. 1315, 1319).

149 Vgl. ebd. Sp. 829.

150 Vgl. ebd. Sp. 852.

151 Vgl. ebd. Sp. 462.

152 Vgl. ebd. Sp. 879.

Instituten. Außerdem erhob die Kirche einen Rechtsanspruch auf einen proportionalen Anteil an staatlichen Geldmitteln für ihre Schulen[153]. Trotz des Versprechens im Hirtenbrief von 1875, den Kampf solange weiterzuführen, bis konfessionsgebundene religiöse Erziehung die Mischformen in der Erziehung verdrängt haben würde, und trotz großer Fortschritte[154] waren die konfessionell gemischten Schulen de facto katholische Schulen, als im Jahre 1900 das folgende Plenarkonzil stattfand. Bei dieser Gelegenheit konnten die Bischöfe über die staatliche Erziehung in ihrem Hirtenbrief feststellen: „. . .*in its first conception it was throughly dangerous . . . in a great part of Ireland [it] is now in fact, whatever it is in name, as denominational almost as we could desire*“[155]. Die neuen Gesetze des Jahres 1900 betrafen den Fächerkanon, die Tageszeiten, in denen religiöse Unterweisung stattfand und den Schulinspektor der Diözese[156]. Während der folgenden zehn Jahre ging es in der Gesetzgebung darum, in den einzelnen Provinzen oder in Angelegenheiten von nur lokal begrenzter Bedeutung, die gesetzlichen Regelungen anzuwenden, weshalb man sich nicht mehr so sehr mit den Grundsatzfragen katholischer Erziehung befaßte[157].

Zusammenfassung

Wie schon die Bischöfe in den Vereinigten Staaten, so scheinen sich auch die Bischöfe in Australien mit den negativen Folgen einer laizistischen Erziehung auseinandergesetzt zu haben. Die australischen Gesetze waren geradlinig und in sich schlüssig. Man bestand auf katholischer Erziehung für Katholiken und darauf, daß den Eltern aufgrund des Erziehungsrechts für ihre Kinder ein Anteil an öffentlichen Geldern aus dem Erziehungsbudget rechtlich zustehe. Dies stellt einen Unterschied zur Gesetzgebung der Bischöfe in den Vereinigten Staaten dar, welche bis zum Einschreiten des Heiligen Stuhls

---

153 Vgl. Synodus Maynutiana 1875, 129-132, 135.

154 Vgl. ebd. 160-161.

155 Vgl. Synodus Maynutiana 1900, 161.

156 Vgl. ebd. 129-134.

157 So ernannte man zum Beispiel Diözesanschulinspektoren in den Provinzen Armagh und Tuam, wie dies für das ganze Land empfohlen worden war. In der Provinz Tuam war die gälische Sprache zu lehren. In den Provinzen Cashel und Tuam schrieb man für die Schulbibliotheken Bücher über Mäßigung und Gregorianischen Choral vor; vgl. Acta et decreta Synodi provincialis Armacanae habitae apud Armacham an. MDCCCCVIII (= Concilium Armacanum 1908), Dublin 1911, 30; vgl. Acta et decreta Synodi provincialis Cassiliensis habitae anno MDCCCCVII (= Concilium Cassiliense 1907), Dublin 1909, 37; vgl. Acta et decreta Concilii provincialis Tuamensis habiti anno 1907 (= Concilium Tuamense 1907), Dublin 1908, 41-43.

weitgehend nur ermahnenden Charakter hatte. Die Gesetzgebung der irischen Hierarchie bezüglich der Erziehung verfolgte demgegenüber eine konsequente Linie, wenngleich hier das Problem nicht die laizistische Erziehung, sondern die Sorge wegen möglicher Abwerbung durch Protestanten war.

3. Konfessionsverschiedene Ehen

Australien

In den Ehedekreten der Ersten Provinzialsynode Australiens 1844 werden konfessionsverschiedene Ehen nicht erwähnt. Vielmehr scheint es das Anliegen der Bischöfe gewesen zu sein, die positive Lehre von der Heiligkeit der Ehe zu verkünden und den Versuch zu unternehmen, den kirchlichen Abschluß aller Ehen zu gewährleisten. Auf der „Synode" von 1862 erfolgte keine Gesetzgebung zu Ehefragen, wenngleich der an die Laien gerichtete Hirtenbrief in starken Worten die Übel, die sich aus konfessionsverschiedenen Ehen ergäben, hervorhob[158]. Bis zum Jahre 1869 hatte sich jedoch die Lage geändert. Wie bereits erwähnt, wurden auf der Synode 1869 Gesetze zu konfessionsverschiedenen Ehen erlassen und Bischof Murray von Maitland schrieb diesbezüglich an den designierten Kardinal Moran[159].

---

[158] Vgl. Polding, The Eye of Faith 386-387.

[159] *The decrees on mixed marriages and education were drawn up by Dr Mat Quinn and myself. I think the Holy See will have no difficulty in approving them, the decrees on mixed marriages embody the instructions of the Holy See on that question, Dr Polding was very anxious to have a decree to the effect that the Holy See had given permission to use the stole and even sacred rites in mixed marriages, but we replied that such a decree would without doubt be eliminated by the authorities in Rome, that it was our duty to lay down the rule and not the exception especially as the Holy See had enjoined silence as to that privilege which was granted only per modum exceptionis. All the old Priests and some of the young ones too considered our decrees very strict. A petition was signed by them begging of the bishops to give the widest interpretation possible to the decrees on mixed marriages as the circumstances of this country seemed to demand such consideration. This petition goes to Rome together with the Acts of the Council, and I hope that the Sacred Congregation will not yield. If the slightest concession is made, it will be interpreted and taken as an encouragement to mixed marriages, and they will go on more than ever and will do irreparable mischief. All the Suffragan Bishops are of one mind on this subject, we asked DR Murphy of Hobart as the senior suffragan Bishop to write to the Propaganda explaining the whole case and warning the Cardinal Prefect against making any concession to the petition of the priests. Dr Murphy asked one of the Priests in Melbourne what they really asked for, they wanted the use of the stole too but dit not wish to state so expressly. I think in the question of mixed marriages we have done our duty and we naturally expect that the Holy See will support us. I think Dr Polding will do all he can to get some of the decrees modified. We laid down that mixed marriages are not to be celebrated in the church, no stole or sacred rite is to be used, the priest is not to assist at the mixed marriages if before or after the ceremony they go before a Protestant Minister or Registrar. All which provisions are directly opposed to the practice in Sidney.*

Der Brief enthält andeutungsweise, was in den Dekreten vorgesehen war: Konfessionsverschiedene Ehen waren streng verboten und wurden wegen der aus ihnen entstehenden negativen Folgen verurteilt (Nrn. 5 und 6). Alle Priester hatten regelmäßig über die Nachteile der konfessionsverschiedenen Ehe zu sprechen und diese Dekrete dem Volk jährlich am zweiten Sonntag nach Epiphanie zu verlesen und zu erklären (Nr. 7). Gerechte und schwerwiegende Gründe für eine Dispenserteilung mußten immer schriftlich dargelegt werden, so daß der Ortsbischof entscheiden konnte, ob er von seiner ihm vom Heiligen Stuhl übertragenen Dispensvollmacht Gebrauch machen konnte (Nr. 8). Solche Eheschließungen mußten dann außerhalb des Kirchengebäudes und ohne heiligen Ritus stattfinden (Nr. 9). Den Priestern war es untersagt, bei Eheschließungen zu assistieren, bei denen die Ehepartner beabsichtigten, sich auch von einem nichtkatholischen Geistlichen oder von einem Zivilbeamten trauen zu lassen (Nr. 10). Wer sich auf solche Weise trauen ließ, machte sich einer schweren Sünde schuldig, deren Lossprechung dem Ortsbischof vorbehalten war (Nr. 11).
Die Bischöfe Murphy und Murray schrieben nun an die Propaganda in dem Sinn, wie Murray es Moran mitgeteilt hatte. Ihre Briefe wurden bei der Untersuchung der Dekrete berücksichtigt[160]. Die Dekrete erfuhren jedoch keine Änderung. Hingegen setzte man Polding lange vor der Ratifizierung in Kenntnis, daß Gerüchte über eine irrige Praxis in seiner Erzdiözese in Umlauf seien. Konfessionsverschiedene Eheschließungen würden dort wie katholische Eheschließungen zelebriert, und Ehepaare würden vor einem protestantischen Geistlichen erneut die Ehe schließen. Vermutlich sei dies während seiner Abwesenheit geschehen oder aufgrund der laxen Einstellung oder der fehlenden Erfahrung eines Priesters, doch habe dies aufzuhören[161].
Die der Propaganda nach dem Konzil 1885 übersandten Dekrete zur Frage konfessionsverschiedener Ehen waren mit denen von 1869 identisch. Dem Dekret, in dem die Eheschließung außerhalb des Kirchengebäudes und ohne heilige Riten vorgeschrieben wurde, fügte man den Zusatz hinzu, *nisi aliter ordinarius jusserit*. Bei der Propaganda änderte man *jusserit* in *graves ob causas permiserit* und fügte hinzu, daß die Predigt anläßlich konfessionsverschiedener Eheschließung auch auf den Unterschied zwischen den verschiedenen Konfessionen und die Unterschiede beim Ritus eingehen müsse, und außerdem die Notwendigkeit der Kautelen bezüglich der religiösen Kindererziehung, von denen nicht dispensiert werden könne, zu erläutern sei. Nach der

---

160 Vgl. AP, Acta 238, fol. 144-148.

161 Vgl. Kardinal Barnabò an Polding, Rom, 19. Januar 1871 (SAA, Polding Korrespondenz).

Hochzeit obliege es den Priestern, darauf zu achten, daß diese beobachtet würden[162].
Obwohl man auf dem Konzil 1895 unter den Konzilsvätern und Priestern die Gründe diskutierte, aus denen einige Katholiken sich standesamtlich trauen ließen[163], blieb die Haltung des Konzils den Gesetzen zu konfessionsverschiedenen Ehen gegenüber unverändert. Die Verbesserungen der Propaganda enthielten ein Dekret über die weiterhin dem Papst vorbehaltene Exkommunikation für den Fall einer Eheschließung vor einem protestantischen Geistlichen[164]. Geringfügige Veränderungen bei der Ehegesetzgebung auf dem Konzil von 1905 betrafen die konfessionsverschiedenen Ehen nicht, wenngleich die Konzilsväter das Thema zum Gegenstand der Diskussion machten, sowohl untereinander[165] als auch mit den Priestern[166]. Die Provinzialsynode von Melbourne im Jahre 1907 befaßte sich schließlich nur in einem von elf Ehedekreten mit den konfessionsverschiedenen Ehen. Im Dekret 51 unterwies man die Priester über Details, die für den Antrag auf Dispens bei konfessionsverschiedenen Ehen beachtet werden mußten. Die Propaganda forderte die Priester dazu auf, detaillierter zu berichten, insbesondere alle Zweifel an der Gültigkeit der Taufe des nichtkatholischen Teils anzuführen[167].

---

162 Vgl. AP, Acta 257, fol. 88v, fol. 92, fol. 113v.

163 Entweder handelte es sich um konfessionsverschiedene Ehen, oder man versuchte, die Gebühren, die mit einer Dispensierung von der Eheankündigung oder Freibriefen einhergingen, zu umgehen (vgl. Congregatio generalis, 28. November, 10 Uhr, handschriftliches Protokoll, 2-4; SAA, MP, Bd. 152).

164 Vgl. AP, NS 216, fol. 624, 651v; von besonderem Interesse ist hier, daß die kanonische Form der Eheschließung, wie sie die Gesetzgebung des Tridentinums festschreibt, in Australien nie promulgiert worden war. Deshalb galt die kanonische Form der Eheschließung bis 1908 nicht als Bedingung für die Gültigkeit der Ehe.

165 In die Diskussion wurden auch Beiträge darüber eingebracht, daß solche Eheschließungen zu verhindern seien, indem man in Predigten deren schlimme Auswirkungen betone und ihnen auch bei den Pastoralvisitationen entgegenwirke. Dies sei der Verweigerung von Dispensen vorzuziehen. Man solle auch entsprechende Schriften verteilen, nichtkatholische Ehepartner sollten zum katholischen Glauben bekehrt werden und konfessionsverschiedene Ehen nicht vor dem Altar geschlossen werden dürfen (vgl. Sessio 7, 8. September, handschriftl. Protokoll, 3-4; SAA, MP, Bd. 230).

166 Man diskutierte die Möglichkeiten, wie solche Ehen am besten zu verhindern seien. Im folgenden Beschluß nannte man die Förderung gemeinsamer Aktivitäten von Katholiken auf gesellschaftlicher Ebene. Man stellte fest, die negativen Folgen konfessionsverschiedener Ehen sollten ins Bewußtsein der Gläubigen gerufen werden, und man solle aus jedem auftretenden Einzelfall das Beste machen (vgl. Sessio 8, 8. September 1905, handschriftl. Protokoll, 9-10; SAA, MP, Bd. 230).

167 Vgl. AP, NS 471, fol. 157.

Großbritannien und Irland

Auch die Einstellungen in Großbritannien und Irland spiegeln die unterschiedlichen Meinungen hinsichtlich der Gesetze über die konfessionsverschiedenen Ehen wider, wie sie zwischen Erzbischof Polding und den Priestern der ersten Generation einerseits sowie den Bischöfen der Cullen-Gruppe andererseits bestanden. Die Ehegesetzgebung der Ersten Provinzialsynode von Westminster 1852 begann mit einer Präambel (Dekret 22), in der die Probleme angeschnitten wurden, welche ein Leben unter Nichtkatholiken aufwarf, die Priester angewiesen wurden, in Fragen, die das Sakrament der Ehe beträfen, mit größter Umsicht vorzugehen. Der einzige Hinweis auf konfessionsverschiedene Ehen fand sich in der Forderung, daß vor der Feier der Eheschließung die in solchen Fällen üblichen Versprechen zu leisten waren[168]. Die Propaganda veränderte die Dekrete nicht, und auch der Hirtenbrief, den das Konzil herausgab, erwähnte konfessionsverschiedene Ehen nicht. Dies stand in Gegensatz zu der Gesetzgebung der irischen Nationalsynode von Thurles (1850), wo konfessionsverschiedene Ehen verboten wurden, da die Heiligkeit der Ehe es erfordere, daß beide Seiten durch den gemeinsamen Glauben und andere geistige Voraussetzungen in der Lage sein müßten, die Gnade des Sakramentes zu empfangen. Mißstände, wie häuslicher Unfriede und Verführung des katholischen Partners und der Kinder zum Abfall vom Glauben, seien häufig das Ergebnis konfessionsverschiedener Ehen. Man hatte solchen Ehen vor der Kirche und ohne heiligen Ritus bzw. liturgische Gewänder zu assistieren[169]. Wenngleich seit dem 17. Jahrhundert der Heilige Stuhl sich das Dispensrecht vom Ehehinderniss der Konfessionsverschiedenheit vorbehalten hatte, so hatte man doch an einigen Orten, auch in Irland, eine abweichende Praxis geduldet[170]. Erst durch die Synode von Thurles gelangte die gemeinkirchliche strengere Gesetzgebung, nach der in jedem Einzelfall eine päpstliche Dispens erforderlich war, auch nach Irland. Darüber hinaus beklagte sich Kardinal Cullen in Rom darüber, daß die Gesetzgebung von Thurles durch die weniger strengen Vorschriften von Westminster 1852 untergraben werde. So reisten zum Beispiel manche Wohlhabende nach England, um dort zu heiraten, während manche der

---

[168] Vgl. CL 3, Sp. 936-938.

[169] Vgl. CL 3, Sp.783-784; dieses Dekret stammt *verbatim* aus der Vierten Provinzialsynode von Baltimore 1840. Es stellt die Quelle dar für die Ehedekrete 5, 8 und 9 der Zweiten Australischen Provinzialsynode 1869.

[170] Genaueres über die Praxis in Irland hinsichtlich konfessionsverschiedener Ehen, bischöflicher Erlaubnis dafür und Dispens bei konfessionsverschiedenen Ehen, siehe für das 17. bis zum 19. Jahrhundert: T.P. Cunningham, Mixed Marriages in Ireland before „*Ne Temere*“ Decree, in: Irish Ecclesiastical Record, Serie 5, 101, Januar – Juni 1964, 56.

irischen Bischöfe andererseits die Notwendigkeit einer Dispens überhaupt in Frage stellten[171]. Die Provinzialsynode 1853 stellte für die Provinz Dublin eindeutig fest, daß bei einer konfessionsverschiedenen Ehe in jedem Fall dispensiert werden müsse, denn solch eine Ehe ohne Dispens zu schließen, stelle einen Reservatfall dar[172]. Die Provinzialsynode von Tuam 1854 bestand auf Dispenserteilung, wenngleich ohne Reservierung[173], obschon die Synoden von Cashel 1853 und Armagh 1854 konfessionsverschiedene Ehen überhaupt nicht erwähnten. In den Gesetzen für ganz Irland, die 1875 und 1900 in Maynooth erlassen wurden, wiederholte man die Vorschriften von Thurles wörtlich, und auch die Gesetzgebung von 1927 war ähnlich[174]. Bei der Gesetzgebung in den irischen Kirchenprovinzen in den Jahren 1907 bis 1908 behandelte man die Frage konfessionsverschiedener Ehen nur in Tuam, wo man den Gläubigen einschärfte, daß sie, wenn sie vor einem protestantischen Geistlichen eine Eheschließung vollzögen, einer Exkommunikation verfielen, deren Aufhebung dem Heiligen Stuhl besonders vorbehalten sei[175].

In England erließ man diesbezüglich keine weiteren Gesetze, wenngleich die Bischöfe die Angelegenheit 1873 auf der Vierten Provinzialsynode von Westminster in einem Hirtenbrief behandelten. Unter Vermeidung jeglichen verurteilenden Vokabulars stellten sie fest, daß die Kirche seit jeher Heiraten zwischen Partnern unterschiedlicher Konfession verurteilt habe, was ein Verbot darstelle, das Katholiken völlig einsichtig sei, während es für andere unverständlich erscheine, wie auch der Glaube selbst anderen unverständlich sei. Man betonte die Verpflichtung, Kinder im Glauben zu erziehen, und lehrte, daß Katholiken nicht vor einem Geistlichen der englischen Staatskirche die Ehe schließen dürften, da dies auch das staatliche Recht seit 1836 von Katholiken nicht mehr verlange. Zweifellos fand diese Angelegenheit im Hirtenbrief Erwähnung, da in einer Instruktion des Heiligen Stuhls aus dem Jahre 1868 betont worden war, daß zusätzlich zu den Kautelen, die die Ehepartner vor Abschluß einer konfessionsverschiedenen Ehe zu leisten hätten, wirklich schwerwiegende Gründe für eine Dispens vorliegen müßten[176].

---

171 Vgl. AP, Acta 218, fol. 4-6v, fol. 14-15.

172 Vgl. CL 3, Sp. 808.

173 Vgl. CL 3, Sp. 861.

174 Vgl. Synodus Maynutiana 1875, 91-92; Synodus Maynutiana 1900, 80-81; Synodus Maynutiana 1927, 100.

175 Vgl. Concilium Tuamense 1907, 28.

176 Vgl. Collectanea 1893, 534-535; dies bezog sich auf eine Instruktion, die 1858 auf Befehl Papst Pius IX. ergangen war, in der der Papst seine Meinung bekräftigte, daß konfessionsverschiedene Ehen eine Gefahr darstellten, niemals gutgeheißen würden, und nur widerwillig, nach erfolgter Leistung von Kautelen die Erlaubnis zum Dispens gegeben wurde. Diese Ehen

Die schottische Gesetzgebung von 1886 enthielt das Verbot, betonte, daß Dispens und Kautelen notwendig seien, fügte jedoch hinzu, daß bei der Feier nur Zeremonien nach katholischem Ritus zulässig seien. Diese Regelung bezüglich der Zeremonien wurde von der Propaganda gestrichen und durch eine Direktive ersetzt, nach der man sich an die Instruktion vom 15. November 1858 zu halten hätte[177].

Vereinigte Staaten

In den Vereinigten Staaten von Amerika wurden auf der Vierten Provinzialsynode von Baltimore 1840 konfessionsverschiedene Ehen scharf verurteilt. Dies geschah vier Jahre vor der ersten australischen Provinzialsynode[178], wenngleich der Hirtenbrief der Synode von Baltimore, in dem die Gesetzgebung angekündigt wurde, kaum Anzeichen für die Strenge der Regelungen erkennen läßt[179]. Auf den vorausgegangenen Synoden zu Baltimore hatte man zur Frage konfessionsverschiedener Ehen nichts verlautbart. Auf der Diözesansynode von Baltimore von 1791 hingegen, wo konfessionsverschiedene Ehen in Gebieten, in denen nur wenige Katholiken lebten, als unvermeidlich angesehen wurden, wurden die Priester dazu verpflichtet, sich zu vergewissern, daß für den katholischen Teil keine Glaubensgefährdung vorliege, und vom nichtkatholischen Teil zu verlangen, daß er sich der Erziehung der Kinder im katholischen Glauben nicht entgegenstelle. Das Verbot des Brautsegens nach dem *Rituale Romanum* stellte die einzige Einschränkung dar[180]. Im Jahre 1810 kamen die Bischöfe der neuerrichteten Kirchenprovinz Baltimore zusammen und vereinbarten, bis zu einer Provinzialsynode in bestimmten Angelegenheiten eine einheitliche Praxis zu üben. Hinsichtlich der Ehe sahen sie es als voreilig an, jetzt schon eine gesetzliche

mußten demnach auch ohne heiligen Ritus geschlossen werden, wenn dies nicht ausnahmsweise zur Abwehr noch größerer Übel erlaubt wurde (vgl. ebd. 531-533).

177 Vgl. Concilium Scoticum 24-25; vgl. den korrigierten Text (SNCA, Dokument ED4/79).

178 Dies wurde 1850 in Thurles Gesetz und in der Folge auch in Australien im Jahre 1869 (vgl. CL 3, Sp. 69); Die Bischöfe erlaubten sich selbst, konfessionsverschiedene Eheschließungen in Chorkleidung vorzunehmen, während den Priestern nur das Tragen der Soutane erlaubt war (vgl. ebd. Sp. 67).

179 Die Bischöfe schrieben: „*...From the earliest period of the Christian dispensation, we find the code of discipline invariably opposed to those marriages of members of the Church with persons estranged from the communion;... we have to lament that this wholesome discipline has not been everywhere in our province rigidly observed; and we have taken those steps ... to cause the ancient salutary regulations in this regard to be brought into full operation*“ (vgl. Guilday, The National Pastorals 139).

180 Vgl. CL 3, Sp. 4-5.

Regelung zu formulieren, und beschränkten sich auf die Empfehlung, alle Eheschließungen feierlich in der Kirche vorzunehmen[181].

Wenngleich die Gesetzgebung von 1840, welche wörtlich auf dem Zweiten Plenarkonzil von 1866 wiederholt wurde – jedoch mit der zusätzlichen Forderung, alljährlich gegen konfessionsverschiedene Eheschließungen zu predigen[182] – wie auch die Gesetzgebung von 1844 (eine Neuauflage der Instruktion von 1858[183]) weitere Erläuterungen so gut wie überflüssig machten, so waren doch auffällig wenige gesetzliche Regelungen zu konfessionsverschiedenen Ehen getroffen worden[184]. Auf den meisten Provinzialsynoden wurden konfessionsverschiedene Ehen nur indirekt erwähnt[185]. Auf der Ersten Provinzialsynode von San Francisco 1874 erließ man keine Gesetze zu konfessionsverschiedenen Ehen, doch warf man im Hirtenbrief die Frage auf, wie ein Mann eine andersgläubige Frau heiraten könne, und verwies darauf, daß die Kirche solchen Heiraten die kirchliche Feier verweigere und dem Priester nur erlaube, Zeuge bei solchen Eheschließungen zu sein[186]. Im Anhang zu den gedruckten Akten und Dekreten dieser Synode findet sich ein Hirtenbrief von 1868, welcher jährlich in allen Kirchen zu verlesen war, und die Ablehnung der Kirche gegenüber konfessionsverschiedenen Ehen sowie das kirchliche Verhalten bei solchen Ehen zum Thema hat[187]. In den achtziger Jahren des 19. Jahrhunderts behandelten drei Synoden das Thema. Auf der Zweiten Provinzialsynode von Oregon City 1881 legte man fest, daß solche Ehen weder in der Kirche noch in der Sakristei geschlossen werden dürften, sondern an einem geeigneten profanen Ort, ohne heiligen Ritus oder liturgische Kleidung[188]. Auf der Vierten Provinzialsynode von Cincinnati 1882

---

181 Vgl. CL 3, Sp. 8.

182 Vgl. CL 3, Sp. 488; die Väter zeigten 1866 pastorales Fingerspitzengefühl, als sie die Priester dazu aufforderten, suaviter vorzugehen, damit nicht Katholiken abgeschreckt würden und die Kirche verließen.

183 Vgl. Concilium plenarium Baltimorense III 66.

184 In den Hirtenbriefen dieser Synoden fanden konfessionsverschiedene Ehen jedoch nur negative Erwähnung: so 1866: „... *mixed marriages are in principle condemned by the Church; because of danger of perversion to which the Catholic party and the offspring of such marriages are exposed*" *(vgl. Guilday, The National Pastorals 212); so auch 1884:* „...*though the Church sometimes permits the contraction of mixed marriages, she never does so without regret and without a feeling of anxiety*" (vgl. ebd. 248).

185 So lehrte zum Beispiel die Zweite Provinzialsynode von New Orleans 1860, daß eine Ehe, gleich ob zwischen zwei Katholiken oder mit einem nichtkatholischen Partner, die vor einem nichtkatholischen Geistlichen geschlossen werde, Exkommunikation nach sich zöge, die dem Heiligen Stuhl vorbehalten sei (vgl. CL 3, Sp. 254).

186 Vgl. Concilium S. Francisci I 82.

187 Vgl. Concilium S. Francisci I 87-90.

188 Vgl. Concilia Oregonopolitana 36-37.

betonte man die Notwendigkeit schwerwiegender rechtlicher Gründe wie auch die Kautelen, die für eine gültige Dispenserteilung notwendig seien. Im Hirtenbrief dieser Synode findet sich die Aufforderung, die Priester sollten häufig über die schwerwiegenden Folgen konfessionsverschiedener Ehen predigen[189]. Die Aussage der Vierten Provinzialsynode von New York 1883 war, daß die Kirche schon immer Ehen mit Häretikern abgelehnt habe, daß bei Dispenserteilung für eine konfessionsverschiedene Ehe den Ehegatten die schriftlich niedergelegten Kautelen für den nichtkatholischen Teil klar zu erläutern seien und das Versprechen des katholischen Partners, sich um eine Konversion des Ehepartners zu bemühen, abgegeben werden müsse. Ebenso gelte das Verbot doppelter Eheschließungszeremonien sowie die Verbote, Kirche oder Sakristei zu benutzen, oder die Trauung nach heiligem Ritus mit Stola und Chorhemd zu vollziehen. Der Hirtenbrief war jedoch nicht in aggressivem Ton gehalten. Man erklärte vielmehr, warum die Kirche von solchen Heiraten dringend abrate, ersuchte die Priester, ihre Unterweisung derart zu gestalten, daß solche Ehen vermieden werden könnten, und stellte fest, daß Dispens nur bei Erfüllung aller von der Kirche vorgeschriebenen Bedingungen gewährt werden könne, ohne daß man diese aufzählte[190].

Kanada

Auf keiner der Provinzialsynoden von Québec wurden Gesetze zu konfessionsverschiedenen Ehen erlassen, wenngleich man das Thema „Ehe“ unter Berücksichtigung regionaler Probleme behandelte[191]. Auch die Erste Provinzialsynode von Toronto 1875 erließ zu dieser Frage keine Gesetze. Man verabschiedete jedoch auf der Ersten Provinzialsynode von Halifax 1857 die Vorschrift, daß den Gläubigen die Ablehnung der Mischehe nahezulegen sei[192], erließ aber keine weiteren Bestimmungen. Die Erste Provinzialsynode von St. Boniface 1889 bestand darauf, daß die Gläubigen sowohl öffentlich als auch in privaten Gesprächen von solchen Verbindungen abzubringen seien. Wo diese unvermeidbar seien, habe man die Kautelen einzufordern. Eheschließung vor einem nichtkatholischen Geistlichen war eine Reservatsünde, und die Feier der Eheschließung hatte gemäß dem *Rituale von Balti-*

---

189 Vgl. Concilia Cincinnatensia I-IV 221-222, 225.

190 Vgl. Concilium Neo-Eboracense IV 56-57. lii-liii.

191 So beklagte zum Beispiel die Sechste Synode 1878, daß Dispense vom Ehehindernis der Verwandtschaft zu häufig erteilt würden (vgl. Acta et decreta sexti Concilii provinciae Quebecensi civitate anno Domini MDCCCLXXVIII celebrati a Sancta Sede revisa et recognita, Québec 1882, 46).

192 Vgl. CL 3, Sp. 749.

more zu geschehen[193]. Auf der Ersten Provinzialsynode von Montreal 1895 äußerte man Abneigung gegenüber konfessionsverschiedenen Ehen, verbot eine zweite Eheschließungszeremonie, erwähnte die Kautelen, forderte für die Dispens gerechte und schwerwiegende Gründe sowie häufige Unterweisung durch die Priester, betonte die Notwendigkeit, die Gläubigen von der Schädlichkeit solcher Verbindungen zu überzeugen, verlangte sorgfältige Prüfung der Gründe zur Dispenserteilung und ermahnte dazu, nach der Eheschließung darüber zu wachen, daß die gegebenen Versprechen auch eingehalten würden[194]. Das Erste Plenarkonzil von Québec 1909 befaßte sich in einem vorläufigen Dekretentwurf detailliert mit den Gefahren konfessionsverschiedener Ehen, den Kautelen und der Unterweisung bezüglich der konfessionsverschiedenen Ehen. Dort war auch vorgesehen, daß der Bischof die aktive Beteiligung eines Priesters erlauben könne, vorausgesetzt, es werde dabei kein Aufwand getrieben und es finde weder Messe noch Brautsegen statt[195]. Auf dem Konzil überarbeitete man den Dekretentwurf, wobei der Sakramentenausschuß einschneidende Veränderungen vornahm. Die Eheproklamationen waren demnach zu unterlassen, die Feier hatte ohne heiligen Ritus außerhalb der Kirche stattzufinden und außerdem durften bei solchen Eheschließungen keine Bischöfe anwesend sein[196]. Das Konzil nahm diese Vorschläge nicht nur an, sondern fügte noch hinzu, daß die schriftlich fixierten Kautelen in Form eines zivilrechtlich gültigen Vertrages abzugeben seien[197]. Unter der Überschrift *„social plagues"* forderte der Hirtenbrief dazu auf, konfessionsverschiedene Ehen zu vermeiden[198].

Zusammenfassung

Die Tatsache, daß in einigen Ländern überhaupt keine oder nur wenige Gesetze zur Frage konfessionsverschiedener Ehen erlassen wurden, ist zweifellos ein Anzeichen dafür, daß die dortigen Bischöfe konfessionsverschiedene Ehen nicht als pastorales Problem betrachteten, oder doch zumindest nicht als ein Problem, das durch strenge Gesetzgebung zu lösen war. Seitdem es jedoch die Cullen-Fraktion unter den Bischöfen gab, übertrafen die austra-

193 Vgl.Concilium S. Bonifacium 15-16, 32-33.

194 Vgl.Concilium Marianopolitanum 208-210.

195 Vgl. Acta a theologis specialiter deputatis praeparata ad futurum Concilium plenarium Canadense primum II, Québec, 1904 -1905, 441- 444.

196 Vgl. Ier Concile plénier de Québec: procès-verbaux, commissions synodales, les pères, Teil 1, Typoskript 1909, 67-68.

197 Vgl. ebd. Teil 2, 115-116; Teil 3, 76; vgl. Concilium plenarium Quebecense 71, 393-394.

198 Vgl. Concilium plenarium Quebecense 555-556.

lischen Gesetze an Strenge die römischen Instruktionen, nach welchen die Feier (ohne Messe) nach dem Ritus vollzogen werden konnte, um auf diese Weise größere Übel abzuwenden[199].

4. Kirchendisziplin

Von jeher war ein Tagesordnungspunkt der Synoden das Ausmerzen von Mißbräuchen im kirchlichen Alltag[200]. Außerdem waren dem Heiligen Stuhl gemeldete Fehlverhalten, die der Korrektur bedurften, unter anderem ein Anstoß dafür, daß der Heilige Stuhl in den sechziger und siebziger Jahren des

---

199 Die jeweilige lokale Praxis läßt sich anhand des Rituales erhellen. Das für Australien seit 1885 empfohlene Rituale von Baltimore wies für den Eheschließungsritus eine Klausel auf, in der sich das Verbot fand, konfessionsverschiedene Ehen zu segnen, und zwar unter Berufung auf die Gesetzgebung von Baltimore. Für konfessionsverschiedene Ehen führte man einen anderen Wortlaut ein, der vor der Zeremonie zu verwenden war (vgl. Compendium Ritualis Romani ad usum dioecesum provinciae Baltimorensis, iussu Concilii provincialis Baltimorensis III, approbante SS. D.N. Gregorio, Pp. XVI, editum, Baltimore 1842, 103-110, 203-206). Im englischen Rituale fand sich weder ein spezieller Ritus noch gab es besondere Klauseln für konfessionsverschiedene Ehen, wenngleich man Gebete anbot, die über die Brautleute gesprochen werden konnten, wo ein Brautsegen nicht erlaubt war (vgl. Ordo administrandi sacramenta et alia quaedam officia peragendi ex Rituali romano extractus nonullis adiectis ex antiquo rituali anglicano, London 1915, 195-208). Im irischen Rituale war für konfessionsverschiedene Eheschließungen eine besondere kurze Zeremonie vorgesehen, in der sich die dort üblichen strengen Vorschriften widerspiegelten (vgl. Ordo administrandi sacramenta, et alia quaedam officia ecclesiastica rite peragendi ex Rituali Romano praecipue extractus et usui sacerdotum in missione Hibernica accommodatus, Dublin 1889, 60-67, 222-224). In Kanada wurden konfessionsverschiedene Ehen weder im Rituale von 1836 noch in dem von 1870 in irgendeiner Weise erwähnt (vgl. Extrait du Rituel de Québec, contenant l'administration des sacrements c! de baptême, de la Confirmation, de la pénitence, de l'Eucharistie, de l'extrême-onction et du mariage, et aussi les bénédictions et diverses formules d'actes, Québec 1836, 224-235; Rituale Romanum Pauli V Pontificis Maximi iussu editum et a Benedicto XIV auctum et castigatum, cui ad usum missionariorum apostolicorum nova nunc primum accedit benedictionum et instructionum appendix, Québec 1870, 206-211, 485-488, 498-502); in einem weiteren Rituale werden zunächst die Bestimmungen zur Feier konfessionsverschiedener Eheschließungen gegeben, und sodann weist man darauf hin, daß es den Bischöfen aufgrund päpstlicher Erlaubnis von 1858 gestattet sei, etwas toleranter zu verfahren. Demnach durften Priester, die von ihrem Bischof eine entsprechende Erlaubnis besaßen, „*may follow the rite prescribed by the ritual of the diocese, that is solemnize the marriage in church, with surplice and stole, ask the parties' consent, say ‚Coniungo vos . . .‘ bless the nuptial ring and recite the V. ‚Confirma hoc, – „and the prayer Respice quaesumus but in all cases he must omit the exhortation, the Mass and the solemn benedictions*“ (vgl. Appendix au Rituel romain à l'usage des Provinces ecclésiastiques de Québec, Montréal, Ottawa, Québec 1890, 389-391).

200 Namentlich die Vierte Lateransynode und das Konzil von Trient nahmen dazu Stellung (vgl. Mansi, 22, Sp. 991-992; vgl. Conc. Trid., sess. 24, de ref., Kap 2).

19. Jahrhunderts darauf drängte, daß in Australien Provinzialsynoden abgehalten würden. Die Reformmaßnahmen australischer Konzilien gingen über bloße Ermahnungen und Verbote hinaus bis zur Deklarierung von Reservatsünden und der Androhung oder Durchsetzung von Strafmaßnahmen.

Reservierte Sünden

Australien

Auf der Synode von 1844 erließen die Bischöfe im Dekret 12 die gesetzliche Bestimmung, daß sie die Ermächtigung zur Erteilung der Absolution nur für Fälle gäben, die nicht ihnen selbst vorbehaltene Reservatfälle darstellten. Diejenigen Fälle, für die sie sich die Sündenvergebung vorbehielten, waren folgende: (1) vorsätzlicher, kaltblütiger Mord; (2) vorsätzliche Herbeiführung einer Abtreibung, der Rat dazu oder Komplizenschaft; (3) öffentlich geleisteter Meineid vor einem weltlichen oder kirchlichen Gericht; (4) öffentlicher Abfall vom Glauben; (5) neuerliche Eheschließung zu Lebzeiten des ersten Ehepartners; (6) Sollizitation; (7) der Versuch, Absolution für einen *complex in peccato turpi* zu erteilen. Ebenso legten sie fest, daß in Fällen, in denen die gesetzlichen Bestimmungen oder die Sachlage nicht eindeutig seien, wie auch in Fällen, in denen die Letzte Ölung zu spenden war, diese Reservationen wegfielen. Sie riefen die gemeinkirchliche Gesetzgebung in Erinnerung, nach der die Absolution eines *complex in peccato turpi* ungültig sei, und erinnerten an die damit verbundene Exkommunikation. Die Propaganda strich den siebten Reservatfall mit der Begründung, daß die Kongregation für Bischöfe und Ordensleute im Jahre 1602 die Bischöfe angewiesen habe, bei der Reservierung geschlechtlicher Sünden besondere Vorsicht walten zu lassen. Man korrigierte das Dekret auch durch Zusätze, durch die deutlich gemacht werden sollte, daß die Sündenvergebung dem betreffenden *ordinarius loci* und nicht einer Synode vorbehalten sei, ferner durch den Hinweis darauf, daß die Reservatfälle 2, 4, und 6 ohnehin mit Strafen verbunden seien, welche sich der Heilige Stuhl vorbehalte[201].

Auf der „Synode" von 1862 behandelte man die Reservatfälle nicht, doch 1869 machten die Bischöfe in der strikten Gesetzgebung zur Frage konfessionsverschiedener Ehen davon Gebrauch, und reservierten dem Ortsbischof die Fälle des Abschlusses einer konfessionsverschiedenen Ehe vor einem nichtkatholischen Geistlichen oder vor einem Staatsbeamten (Dekret 3/11).

201 Vgl. AP, Acta 210, fol. 399-430.

1885 nahm man das Dekret von 1844 zur Vorlage. Die Reservatfälle Mord, Abtreibung, Glaubensabfall und Sollizitation blieben unverändert erhalten, Meineid wurde gestrichen, dafür fügte man als fünften Fall die Heirat eines Katholiken vor einem nichtkatholischen Geistlichen oder vor einem Staatsbeamten an, sowie den Versuch einer neuerlichen Eheschließung zu Lebzeiten des vorherigen Ehepartners (Dekret 132). In Dekret 133 nahm man die Bestimmungen von 1844 bezüglich Zweifelsfällen und hinsichtlich der Absolution des *complex in peccato turpi* wieder auf. Der Wegfall der Reservierung im Falle, daß die Letzte Ölung zu spenden war, wurde umformuliert *in articulo seu periculo mortis*, wozu die Propaganda noch die zusätzliche Verpflichtung fügte, im Falle der Genesung erneuten Rat einzuholen[202]. In den Dekreten 150 und 151 von 1895 blieb die Gesetzgebung von 1885 unverändert erhalten, doch auf Empfehlung des Sakramentenausschusses fügte man ein neues Dekret 152 an, wo man die Fälle aufzählte, in denen das bischöfliche Reservatrecht außer Kraft treten solle, nämlich: (1) wenn die Osterbeichte abgelegt wurde; (2) anläßlich von Pfarrmissionen oder Einkehrtagen; (3) bei Vierzigstündiger Anbetung; (4) anläßlich der ersten Beichte, der Erstkommunion und der Firmung; (5) anläßlich einer Generalbeichte; (6) vor einer Eheschließung[203].

Im Jahre 1905 wurde die Gesetzgebung von 1895 wörtlich wiederholt[204]. Auf der Synode von Melbourne im Jahre 1907 erneuerten die Bischöfe die Bestimmungen des Plenarkonzils über Reservatfälle, seltsamerweise mit Ausnahme des Eheerlasses, obschon sie die Teilnahme an religiösen Feiern, wahrscheinlich einschließlich Trauungszeremonien in nichtkatholischen Kirchen zu den Reservatfällen hinzurechneten. Letzterem Reservatfall fügte die Propaganda die Klarstellung hinzu, *quin tamen cum haereticis in divinis communicent*[205]. Für die anderen Reservatfälle übergab man die Angelegenheit dem Heiligen Offizium, welches die Empfehlung erließ, folgende Fälle von allen australischen Listen der Reservationen zu streichen: (1) das tatsächliche und vorsätzliche Herbeiführen einer Abtreibung; (2) öffentlichen Glaubensabfall; (3) *sollicitatio ad turpia*. Diese würden bereits vom Heiligen Stuhl geahndet. Für die übrigen Reservatfälle (vorsätzlicher, kaltblütiger Mord; Rat oder Hilfelei-

---

202 Vgl. AP, Acta 257, fol. 91v, fol. 111.

203 Vgl. Congregatio privata, 29. November, 10 Uhr, handschriftl. Protokoll, 4, SAA, MP, Bd. 152.

204 Die Väter berieten, ob man die Reservatfälle beschränken solle auf Abfall vom Glauben und sexuelle Vergehen, stimmten dann jedoch für einen Aufschub der Entscheidung (vgl. Sessio 9, 9. September 1905, 5; vgl. Syllabus of some Important Matters suggested for the consideration of the Third Plenary Synod, Nr. 27, ebd. Bd. 230).

205 Vgl. AP, NS 471, fol. 159.

stung bei Abtreibung) bedürfe man in Zukunft keiner Reservation, da diese Fälle ohnehin vom Plenarkonzil dem jeweiligen australischen Bischof reserviert worden seien[206].

Großbritannien, Vereinigte Staaten, Kanada

In dem Zeitabschnitt, den diese Studie behandelt, erließen die Bischöfe in England und in Schottland überhaupt keine Gesetze zur Sündenreservierung[207], und auch in den Vereinigten Staaten wurden Reservatfälle nur auf drei Synoden festgelegt: auf der Ersten Provinzialsynode von San Francisco 1874 die Sünde des Geschlechtsverkehrs mit Priestern oder Ordensleuten, Sollizitation, Herbeiführen einer Abtreibung, ferner Verkauf, Vermietung, widerrechtliche Aneignung oder Unterschlagung von Kirchengut; auf der Vierten Provinzialsynode von Cincinnati 1882 Eheschließung vor einem protestantischen Geistlichen oder vor einem Staatsbeamten und Vornahme einer Scheidung nach dem Zivilrecht ohne kirchliche Erlaubnis; auf der Dritten Provinzialsynode von Oregon City 1891 die Heirat vor einem Staatsbeamten in Orten, wo ständig ein Priester zur Verfügung stand[208]. Außerdem erließ man auf dem Plenarkonzil von 1866 und auf der Vierten Provinzialsynode von New York 1883 Instruktionen, wie man bei Reservatfällen vorzugehen habe, vermutlich im Hinblick auf Fälle, die nur in einigen Diözesen als reserviert galten[209]. In Kanada reservierte man 1851 auf der Ersten Provinzialsynode von Québec nur öffentliches und fortgesetztes Konkubinat sowie die Vermietung von Gebäuden als Bordelle, wozu die Fünfte Synode 1873 noch den Fall des Meineids hinzufügte[210]. Auf der Synode von St. Boniface 1889 rechnete man noch die Eheschließung vor einem nichtkatholischen Geistlichen dazu[211]. Mehrere Synoden erließen Instruktionen, wie in solchen Fällen vorzugehen sei, und einige zählten Fälle auf, in denen Reservationen nicht mehr weiterbestanden[212].

---

206 Vgl. AP, NS 464, fol. 346.

207 Eine kurze Studie wie diese kann nicht Aufschluß darüber geben, was in den einzelnen Diözesen diesbezüglich geschah, gleich ob auf Synoden oder in anderem Zusammenhang.

208 Vgl. Concilium S. Francisci I 27-28; vgl. Concilia Cincinnatensia I-IV 223; vgl. Concilia Oregonopolitana 71.

209 Vgl. CL 3, Sp.472; vgl. Concilium Neo-Eboracense IV 50.

210 Vgl. CL 3, Sp. 613; vgl. Concilium Quebecense V 57; wiederholt auf der Synode von Montréal 1895 (vgl. Concilium Marianopolitanum 184).

211 Vgl. Concilium S. Bonifacii 16.

212 Vgl. CL 3, Sp. 613, 745; vgl. Concilium Quebecense V 53-56; vgl. Concilium Quebecense VII 47, 52; vgl. Concilium Marianopolitanum 184; vgl. Concilium plenarium Quebecense 370-371.

Irland

Es scheint, daß man auf einigen irischen Synoden große Mühe darauf verwandte, Reservatfälle zu ordnen und zu begrenzen. Auf den Plenarkonzilien von 1875 und 1900 verwies man darauf, daß zu zahlreiche Reservationen dem Beichtvater mehr Unannehmlichkeiten bereiteten als dem Büßer. Für die Gesetzgebung wurde die Empfehlung gegeben, sich auf die besonders verabscheuungswürdigen Verbrechen zu beschränken, und man verwies auf Zeiten und Umstände, unter denen Reservationen nicht länger fortbestünden. Man erteilte den Dekanen die Vollmacht zur Absolution und sorgte dafür, daß jeder Priester im Besitz einer Liste der in seiner Diözese reservierten Sünden sei[213]. Auf der Synode von 1853 reservierte man für die Kirchenprovinz Dublin nur die Sünde des Abschlusses einer konfessionsverschiedenen Ehe ohne Dispens, doch wurde dies in Anbetracht des Dekrets *Ne temere* auf der Synode von 1908 wieder annulliert[214]. Auf der Synode von Armagh im Jahre 1908 reservierte man drei Sünden und gab genau an, in welchen Fällen die Reservation hinfällig werde[215]. Auf den Synoden der Provinz Cashel betonte man, daß nur einige wenige schwere Sünden als reserviert zu gelten hätten, die den Priestern wohlbekannt seien, festgelegt bereits auf einer Diözesansynode 1853, und man bestimmte, daß für die gesamte Kirchenprovinz eine Liste von Reservatfällen zu erstellen sei (1907)[216]. Im Unterschied dazu enthält die Gesetzgebung der Provinz Tuam so gut wie keine Regelungen zu Reservatfällen, doch reservierte man dort in der Praxis außergewöhnlich viele Fälle. Nachdem auf der Synode von 1817 die vorangegangene Provinzialgesetzgebung außer Kraft gesetzt worden war, unterschied man sechzehn Kategorien von Reservatfällen, von denen einige eine nochmalige Unterteilung erfuhren. Neben solchen Sünden wie Mord, Abfall vom Glauben und Duell, fanden sich nicht nur Inzest, Bestialität und Sodomie, sondern auch andere wie Nichtteilnahme an der österlichen Kommunion, Anwendung

---

213 Vgl. Synodus Maynutiana 1875, 84, 89, 107; vgl. Synodus Maynutiana 1900, 71, 76, 109.

214 Vgl. CL 3, Sp. 808; vgl. Acta et decreta Synodi provincialis Dublinensis habitae apud Maynutiam an. MDCCCCVIII, Dublin 1913, 21, 46-47.

215 Vgl. Concilium Armacanum 1908, 35-36; die dort erwähnten Sünden bestanden in Protestversammlungen vor einer Kirche, Mord und Geschlechtsverkehr von Priestern.

216 Vgl. CL 3, Sp. 836; vgl. Concilium Cassiliense 1907, 34; in Limerick, einer der neun Diözesen in dieser Kirchenprovinz, rechnete man zu den zwölf dort reservierten Sünden den Besuch abendlicher Tanzveranstaltungen durch junge Leute, die Verrichtung von *opera superstitiosa* am Vorabend von Allerseelen sowie Fleischgenuß an Fasttagen, wenn dies innerhalb von zwei Monaten öfter als einmal geschah (vgl. Statuta et constitutiones dioecesis Limericensis, Limerick 1842, 17).

körperlicher Gewalt gegen Eltern oder Geistliche und Brandstiftung[217]. 1849 rechnete es eine Synode zu den Reservatfällen, wenn man Queen's Colleges besuchte, dort beschäftigt war oder jemanden dorthin sandte, da diese Universitäten von der britischen Regierung eingerichtet worden waren[218]. Auf der nächstfolgenden Synode 1854 promulgierte man nochmals die Reservatfälle von 1817[219]. Eine revidierte Liste wurde 1907 von der Synode von Tuam herausgegeben. Dabei blieben drei Fälle der Synode vorbehalten (Meineid, Genuß von starkem Alkohol durch Kleriker vor einer Hauptmahlzeit und der Genuß von Alkohol bei einem Begräbnis oder einer Totenwache), die anderen acht (einschließlich Brandstiftung und Stimmenkauf bei einer Wahl) wurden dem Diözesanbischof reserviert[220].

Kanonische Strafen

Australien

Auf der Ersten Provinzialsynode von Australien einigte man sich nur auf Strafmaßnahmen, die die Priester betrafen. Diesen drohte man Suspendierung *ferendae sententiae* an (Dekrete 9/3 und 13/2), wenn sie ihrer Pflicht, Eheschließungen und Taufen in Register einzutragen, nicht nachkämen. Seitens der Propaganda änderte man das Dekret bezüglich der Registrierung von Taufen ab und forderte als Voraussetzung einer Suspendierung grob fahrlässiges Handeln, da einige Theologen die Meinung vertraten, in einigen Fällen handle es sich bei den Unterlassungen nur um läßliche Sünden[221]. Das Dekret über die Trauungsmatrikeln blieb jedoch unverändert, und obwohl es sich nicht unter den Dekreten des Plenarkonzils befand, erneuerte man es doch auf der Ersten Provinzialsynode von Melbourne (Dekret 45). Die „Synode" von 1862 erklärte Priester, die Geldsammlungen ohne schriftliche Erlaubnis des Bischofs durchführten, *ipso facto* für suspendiert (Dekret 2), doch erhielt dieses Dekret keine Gesetzeskraft, da der Heilige Stuhl die *recognitio* verweigerte. Im Dekret 12 der Zweiten Provinzialsynode, im Dekret 262 des Dritten Plenarkonzils und im Dekret 109 der Provinzialsynode von Mel-

217 Vgl. CL 3, Sp. 761, 768.
218 Vgl. Acta Synodi provincialis Tuamae habitae diebus 23, 24, 25, et 26 ianuarii A.D. 1849 (AP, Acta 213, fol. 164v-171v).
219 Vgl. CL 3, Sp. 859.
220 Vgl. Concilium Tuamense 1907, 49.
221 Vgl. AP, Acta 210, fol. 389v, fol. 407, fol. 429; auf den Plenarkonzilien wiederholte man das Dekret in seiner korrigierten Form.

bourne erneuerte man jeweils das Verbot, entfernte jedoch den Passus über Suspendierung.
Von der Exkommunikation, die dem Ortsbischof vorbehalten war, machte man zum ersten Mal auf der Synode von 1869 Gebrauch, um so die Ehegesetzgebung durchzusetzen. Zwei Katholiken, die *extra Ecclesiam* geheiratet hatten, zogen sich diese Strafe zu. Das gleiche geschah auf den Konzilien von 1885 und 1895. Seitens der Propaganda korrigierte man dieses Dekret 1895 jedoch dahingehend, daß auch konfessionsverschiedene Ehen, die vor einem nichtkatholischen Geistlichen geschlossen worden waren, eine Exkommunikation nach sich zogen, die dem Heiligen Stuhl vorbehalten blieb[222]. Ebenfalls als exkommuniziert erklärten die Konzilsväter 1895 diejenigen Personen, die sich von einem Zivilgericht scheiden ließen (Dekret 170). Man vermied auf den australischen Synoden weitere Strafmaßnahmen für Laien. 1895 wurde sogar ein Dekret erlassen, daß ein Priester die Sakramente *inconsulto ordinario* nicht verweigern dürfe (Dekret 300)[223] und statt dessen versuchen solle, Katholiken, die die Ehe *extra Ecclesiam* geschlossen hätten, wieder mit der Kirche zu versöhnen, nachdem er um entsprechende Vollmacht nachgesucht habe (Dekret 172)[224]. Auf dem Konzil von 1905 erließ man ein Dekret, nach dem öffentliche Bußübungen auferlegt werden konnten, um Katholiken von Heiraten, welche von der Kirche verboten worden seien, abzuhalten und um Wiedergutmachung für ein solches Ärgernis zu leisten[225].

---

222 Vgl. AP, NS 216, fol. 624, fol. 651v; in Übereinstimmung mit einem Dekret des Heiligen Offiziums vom 12. Dezember 1888 legte man fest, daß Eheschließung nach nichtkatholischem Ritus als *communicatio in sacris* gelte und als Strafe die Maßnahmen nach sich ziehe, die für Personen in Geltung sind, welche zur Häresie abfallen; dies bezog sich nicht auf Personen, die nach staatlichen Gesetz getraut wurden (vgl. Collectanea 1907, II 232-234).

223 Das Konzil 1885 hatte die Auffassung vertreten, es sei christliche Lehre, daß Eltern, die die christliche Erziehung ihrer Kinder vernachlässigten, sie ohne besonderen Grund oder ohne Vorkehrungen gegen einen Abfall vom rechten Glauben zu treffen, auf öffentliche Schulen schickten, keine Absolution erteilt werden könne, wenn sie sich widersetzlich zeigten (Dekret 238); diese Forderung der Moraltheologie blieb jedoch ohne die praktische Konsequenz der Anwendung von Strafmaßnahmen. Auch 1905 unterblieben solche Strafmaßnahmen. Der Generalvikar von Melbourne, Erzpriester Maurice McKenna, berichtete den Synodalen, daß nur wenige Eltern sich durch Strafmaßnahmen abschrecken ließen, da ihre Religion in Brot und Butter bestehe (vgl. Öffentliche Sitzung am 6. September, handschriftl. Protokoll, 8; SAA, MP, Bd. 230).

224 Die Propaganda änderte dieses Dekret zwar nicht dem Sinn nach, stellte jedoch sicher, daß die Voraussetzungen für konfessionsverschiedene Eheschließungen vor Beantragung einer Erlaubnis beachtet würden (vgl. AP, NS 216, fol. 624v, fol. 652).

225 Vgl. Sessio 9, 9. September 1905, 5; vgl. Syllabus of some Important Matters suggested for the consideration of the Third Plenary Synod, Nr. 26, in: SAA, MP, Bd. 230; nach Überarbeitung durch die Propaganda lautete das Dekret, daß der Bischof nach seinem Ermessen solchen Personen öffentliche Bußleistungen auferlegen könne, um das öffentliche Ärgernis wiedergutzumachen (vgl. AP, NS 512, fol. 559); man kann die Meinung vertreten, daß die Väter andere Abhilfe als durch Exkommunikation zu schaffen suchten.

Gleichermaßen verbot das Konzil von 1895 den Priestern, sich über bestimmte Personen auf der Kanzel zu äußern, Strafmaßnahmen anzudrohen oder zu verhängen (Dekret 190)[226]. Auf dem Konzil von 1895 erklärte man den Besuch öffentlicher Spiele sowie von Opern- und Theateraufführungen als unziemlich für Kleriker und verbot deren Besuch unter Androhung der Suspendierung *a divinis*. Die Propaganda änderte dies, indem sie nur die Möglichkeit einer Suspendierung in Erwägung zog[227]. Auf Vorschlag eines repräsentativen Gremiums der Kleriker der Erzdiözese Melbourne[228] behandelte man die Angelegenheit auf dem Konzil von 1905. Diese forderten für das ganze Land eine einheitliche Gesetzgebung, was den Besuch von Theatern und Pferderennen anging. Daraufhin erließ man schließlich erneut ein Dekret, in dem das Konzil das Verbot wiederholte, in Anbetracht des Ärgernisses, das den Gläubigen entstehe (Dekret 215)[229]. Die Synode von Melbourne 1907 setzte diesbezüglich eine einheitliche gesetzliche Regelung für die Diözesen Victorias durch. Ein Priester, der eine öffentliche Theateraufführung (Dekret 56) oder einem öffentlichen Rennen (Dekret 57) beiwohnte[230], unterlag *ipso facto* der Suspendierung *a divinis*, wobei dem Ortsbischof die Absolution besonders vorbehalten blieb. Die gleiche Strafe drohte man an für die Teilnahme an Treibjagden sowie an öffentlichen Spielen und für Wetten (Dekret 60). Außerdem war es fremden Priestern, die diese Gesetze nicht ernst nahmen, untersagt, die Messe zu zelebrieren (Dekret 59). Priester, die sich weigerten, innerhalb von drei Monaten ein Testament abzufassen, wurden ebenfalls suspendiert (Dekret 98). Schließlich drohte man denjeni-

---

226 Bischof Gibney von Perth wies darauf hin, daß es für einen Priester geboten sein könne, sofort tätig zu werden, doch die Synode entschied sich dafür, nichts *inscio episcopo* unternehmen zu lassen (vgl. Congregatio privata, 26. November, 14 Uhr, handschriftl. Protokoll, 2, in: SAA, MP, Bd. 152).

227 Vgl. AP, NS 216, fol. 627, fol. 652; es gibt keinen Hinweis darauf, daß hier eine Korrektur erfolgte, zum Beispiel weil die Propaganda eine Strafe *latae sententiae* als unberechtigt angesehen hätte oder weil der Wortlaut zweideutig hätte erscheinen können, so daß er als *ferendae sententiae* Strafmaßnahme interpretierbar gewesen wäre.

228 Vgl. Suggestions for Agenda Paper of Third Plenary Council of Sydney, 1905, hs., 7, in: SAA, MP, Bd. 230. Vermutlich bewegten strenge Gesetze in den Diözesen die Priester dazu: ipso facto Suspendierung a divinis wegen des Besuchs öffentlicher Theater, wegen des Besuchs von Pferderennen und wegen Teilnahme an Jagden (vgl. Acta et decreta secundi Synodi dioecesanae Melbournensis, habitae in ecclesia cathedrali S. Patritii, die decimanona maii, 1885, Melbourne 1891, 4).

229 Der Ausschuß „*De Disciplina*" hatte die Empfehlung gegeben, diesen Punkt zu übergehen (vgl. Suggestions from the Archdiocese of Melbourne, hs., 3, in: SAA, MP, Bd. 230), doch wurde dies auf einer allgemeinen Sitzung zur Sprache gebracht, wo nur wenig dazu gesagt wurde (vgl. Public Sesssion, September 6 th, 4, in: ebd.).

230 Man machte eine Ausnahme für den Rektor des Ortes, in dem sich der Rennplatz befand, wegen möglicher Unglücksfälle (Dekret 58).

gen Priestern mit Suspendierung, welche ohne Erlaubnis des zuständigen Seelsorgers oder Ortsbischofs bei der Eheschließung einer Frau aus einem fremden Amtsbezirk assistierten[231]. Die Propaganda jedoch strich diese Strafandrohung. Auf dem Plenarkonzil von 1937 wurden keine Strafmaßnahmen beschlossen und diejenigen, die durch frühere Plenarkonzilien angeordnet worden waren, wieder aufgehoben. Die Provinzialgesetzgebung Melbournes wurde zwar nicht aufgehoben, doch kann man die Auffasung vertreten, daß das Gesetz über Suspendierungen heute *ipso facto* nicht mehr angewendet wird aufgrund des Einflusses der Gesetzgebung von 1937, die für diese Handlungen keine Suspendierung mehr vorsieht.

Großbritannien, Irland, Kanada, Vereinigte Staaten

Während des für diese Untersuchung relevanten Zeitraums wandten die Konzilien in England und Schottland keine Exkommunikation an. In Irland machte man davon Gebrauch in der Provinz Armagh gegen diejenigen, die Klandestinehen abschlossen, sowie gegen diejenigen, die einen Pfarrer aus seiner Kirche aussperrten[232]. In Kanada gebrauchte man die Exkommunikation nur 1857 auf der Synode von Halifax gegen Laien, die sich an Dokumenten aus den bischöflichen Archiven vergriffen hatten[233], und außerdem verhängte 1889 die Synode von St. Boniface die Exkommunikation über Freimaurer, Carbonari und ähnliche Geheimgesellschaften, welche sich mit Kommunisten, Sozialisten und Anarchisten gegen die Kirche verschworen[234]. Auch in den Vereinigten Staaten benannten einige Synoden die Sekten, die sich gegen die Kirche verschworen hätten[235], doch unterlagen in den Vereinigten Staaten im allgemeinen ausschließlich Ehefälle der Strafe der Exkommunikation, sei es daß man nach einer Scheidung zu Lebzeiten des ersten Ehepartners erneut heiratete[236] oder die Ehe vor einem nicht katholischen Geistlichen einging[237].

---

[231] Vgl. AP, NS 471, fol. 156; die Verbesserung erfolgte ohne Begründung, doch in einer Instruktion der Konzilskongregation vom 2. Juli 1907 hatte man festgestellt, daß schwerwiegende Gründe eine Entschuldigung darstellen könnten (vgl. ASS 40, 528).

[232] Vgl. Concilium Armacanum 1908, 34.

[233] Vgl. CL 3, Sp. 755.

[234] Vgl. Concilium S. Bonifacii 22.

[235] Vgl. Concilium S. Francisci I 27; Concilia Oregonopolitana, 41; Concilia Cincinnatensia I-IV 231-233; Concilium plenarium Baltimorense III 65; Concilium Milwaukiense 50.

[236] Vgl. CL 3, Sp. 89; Concilium Neo-Eboracense IV 59; Concilium plenarium Baltimorense III 64.

[237] Vgl. CL 3, Sp. 254, 297-298.

Sehr unterschiedlich wendete man auf den Synoden die Suspendierung von Priestern an. So machte man in Schottland und in Kanada, mit Ausnahme der Kirchenprovinz Halifax, keinen Gebrauch davon[238], und auch in England nur bei Verletzung des „Theatergesetzes„[239]; in den Vereinigten Staaten war man, sowohl auf nationaler Ebene[240] als auch in den einzelnen Provinzen[241], sehr zurückhaltend in der Anwendung. In Irland jedoch verhängte man häufig eine Suspendierung für verschiedene Vergehen von Klerikern. Es scheint, daß die Kleriker in besonderem Maße dem Gelde zugetan waren[242], da viele Suspendierungen, sowohl *latae* als auch *ferendae sententiae*, damit in Zusammenhang standen. So gab es Fälle, in denen die Priester sich weigerten, die Taufe zu vollziehen oder bei der Eheschließung zu assistieren unter dem Vorwand, die Bezahlung sei nicht erfolgt,oder, im Vergleich zum Üblichen, zu gering[243]. Mancherorts beschimpfte man die Gläubigen, weil sie nicht genügend Geld für die Kirche beisteuerten[244], führte ohne Erlaubnis Kollekten durch[245] oder verschaffte sich Geld auch durch das Versprechen, Messen zu lesen[246]. Es kam auch vor, daß der Grundbesitz das zulässige Maß über-

---

238 Vgl. CL 3, Sp. 751 (Suspendierung nach einmaliger Verwarnung wegen für Priester unziemlichen Verhaltens, nämlich Besuch von Theater, Oper, Tanzveranstaltungen, öffentlichen Rennplätzen und Teilnahme an einer Treibjagd), 753 (für Abwesenheit bei Priesterkonferenzen) und 755 (für Mißbrauch bischöflicher Archive).

239 Vgl. CL 3, Sp. 939; Concilia Westmonasteriensia 231. Zum Hintergrund des Theaterverbots für Kleriker in England vgl. G. Moverley, The Westminster Theatre Law, in: The Jurist 18 (1958) 191-208.

240 Vgl. CL 3, Sp. 27-28; die erste Provinzialsynode von Baltimore entschied, daß jeder Priester suspendiert werde, der die Beteiligung von Laien in geistlichen Angelegenheiten gutheiße oder fördere (und verhängte außerdem das Interdikt über jede Kirche, in der ein nicht ordentlich approbierter Priester tätig war).

241 Vgl. CL 3, Sp. 254-255 (so auf der Fünften Provinzialsynode von New Orleans bei Begräbnissen von Katholiken in einem nichtkatholischen Friedhof) und 319 (durch die Zweite Synode von St. Louis bei Eheschließung mit einer Person aus einer anderen Pfarrei ohne besondere Erlaubnis); Concilium Philadelphiense, ix; Concilium Neo-Eboracense IV 26-27; Concilium Milwaukiense 36 (bei Besuch von Theatern und Rennplätzen); Concilia Oregonopolitana 39 (bei ärztlicher Behandlung oder Operationen an Frauen); Concilia Cincinnatensia I-IV 220 (bei Kirchenbesitz an Geldmitteln, der nicht dem Bischof übertragen war).

242 Zusammen mit dem Apostolischen Breve, in dem Kardinal Cullen zum Vorsitzenden des Plenarkonzils von 1875 bestimmt wurde, führte ein Vorschlag der Propaganda, unter den auf dem Plenarkonzil von 1875 zu behandelnden Angelegenheiten, auch *avaritia clericorum* auf für Gegenden, wo arme Leute durch Geistliche ausgebeutet wurden (vgl. Synodus Maynutiana 1875, 12).

243 Vgl. CL 3, Sp.779, 888; vgl. Synodus Maynutiana 1875, 77, 92; vgl. Synodus Maynutiana 1900, 62, 81; vgl. Concilium Cassiliense 1907, 36; vgl. Concilium Armacanum 1908, 35.

244 Vgl. CL 3, Sp. 888.

245 Vgl. Synodus Maynutiana 1900, 89.

246 Vgl. CL 3, Sp. 763, 852; vgl. Concilium Armacanum 1908, 35.

stieg[247]. Verfehlungen bei der Predigt führten zu Suspendierung, nicht nur in den Fällen, in denen es versäumt worden war, zu predigen oder das Wort Gottes zu verlesen[248], sondern auch dort, wo man Einzelpersonen rügte oder auf der Kanzel über rein weltliche oder politische Dinge predigte[249]. Was die Lebensführung der Priester betraf, verhängte man Suspendierung bei geschlechtlichen Sünden oder für das Zusammenleben mit einem Partner weiblichen Geschlechts[250], in Fällen von Alkoholmißbrauch[251] und für den Besuch unziemlicher Freizeitveranstaltungen[252]. Wer ein Amt an einem der Queen's Colleges innehatte, wurde ebenfalls suspendiert[253], desgleichen diejenigen, die sich an Dokumenten in den Diözesan- oder Pfarrarchiven vergriffen[254]. In bestimmten Provinzen zogen auch viele andere Verstöße der Priester eine Suspendierung nach sich, so zum Beispiel in der Provinz Armagh die Verwendung nichtapprobierten Meßweins, das Fehlen eines Testaments oder für die Vernachlässigung der Schulvisitation[255]. In der Provinz Tuam wurden Nachlässigkeiten bei der Taufunterweisung der Laien, Trauung von Personen, die nicht der Pfarrgemeinde angehörten, ohne Lizenz, oder die Unterstützung des Widerstandes der Laien gegen die Ernennung von Klerikern mit Suspension geahndet[256]. Es wäre ermüdend und überflüssig, all die Vergehen, die von irischen Synoden angeprangert und mit Suspendierung belegt wurden, aufzuzählen. Es ist offensichtlich, daß die Bischöfe mit dieser Strafe zu schnell bei der Hand waren, um Vergehen ihrer Priester zu maßregeln oder zu verhindern. Genauso deutlich ist, daß im Vergleich dazu die australischen Synoden Strafmaßnahmen nur in beschränktem Maße zur Anwendung brachten, besonders was die Priester anging.

247 Vgl. CL 3, Sp. 853.

248 Vgl. Concilium Tuamense 1907, 44.

249 Vgl. CL 3, Sp. 805, 851, 853; vgl. Synodus Maynutiana 1875, 120; vgl. Concilium Armacanum 1908, 34-35.

250 Vgl. CL 3, Sp. 765; vgl. Synodus Maynutiana 1900, 85; vgl. Concilium Tuamense 1907, 30-31; vgl. Concilium Armacanum 1908, 35.

251 Vgl. CL 3, Sp. 766; vgl. Concilium Tuamense 1907, 30; vgl. Concilium Armacanum 1908, 34-35.

252 Pferderennen, Treibjagd, Schauspiele, Opern und Zirkusveranstaltungen (vgl. Synodus Maynutiana 1875, 93-94); vgl. Synodus Maynutiana 1900, 83; vgl. Concilium Tuamense, 1907, 35.

253 Vgl. Acta Synodi provincialis Tuamae habitae diebus 23, 24, 25, et 26 ianuarii A.D. 1849 (AP, Acta 213, fol. 164v-171r); vgl. CL 3, Sp. 756; vgl. Synodus Maynutiana 1875, 139; vgl. Synodus Maynutiana 1900, 142.

254 Vgl. CL 3, Sp. 793; vgl. Synodus Maynutiana 1875, 125; vgl. Synodus Maynutiana 1900, 125.

255 Vgl. CL 3, Sp.850-852.

256 Vgl. CL 3, Sp.761-762, 764, 767; vgl. Concilium Tuamense 1907, 28, 137.

5. Verwaltung von Kirchengut

Australien

Auf der australischen Synode von 1844 streifte man die Frage der Verwaltung kirchlicher Güter nur am Rande, indem man Priestern verbot, Geld zu verleihen, Anleihen aufzunehmen oder Geldmittel treuhänderisch zu verwalten (Dekret 14). Das Dekret zielte in erster Linie darauf ab, den priesterlichen Dienst zu erleichtern, indem man versuchte, die Priester von persönlichen Schulden freizuhalten. Auf Anregung der Propaganda wurde eine Verwaltung für die zeitlichen Güter ins Leben gerufen, indem man dem Dekret zusätzliche Klauseln anfügte und verlangte, daß jeglicher Kirchenbesitz durch Übertragungsurkunden gesichert sein solle und ohne kanonische Erlaubnis keine durch Kirchengut zu deckenden Schulden aufgenommen werden dürften[257]. 1862 verboten die Bischöfe den Priestern streng, ohne Zustimmung des Bischofs Geld zu sammeln, und stellten darüber hinaus zusätzlich ein Verbot auf, für die Missionsbezirke Schulden aufzunehmen, Bauvorhaben zuzustimmen oder ohne bischöfliche Erlaubnis bauliche Veränderungen vorzunehmen. Sie legten verbindlich fest, daß Bankkonten zu unterhalten waren, schrieben Buchführung vor und verlangten Inventare und die Auflistung der jährlichen Einkünfte[258]. Die neuen Gesetze des Jahres 1869 stellten im Grunde eine Neuauflage der Gesetzgebung dar, mit den zusätzlichen Bestimmungen für Priester und Bischöfe, daß Testamente abzuschließen seien (Dekrete 5-6; 13-15), wie man auch Regelungen über den Unterhalt der Priester anfügte (Dekret 4).

Auf dem Plenarkonzil 1885 übernahm man das Kapitel „*De bonis ecclesiasticis*" so gut wie wörtlich von den irischen Plenarkonzilien. In neun Dekreten dieses Kapitels fanden sich die Vorsichtsmaßregeln, die der australischen Gesetzgebung bereits eigen waren (zum Beispiel ein aktuelles, jährlich zu erstellendes Inventar; jährliche Aufstellung der Einkünfte; Testamente), und man schrieb vor, daß jeglicher Kirchenbesitz im Namen von mindestens drei Personen treuhänderisch zu verwalten sei, wobei der Diözesanbischof und zwei Priester unter den Treuhändern zu sein hätten. Außerdem sei das Amt eines Diözesansekretärs, der solche Angelegenheiten überwachen solle, einzurichten (Dekrete 267-274). Diese Gesetzgebung wurde 1895 und auch 1905

---

[257] Vgl. AP, Acta 210, fol. 400v, fol. 410, fol. 433.

[258] Vgl. Observanda, 6-7; die Bischöfe, die sich nicht auf Treuhänder einigen konnten, überließen die Entscheidung für die jeweilige Diözese dem Ortsbischof (vgl. Tagebuch Bischof Goolds, Eintrag vom 5. November 1862, in: MDHC).

unverändert übernommen[259], wobei man klarstellte, daß, ungeachtet der Vorkommnisse und Gewohnheiten der Pionierzeit, seit der an einigen Orten Eigentum als Erbbesitz überkommen war, nach dem Jahr 1885 nur noch die eine Vorgehensweise kanonisch rechtmäßig wäre, nämlich die Verwaltung durch ein treuhänderisches Gremium, dem der Bischof und mehrere andere Personen angehörten[260]. Laut Gesetz von 1885 war es auch vorgeschrieben, daß zur Veräußerung von Kirchenbesitz im Wert von über 200 Pfund Sterling die schriftliche Erlaubnis der Diözesankonsultoren erforderlich sei (Dekret 32)[261], ebenso die übliche Erlaubnis des Heiligen Stuhls. Dies wurde 1895 und 1905 nochmals bekräftigt, nachdem man auf der synodalen Zusammenkunft 1888 zeitlich begrenzte Verpachtungen und Hypotheken, durch die weder Eigentumsrechte übertragen noch Besitzrechte in Frage gestellt wurden, von dieser Regelung ausgenomen hatte[262]. Durch die nachfolgende Gesetzgebung wurden lediglich die bereits verkündeten Grundsätze weiter entfaltet und abgesichert. So erließ man 1895 das strenge Verbot, Kirchenbesitz oder kirchliche Gebäude *inconsulto episcopo* zu verändern (Dekret 223). Niederlassungen von Frauenorden, welche aufgrund öffentlicher Spendenaufrufe oder aufgrund der Bemühungen von Bischöfen oder Priestern ins Leben gerufen worden waren, mußten in der Regel unter dem Namen des Bischofs und einiger Schwestern geführt werden (Dekret 82). Versicherungspolicen waren unter dem Namen derjenigen abzuschließen, die vom Bischof dazu bestimmt wurden (Dekret 214). Außerdem beschloß man auf dem Konzil 1905 nach langer Debatte, eine katholische Versicherungsgesellschaft zu gründen[263]. Die Anwendung der Gesetze vor Ort erfolgte auf der Synode von

---

259 Dem entsprach die Gesetzgebung von 1937. Man fügte allerdings zusätzlich Dekrete bei, in denen Priestern unter Androhung der Suspendierung untersagt wurde, Kirchenbesitz, Grundbesitz oder Geld in ihrem eigenen Namen zu besitzen (Dekrete 653-685). In Neuseeland jedoch wiederholte man 1899 auf der Ersten Provinzialsynode von Wellington die Dekrete von 1885, mit Ausnahme des Dekrets, nach dem Kirchengut von einem Treuhändergremium zu verwalten sei; in Dekret 319 verlangte diese Synode lediglich, daß Besitzübertragungsurkunden ausgestellt würden, die dem staatlichen Recht genügten (vgl. Concilium Wellingtonense 86).

260 Dies war in der Praxis normalerweise ein Treuhandgremium, das von staatlicher Seite gesetzlich verpflichtend eingeführt wurde.

261 Nach dem Codex Iuris Canonici von 1917 (c. 1532) und den Bestimmungen des Konzils von 1937 (Dekret 148) war *consensus* erforderlich.

262 Vgl. Resolutions of the Synodical Conference of the Archbishops and Bishops of Australia, held in Sydney in January 1888, Nr. 2/3.

263 Vgl. Syllabus of some Important Matters suggested for the consideration of the Third Plenary Synod, Nr. 15; Suggestions for Agenda Paper for Third Plenary Council of Sydney, 1905, 12; September 6th, 1905, 5 sess., handschriftl. Protokoll, 3-5; September 6th, 1905, Public Session, 6-7; September 9th, 1905, 9th sess., 1-2, 4, in: SAA, MP, Bd. 230.

Melbourne 1907, wo man besonders bezüglich des Inventars diverse Einzelbestimmungen traf (Dekrete 85-94).

Irland und Großbritannien

Die ziemlich unkomplizierte Gesetzgebung in Australien war praktisch mit der irischen identisch[264]. Die entsprechende Gesetzgebung für England wurde auf der Zweiten Provinzialsynode von Westminster 1855 erlassen, in den einundzwanzig Artikeln des achten Dekrets. Nachdem man zunächst darauf verwies, daß die Verwalter von Kirchengut Gott gegenüber Rechenschaft abzulegen hätten, glich der weitere Inhalt der Gesetzgebung in Australien. Man stellte darin den Besitz von Gütern sicher. So waren zum Beispiel Gebäude Eigentum der Diözese, solange nicht eindeutig feststand, daß sie Eigentum von Ordensgemeinschaften darstellten. Man verbot Veräußerung ohne Erlaubnis des Bischofs, Inventare mußten geführt, Versicherungen abgeschlossen werden. Man unternahm auch den Versuch, eventuellen Problemen vorzubeugen. So legte man zum Beispiel fest, daß Spenden für die Missionsbezirke und nicht für die Priester zu bestimmen waren. Des weiteren wurden verschiedene Arten, Einkommen zu schaffen, gutgeheißen[265]. Im Unterschied zur Gesetzgebung in Australien legte man jedoch die Art der Körperschaft, in deren Besitz Eigentum überging, nicht verbindlich fest. Auch auf dem schottischen Konzil 1886 war dies nicht der Fall. Unterteilt in Vorschriften über Kirchengüter, Art und Weise der Sammlung von Geldmitteln, Pflichten und Rechten der Priester, zielten die detaillierten Bestimmungen dieses Konzils darauf ab, Kirchengut zu sichern und in rechter Ordnung zu erhalten[266].

Vereinigte Staaten

In der Gesetzgebung in den Vereinigten Staaten spielte die Verwaltung zeitlicher Güter schon immer eine wichtige Rolle, ganz im Unterschied zur australischen Gesetzgebung, in deren Bestimmungen diese Materie von eher untergeordneter Bedeutung war. Es stellten sich zwei Problemkreise: (1) Das Trustwesen oder der Anspruch auf alleinige Verfügungsgewalt über Kirchen-

---

[264] Vgl. CL 3, Sp. 793-794; vgl. Synodus Maynutiana 1875, 126-127; vgl. Synodus Maynutiana 1900, 125-128; im Unterschied zu Australien schuf man in Irland Anreize für die Priester, damit sie ein Testament aufsetzten: wer kein Testament machte, dem wurden die übliche Totenfürbitte (1850) oder die Letzte Ölung verweigert (1875).

[265] Vgl. CL 3, Sp. 980-984.

[266] Vgl. Concilium Scoticum 55-65.

gut, der an einigen Orten von treuhänderischen Körperschaften (Trustees), die aus Laien bestanden, erhoben wurde, wie auch der Anspruch auf das Recht, Priester anzustellen und zu entlassen[267]. (2) Unterschiedliche Gesetze in den einzelnen Staaten, die die Kirche oftmals hinderten, rechtlich anerkannte Körperschaften zu bilden. So wurden in Baltimore im Jahre 1884 zweiunddreißig Dekrete erlassen, in denen man unzweideutig den Grundsatz festschrieb, daß der Besitz der Kirche der bischöflichen Verfügungsgewalt unterliegen müsse. Man stellte Listen über die verschiedenen Besitzweisen für Eigentum zusammen und untersuchte, in welchem Maße die jeweiligen Lösungen erstrebenswert seien. Diese umfaßten die folgenden Möglichkeiten: In Übereinstimmung mit den kirchlichen Gesetzen eine legale, zivilrechtlich anerkannte Körperschaft zu bilden; den Bischöflichen Stuhl allein als Rechtsperson zu betrachten; Übereignung der Güter an den Bischof als Treuhänder oder aber Eigentumsübertragung der Güter an den Bischof persönlich als Erbbesitz, in welchem Falle er vor Gott daran zu denken habe, daß er nur deren Verwalter sei[268]. Die weitere Gesetzgebung entsprach dem Üblichen: Inventare, Testamente, Einkommensnachweise, Sorgfaltspflicht wie auch, wo dies zivilrechtlich zulässig war, die sorgfältige Auswahl von Treuhändern, die *ad nutum episcopi* ein- und abgesetzt werden konnten[269]. 1791 auf der Diözesansynode von Baltimore hatte Bischof Carroll für jede Kirche die Bestimmung erlassen, daß zwei oder drei Kirchendiener zur Vornahme der Kollekten anzustellen seien[270]. Man kann Vermutungen darüber anstellen, weshalb er diese Vorschrift erließ: wohl um klarzustellen, daß die Treuhänder, die es zu dieser Zeit bereits gab, keinerlei Befugnisse besaßen, außer soweit es die Kollekte betraf. In besonderer Weise unterstrich man auf der Ersten, Zweiten und Dritten Provinzialsynode, daß keine Kirche konsekriert werden könne, solange sie nicht dem Bischof unterstellt werde. Laien komme hingegen kein Patronatsrecht zu, und die Güter der Kirche seien nach den staatlichen Gesetzen zu sichern[271]. Dies geschah, nachdem Papst Pius VII. als Reaktion auf ein Schisma in Philadelphia prinzipiell den Grundsatz verkündet hatte, daß Kirchengüter nicht der Kontrolle von Laien, son-

---

267 Informationen über die Geschichte des Trustwesens und der Probleme damit, in: P. J. Dignan, A History of the Legal Incorporation of Catholic Church Property in the United States (1784-1932), in: Studies in American Church History, Nr. 14, Washington/D.C. 1933, 289 S.

268 Vgl. Concilium plenarium Baltimorense III 153.

269 Vgl. Concilium plenarium Baltimorense III 149-169.

270 Vgl. CL 3, Sp. 3.

271 Vgl. CL 3, Sp. 27, 57, 71.

dern allein der Kontrolle durch die Hierarchie unterlägen, und die Ansprüche von Treuhändern auf ein *ius patronatus* als *novum ac plane inauditum* zurückgewiesen worden waren[272]. Angesichts von Gesetzen mancher Einzelstaaten, nach denen man die Anerkennung von kirchlichem Körperschaftsbesitz verweigerte wie auch die automatische Eigentumsübertragung an Amtsnachfolger ablehnte, faßten die Plenarkonzilien von 1852 und 1866 die Ansprüche nochmals zusammen. So kam es, daß deren Gesetzgebung bezüglich testamentarischer Verfügungen große Bedeutung erlangte[273]. Während auf Provinzebene viele verhältnismäßig unbedeutende gesetzliche Entscheidungen getroffen wurden[274], so zeigte man sich doch um den Erhalt des Eigentums weitgehend genauso besorgt wie auf den Plenarkonzilien. Auf der Zweiten Synode von St. Louis 1858 betrachtete man die Erbbesitz-Regelung als nicht sicher genug, als zu beschwerlich für den Bischof und als zu kritikanfällig[275]. Aus diesem Grunde drängte man darauf, ein neuerliches Plenarkonzil einzuberufen. Erbbesitz, der durch ein Testament abgesichert war, wurde auf der Synode von Cincinnati 1855 als sicherste Garantie zur Wahrung von Besitzansprüchen betrachtet[276]. Doch 1861 zog es eine weitere Synode ebenda vor, das Eigentum an einen Ausschuß zu übertragen, der mehrheitlich aus vom Bischof ernannten Priestern bestand[277]. Eine erschöpfende Untersuchung der lokalen Gesetzgebung ist in einer kurzen vergleichenden Arbeit wie dieser jedoch nicht möglich. Schon auf den ersten Blick wird aber deutlich, daß eine Angelegenheit, die in Australien keine Probleme bereitete und eine untergeordnete Rolle spielte, in den Vereinigten Staaten über einen längeren Zeitraum hinweg zu den Hauptanliegen zählte. Dazu trug zweifellos die Kombination mehrerer Faktoren bei, wie der Antikatholizismus der Gesellschaft, amerikanisches Demokratieverständnis sowie theologische Ansichten, die freikirchlicher Erfahrung entsprachen.

---

272 Vgl. Pius VII., Apostolisches Schreiben „*Non sine magna*“, 24. August 1822, in: IPPF, pars 1a, Bd. IV 619-622.

273 Vgl. CL 3, Sp. 147, 453-455.

274 So dekretierte zum Beispiel die Zweite Provinzialsynode von Oregon City 1881 unter anderem, daß ein Rektor seinem Nachfolger ein Pferd, einen Karren oder eine Kutsche, welche aus Missionsgeldern zu finanzieren seien, zu hinterlassen habe (vgl. Concilia Oregonopolitana 40).

275 Vgl. CL 3, Sp. 316-318.

276 Vgl. CL 3, Sp. 192.

277 Vgl. CL 3, Sp. 225.

Kanada

Das französische Regime in Québec räumte den Pfarrern das Recht auf Zehntabgaben ein, wie es auch Pfarrräte, die sich aus prominenten Bürgern zusammensetzten, zuließ, welche unter der Leitung des Pfarrers die Kirchengüter verwalteten. Der Grund, warum die Probleme, die in den Vereinigten Staaten auftraten, hier nicht existierten, ist zweifellos darin zu sehen, daß beide Einrichtungen zivilrechtlich Anerkennung fanden. Folglich erließ man auf den Synoden Québecs nur minimale Regelungen im Hinblick auf die Temporalien[278]. So verhielt es sich auch im übrigen Kanada[279] mit Ausnahme Torontos, wo sich eine Synode 1875 stark mit finanziellen Angelegenheiten beschäftigte und zu Einkünften, Priestergehältern, Abgaben an den Bischof, Versicherungen, Testamenten und Schulden detaillierte Regelungen erließ[280]. Die Gesetze des Plenarkonzils von 1909 setzten sich zusammen aus praktischen Anweisungen zu Angelegenheiten wie zum Beispiel Einkommen, Inventar und Buchführung über Einkünfte, wobei man betonte, daß auf die rechtliche Absicherung von Eigentumsansprüchen zu achten sei[281].

6. Evangelisierung der Eingeborenen

Australien

In Anbetracht der humanitären Sorge von Erzbischof Polding um die Eingeborenen mag es seltsam erscheinen, daß diese, und besonders die missionarischen Bemühungen um sie, in der synodalen Gesetzgebung des Jahres 1844 überhaupt nicht erwähnt werden[282]. Die Erklärung dafür liegt vermutlich in der Verwirrung, die durch die Errichtung einer Apostolischen Präfektur entstanden war, welche die Eingeborenen der bischöflichen Jurisdiktion entzog.

Das letzte Dekret der Synode von 1869, noch vage formuliert, stellt den ersten Beleg für eine diesbezügliche Gesetzgebung dar. Man bestimmte dar-

278 Es finden sich 1854 die üblichen Regelungen bezüglich Verwaltung der Pfarrei und Mesnern (vgl. CL 3, Sp. 657-658); 1868 die Zehentverpflichtung (vgl. CL 3, Sp. 720-721); Testamente und Notwendigkeit einer Erlaubnis bei Durchführung von Flohmärkten (vgl. Concilium Quebecense VII 44-45, 49-50).

279 Vgl. zum Beispiel Concilium S. Bonifacii 21, wo nur von Inventar und Feuerversicherung die Rede war.

280 Vgl. Concilium Torontinum I 25-35.

281 Vgl. Concilium plenarium Quebecense 443-458.

282 Vgl. E.D. Stockton, Polding and the Aborigines, in: Tjurunga 16 (1978) 49-62.

in, daß eine solche Missionierung, die auf Ansuchen der Propaganda aufgenommen wird, einem Orden oder einer Männerkongregation zu übertragen sei (Dekret 18). Wenngleich diese Frage einen der fünf Tagesordnungspunkte auf der Synode von 1869 darstellte[283], so verwendete man dort doch nur sehr wenig Zeit darauf, die Frage zu diskutieren, obschon man im Hirtenbrief in scharfer Form Ungerechtigkeiten gegenüber den Eingeborenen anprangerte[284]. Auch empfahl die Synode, im nördlichen Teil der Diözese Brisbane, wo es noch immer viele Eingeborene gab, ein Apostolisches Vikariat zu errichten. Als dieses dann, fast acht Jahre später, eingerichtet wurde, erklärte Pius IX. in einem Apostolischen Schreiben, daß dies vorzüglich zur Bekehrung der Ureinwohner geschehen sei und daß man das Vikariat den Priestern des Seminars St. Peter und Paul für Ausländische Missionen anvertraue, einer italienischen Missionsgesellschaft, die aus Diözesanpriestern bestand[285]. Als sich herausstellte, daß diese Priester aufgrund mangelnder Kenntnisse der englischen Sprache nicht in der Lage waren, ihrer Aufgabe nachzukommen, übertrug man 1884 das Vikariat den Augustinern der Provinz Irland[286]. Keine der beiden Gruppen trat jedoch das Apostolat bei den Eingeborenen an, wofür doch das Vikariat in erster Linie eingerichtet worden war. Auf dem Konzil von 1885 schlug der Apostolische Vikar deshalb vor, „. . .*that a prefect or vicar apostolic be appointed to the spiritual care of the aboriginals in Queensland*"[287]. Dieser Vorschlag fand die ungeteilte Zustimmung der Konzilsväter und man empfahl, den neuen Jurisdiktionsbereich den auf den Philippinen ansässigen spanischen Augustinern zu übertragen. Man errichtete in der Folge des Konzils zwei Apostolische Vikariate, um den Glauben unter den Eingeborenenvölkern Australiens zu verbreiten: Kimberley, welches den gleichnamigen westaustralischen Bezirk umfaßte, und Queensland, dem alle Eingeborenen in Queensland zugeordnet wurden[288]. Auch erließ das Konzil von 1885 unter der Überschrift „*De propaganda fide inter aboriginales*" sechs Dekrete: Die Eingeborenen seien in der Lage und auch willens, den christlichen Glauben anzunehmen (Dekret 203); man solle Reservate für sie einrich-

---

283 Vgl. CL 3, Sp.1058.

284 Vgl. Polding, The Eye of Faith 403-405.

285 Vgl. Pius IX., Apostolisches Schreiben „*Iamdiu factum est*", 30. Januar 1877, in: Pii IX Pontificis Maximi Acta, pars prima, Bd. VII 284-286.

286 Vgl. Leo XIII., Apostolisches Schreiben „*Quum Nobis*", 4. Januar 1884, in: Leonis XIII Pontificis Maximi Acta, Bd. IV 3-4.

287 Vgl. Father Hutchinson OSA, Vic. Apost., handschriftl. Gedächtnisprotokoll, in: SAA, MP, Bd. 88; in diesem Memorandum findet sich auch die Aussage: „. . .*that the priests and brothers in charge of the blacks teach them the English language*".

288 Vgl. Leo XIII., Apostolisches Schreiben „*Ecclesiae universae*", 10. Mai 1887, in: Leonis XIII Pontificis Maximi Acta, Bd. VII 90-91.

ten (Dekret 204); die Unterweisung in religiösen Angelegenheiten und in Dingen des täglichen Lebens werde Ordensgemeinschaften übertragen (Dekret 205); in jeder Diözese sei eine jährliche Kollekte für die Mission unter den Eingeborenen durchzuführen (Dekret 206); diese sei durch eine Bischofskommission zu verwalten (Dekret 207). Außerdem protestierten die Bischöfe gegen die Verfolgung von Eingeborenen durch Siedler (Dekret 208). Diese praktischen Richtlinien bestimmten nun das pastorale Handeln[289]. Nicht die Dekrete sind es, die Kritik verdient haben, sondern die Gesetzgeber selbst, die im allgemeinen die Dekrete einfach ignorierten. In den folgenden zehn Jahren erbrachte die Kollekte magere 795 Pfund[290], und auf dem Konzil von 1895 wurde ausführlich über die Frage diskutiert, ob man das Dekret über die Kollekte, in Anbetracht der Tatsache, daß in vielen Diözesen die Kollekte gar nicht durchgeführt worden war, aufrechterhalten solle[291]. Die Dekrete wurden jedoch auf diesem Konzil und auch 1905 wörtlich wiederholt[292].

Im Anschluß an das Konzil von 1885 versuchte Kardinal Moran mittels einer umfangreichen Korrespondenz mit der Propaganda, eine Ordensgemeinschaft dazu zu bewegen, das Vikariat Kimberley anzunehmen[293]. Ohne Erfolg blieben Bemühungen bei den Benediktinern, den Salesianern, den Missionaren von Mariannhill, den Vätern vom Heiligen Geist und den Trappisten. So beließ man das Vikariat unter der Verwaltung des Bischofs von Perth und seit 1898 unter der des Bischofs von Geraldton. Nachdem französische Trappisten 1890 in Beagle Bay im Gebiet des Vikariats ein Kloster errichtet hatten, entschied man sich auf dem Konzil 1895 dafür, ihnen das Vikariat zu überantworten[294]. Doch diese lehnten es ab und lösten 1899 ihre Niederlas-

289 Die erste Fassung trägt die Handschrift von Anton Strele SJ, dem Superior der Jesuitenmission im Northern Territory, und ist von Bischof Salvado gegengezeichnet (vgl. De Aboriginalibus, Nov. 23, 1885, hs. in: SAA, MP, Bd. 88).

290 Vgl. O'Farrell, The Catholic Church and Community 273.

291 Vgl. Congregatio privata, 22. Nov. 1895, 10 Uhr, handschriftl. Protokoll, 1-4, in: SAA, MP, Bd. 152.

292 Diese Synoden übersahen sogar, die lange Präambel zum Dekret 1 zu verbessern, welches sich auf die Missionsarbeit in Neuseeland und Fiji bezog, obschon die Propaganda diese Gebiete der Jurisdiktion dieser Synoden entzogen hatte. Die Synode 1899 in Neuseeland übernahm nur die Dekrete 203 (eine auf die Verhältnisse in Neuseeland übertragene Version) und 204 des Australasischen Konzils von 1885. Die restlichen Bestimmungen ersetzte man durch ein Dekret, in dem man das Werk zur Glaubensverbreitung ersuchte, eine jährliche Subvention in Höhe von 20000 französischen Francs zur Verfügung zu stellen. Die Propaganda verzögerte dieses Dekret jedoch, wenngleich sie den Bischöfen den Rat gab, sich um solche Subventionen zu bemühen (vgl. AP, NS 178, fol. 727, fol. 774; vgl. Concilium Wellingtonense 66).

293 Vgl. AP, NS 216, fol. 195-379; 34, fol. 65-68; SAA, MP, Bd. 91.

294 Vgl. Kimberley Vicariate in Western Australia, hs, 2 S.; vgl. Congregatio privata, 22. Nov. 1895, 10 Uhr, 4, in: SAA, MP, Bd. 152.

sung wieder auf[295]. Was das Vikariat von Queensland für die Eingeborenen angeht, so existierte dieses eigentlich niemals, wenngleich es im Schematismus, dem katholischen Adreßbuch für Australasien von 1888 bis 1906 und im Annuario Pontificio bis 1933 als vakanter Sitz ohne Klerus geführt wird[296]. Dies, wie auch ein Brief des Metropoliten von Queensland, Erzbischof Dunne, aus dem Jahre 1900, in dem er die Propaganda zu ihrer weisen Entscheidung beglückwünscht, keine Ernennung durchzuführen, weist darauf hin, daß dieser Teil der konziliaren Arbeit in der Praxis nur schwer durchzusetzen war und die Hierarchie für diese Idee keine große Begeisterung empfand[297].
Nachdem die Konzilsväter 1905 die Berichte der Bischöfe von Perth und Geraldton, sowie den Bericht des Pallotinersuperiors Pater George Walter, welcher nun die von den Trappisten verlassene Mission in der Beagle Bay betreute, zur Kenntnis genommen hatten, nahmen sie ein Angebot der Benediktiner aus New Norcia an, ein exemtes Priorat auf einem Gebiet, welches vom Vikariat Kimberley abzutrennen sei, zu errichten. Sodann erließen sie ein Gesetz, nach dem es angemessen war, „ein ausländisches Missionskolleg" zur Ausbildung australischer Priester für die Mission auf den Philippinen, in China und Japan einzurichten (Dekret 18), wobei sie ignorierten, daß ein solches Kolleg für die eigenen Missionsgebiete in Australien notwendig gewesen wäre[298]. Es überrascht nicht, daß dieser triumphalistische Traum, australische Missionare auszusenden, nicht zur Kenntnis genommen wurde und das Dekret heute als äußerst deplaziert erscheint, angesichts der Tatsache, daß die Bischöfe niemals in Erwägung gezogen hatten, die Priester ihrer je eigenen Diözese, einzeln oder als Mitglieder einer Missionsgesellschaft, zur Evangelisierung der Eingeborenen Australiens zu ermutigen.

---

295 Genaueres, insbesondere über die Unvereinbarkeit des Klosterideals der Trappisten mit der dort nötigen missionarischen Arbeit, wie auch zur folgenden Weigerung, die Verantwortung für das Vikariat zu übernehmen, bei M. Durack, The Rock and the Sand, London 1969, 35-107; 1898 teilte außerdem der Abt an die Propaganda mit, daß Bischof Kelly von Geraldton sich über Choralmessen und über das frühe Aufstehen um 2 Uhr morgens lustig mache, außerdem Finanzzuschüsse zurückhalte (vgl. AP, NS 146, fol. 572).

296 Vgl. Australasian Catholic Directory for 1888, 120; vgl. Australasian Catholic Directory for 1906, 113; Annuario Pontificio per l'anno 1933, 429.

297 Vgl. AP, NS 195, fol. 531-532.

298 Vgl. Syllabus of some Important Matters suggested for the consideration of the Third Plenary Synod, Nr. 8; September 8th, 1905, Gen. sess., 8 sess., 1-4, September 9, 1905, 9th sess. 2-3, September 9th, 10 sess., handschriftl. Protokoll, 1-2; in: SAA, MP, Bd. 230.

Großbritannien, Irland, Kanada, Vereinigte Staaten

In England, Schottland oder Irland gab es natürlich keine Gesetzgebung bezüglich der Missionierung von Eingeborenen, und obschon viele irische Priester als Missionare aus Missionsseminaren und -gesellschaften hervorgingen, erließ doch keine irische Synode darüber irgendwelche Vorschriften. In Kanada war die Missionierung durch Jesuiten, Rekollekten und Oblaten schon lange üblich, bevor überhaupt Synoden abgehalten wurden. Die Gesetzgebung beschränkte sich denn auch auf ein Minimum[299]. In den Vereinigten Staaten vertraute die Zweite Provinzialsynode von Baltimore 1833 die Mission bei den Indianern und Farbigen den Jesuiten an[300]. Wenngleich man auf dem Zweiten Plenarkonzil Gesetze zur Mission unter den Farbigen erließ, so fanden doch die Indianer dort keine Erwähnung. Auf dem Dritten Konzil führte man Indianer und Farbige in einem Atemzug an, wobei letzteren der Schwerpunkt der Aufmerksamkeit gewidmet war, vermutlich, weil sie zahlreicher waren. Man lobte die in der Vergangenheit geleistete missionarische Arbeit unter den Indianern. Eine Agentur, die der Erzbischof von Baltimore im vorausgegangenen Jahrzehnt hierfür errichtet hatte, wurde gutgeheißen, und man verabschiedete Regelungen über jährlich durchzuführende Kollekten, durch welche sich die karitative Arbeit auf das ganze Land ausdehnte[301]. Der amerikanische Historiker John Tracy Ellis jedoch beurteilt die Dekrete als völlig unzureichend, und sieht in ihnen einen Beleg für die uninteressierte, schwerfällige Haltung gegenüber Nichteuropäern[302].

---

299 Vgl. CL 3, Sp. 737-738 (Priester in der Provinz Halifax mußten dort geborene Katholiken regelmäßig besuchen, Predigten halten, sowie dort Sakramentenspendung vornehmen); vgl. Concilium S. Bonifacii, 18: Missionshilfsgesellschaften sollten gefördert werden; vgl. Concilium Marianopolitanum 244-245: man benötigte Internate.

300 Vgl. CL 3, Sp. 42.

301 Vgl. Concilium plenarium Baltimorense III 133-136.

302 Vgl. J.T. Ellis, Australian Catholicism: An American Perspective, in: Journal of Religious History 10 (1978-1979) 316.

IV. Die übergreifende Bedeutung der Synoden und Konzilien

1. Der Beitrag der Synoden zum Fortschritt der Kirche

Priester und bischöfliche Pastoral

Aus den vorstehenden Ausführungen ergibt sich deutlich, welch ungewöhnlich hoher Anteil den Priestern zukam, die den Konzilsvätern bei der Gesetzgebung aktiv zur Seite standen. Dies zeigte sich bereits auf der Ersten Provinzialsynode 1844, wo die Anzahl von rund einundzwanzig Priestern die der drei Bischöfe bei weitem übertraf[1]. Wenngleich auf den folgenden Synoden dieser hohe Anteil von 87,5 % nicht mehr erreicht wurde, so waren es doch auch niemals wesentlich weniger. 1895 stellte man mit 68,06 % den niedrigsten prozentualen Anteil fest[2]. Seit 1885 achtete man sorgfältig darauf, daß neben den Priestern, die von den Bischöfen als theologische und kanonistische Berater herangezogen wurden, jeder Orden und jede Kongregation, wie auch der Klerus einer jeden Diözese durch einen Delegierten vertreten war[3].

---

[1] Von noch größerer Bedeutung ist die Tatsache, daß 34 Priester einberufen wurden. Es scheint, daß außer den vier Passionisten nur zehn nicht berufen wurden. Diese zehn lebten entweder in riesiger Entfernung vom Ort des Geschehens oder waren gerade suspendiert (vgl. Rev T. J. Linane [der die Katholische Priesterschaft vor 1900 untersucht hat] an den Autor, Torquay/Victoria, 1. Februar 1989).

[2] Die restlichen Prozentzahlen: 1869: 79,48%; 1885: 74,29%; 1905: 70%; 1907: 85,19%. Dieser Prozentsatz fiel jedoch im Jahre 1937 auf 61,63%.

[3] Zu dieser Zeit besaßen nur Äbte und Ordensprovinziale, die im Gebiet der Provinz residierten, und je ein Delegierter jedes Domkapitels *de consuetudine* das Recht anwesend sein zu dürfen (vgl. S. B. Smith, Elements of Ecclesiastical Law, Bd. I, 36-37). Zu der Zeit, als es keine Kapitel für Kanoniker gab, begann man als zwischenzeitliche Maßnahme, gewählte Vertreter des Klerus jeder Diözese für das Konzil 1885 zu entsenden. Als die geplanten Kapitel nicht zustandekamen, wiederholte man die alternative Entsendung von gewählten Repräsentanten der Diözesen zum Konzil 1895 und 1905. In den anderen hier untersuchten Ländern sandten die Kapitel, wo es solche gab, Vertreter. Dieser neue Brauch, Vertreter der Priester zusätzlich zu den von den Bischöfen ernannten *theologi* zu entsenden, konnte nur in Irland Fuß fassen, und zwar in Diözesen ohne Kapitel. Auch geschah dies erst anläßlich von drei der vier Provinzialsynoden in den Jahren 1907 und 1908 (vgl. Concilium Tuamense 1907, 2, 9-10; Concilium Cassiliense 1907, 10, 14-15; Concilium Armacanum 1908, 7-8). Nur in Schottland entsandten die Orden gewählte Vertreter (1886). Die dort existierenden sieben Orden oder Kongregationen waren sämtlich repräsentiert, doch nur nachdem die Orden in ihrer Korrespondenz diesen Punkt als sehr wichtig herausgestellt hatten. Die Bischöfe hatten den Vorschlag unterbreitet, daß zwei gewählte Vertreter alle Gemeinschaften vertreten sollten, doch

Während es schwierig scheint, den Einfluß der Synodalen auf die Entscheidungen der Konzilsväter zu belegen, so hat man sie doch allem Anschein nach immer dazu ermutigt, ihre Meinung ohne Scheu zu vertreten[4], und 1885 veränderte man auf einer allgemeinen Zusammenkunft sogar die vorbereiteten Dekretentwürfe[5]. Es scheint tatsächlich, daß sich die Bischöfe gelegentlich darauf verließen, daß diese Priester die Beschlüsse erarbeiteten[6]. Moran war offenbar auch dazu entschlossen sicherzustellen, daß all jene, die an Konzilien teilnehmen sollten, auch wirklich einberufen wurden. Dementsprechend fragte er 1895 bei der Propaganda an, ob er den exemten Abt-Koadjutor von New Norcia einladen solle, den Abt des Trappistenklosters im Apostolischen Vikariat Kimberley, sowie in Anbetracht des Rücktritts des Apostolischen Administrators der Diözese Victoria und Palmerston den Superior der dortigen Jesuitenmission. Gleichfalls fragte er an, ob die Genannten Prokuratoren ernennen könnten für den Fall, daß sie sich selbst auf Grund der großen Entfernung entschuldigen müßten[7]. Die Bischöfe konsul-

---

regte sich Widerstand bei dem Gedanken, daß dann ein Mitglied einer Kongregation die Mitglieder eines Ordens vertreten könne. Nicht zugelassen wurden einige Provinziale, die zwar schottische Untergebene besaßen, aber außerhalb Schottlands residierten. Ihr Antrag auf Teilnahme wurde abgelehnt (vgl. Fort Augustus Council: Correspondence, 1883-1887, in: SNCA, Dokumente ED/4/68/4-10).

4 1895 berichtete Moran den Synodalen, daß nach der Regel jeder Priester zu den Generalversammlungen zuzulassen sei, der irgendwelche Bemerkungen machen wolle (vgl. Congregatio generalis, 25. Nov. 10 Uhr, handschriftl. Protokoll, 1, in: SAA, MP, Bd. 152); 1905 bat er die Priester zu den anstehenden Fragen um ihre Meinung in möglichst ausführlicher Darstellung, da es der Wunsch des Konzils sei, Meinungen zur größeren Ehre Gottes ans Licht zu bringen (vgl. September 6th, Public session, ebd. Bd. 230).

5 Vgl. Concilium plenarium Australiense, xxx.

6 So zum Beispiel in der Frage des Alkoholmißbrauchs von Priestern, denn weder Gründe noch Heilmittel waren mit denen in Irland vergleichbar (vgl. Congregatio generalis, 25th Nov., 10 a.m., 1-3, in: SAA, MP, Bd. 152; vgl. September 6th, Public session, 5, ebd. Bd. 230). Es ging auch um die Frage, welche und wieviele Priester an den Namensvorschlägen für Bischofskandidaten beteiligt werden sollten in Diözesen mit weniger als zehn Diözesankonsultoren und ständigen Rektoren (vgl. Congregatio privata, held at 2 p.m. Nov. 18th, handschriftl. Protokoll, 4-5; vgl. Congregatio generalis, 28th Nov., 10 a.m, 1; Resolutions passed at meetings of representatives of the priests of the dioceses of Australia and Tasmania held in St Patrick's College, Manly, on Nov. 23rd, 26th, and 27th 1895, hs., 2, in: ebd. Bd. 152).

7 Vgl. AP, NS 216, fol. 323-324. In der Antwort erteilte man denjenigen, die ein Recht auf Teilnahme besaßen, eine interessante Lektion: Da er eine quasibischöfliche Jurisdiktion ausübe, habe ein exemter Abt ein Recht darauf, anwesend sein zu dürfen, doch erstrecke sich dieses Recht nicht auf seinen Koadjutor. Der Abt der Trappisten, der weder exemt noch Apostolischer Vikar sei, habe auch keine quasibischöfliche Jurisdiktionsgewalt, könne jedoch eingeladen werden, woraus ihm keine Verpflichtung zur Teilnahme erwachse. Man könne ihm auch beratendes Stimmrecht einräumen; Anton Strele SJ war noch immer Apostolischer Administrator von Victoria und Palmerston, denn obschon er seinen Rücktritt eingereicht hatte, war dieser nicht angenommen worden, obgleich Strele mit Erlaubnis der Propaganda außerhalb seiner Diözese residierte. Also mußte er einberufen werden (vgl. ebd. 325-326).

tierten die Priester aber nicht nur, sondern berieten auch Resolutionen, die auf Initiative der Priester vorgelegt wurden[8]. Ehe man das Konzil 1905 durchführte, bat Kardinal Moran jeden Bischof, eine Kommission einzusetzen und zu leiten, die wünschenswerte Änderungen oder Zusätze zur Gesetzgebung von 1895 ausarbeiten sollte[9]. Während des Konzils wurden dann die Berichte dieser Kommissionen den Konzilsausschüssen zur Überarbeitung ausgeteilt[10]. Die einzige Ausnahme von der sonst äußerst aktiven Beteiligung der Priester bildete die „Synode“ von 1862, auf welcher die vier Bischöfe allein berieten[11]. Mit Ausnahme der Synode 1869, auf der dem Diözesanadministrator von Armidale, Sheehy, kein entscheidendes Stimmrecht zugebilligt wurde, gewährten die Diözesanbischöfe schließlich, wo immer möglich, allen Personen, welche zu ihnen als Konzilsväter hinzutraten, entscheidendes Stimmrecht[12].

---

[8] Vgl. Resolutions passed at meetings of representatives of the priests of the dioceses of Australia and Tasmania held in St Patrick's College, Manly, on Nov. 23rd, 26th, and 27th 1895, hs., 3 S., in: SAA, MP, Bd. 152; vgl. A Meeting of the Priests representing the Clergy; vgl. September 9th, 1905, 9th sess.,6, in: ebd. Bd. 230.

[9] Vgl. Moran an die Australischen Bischöfe, Sydney, 12. Februar 1905, in: ebd.

[10] Vgl. September 4th, 1905, 1 sess., handschriftl. Protokoll, in: ebd.; vgl. mehrere ähnliche Berichte ebd.

[11] Vgl. Tagebuch Bischof Goolds, Einträge vom 29. Oktober bis 13. November 1862 (MDHC). Man bedenke dabei, daß es keine Unregelmäßigkeit darstellte, wenn Priester nicht an der „Synode“ teilnahmen, da es zu dieser Zeit niemanden mit einem Recht *de consuetudine* (also Provinziale, Äbte, Seminarrektoren oder Delegierte der Kapitel) gab, der hätte anwesend sein können. Die Bischöfe waren zwar nicht verpflichtet, konnten aber Theologen und Kirchenrechtler als Berater beiziehen (vgl. S. B. Smith; Elements of Ecclesiastical Law, Bd. 1, 36-37).

[12] Im Jahre 1885 erteilten die Bischöfe den Prokuratoren abwesender Bischöfe einstimmig entscheidendes Stimmrecht (vgl. Concilium plenarium Australiense, xxii-xxiii); 1895 gewährte man erst nach einer Debatte den Koadjutorbischöfen und den Weihbischöfen entscheidendes Stimmrecht, ebenso dem Apostolischen Vikar von Cooktown (von dem man 1885 angenommen hatte, er habe sowieso entscheidendes Stimmrecht), dem Abt der exemten Abtei von New Norcia, dem Apostolischen Administrator von Victoria und Palmerston und dem Diözesanadministrator für Port Augusta (vgl. Concilium plenarium Australiense, xi), wenngleich nur die Fälle der Koadjutor- und Weihbischöfe einer Diskussion bedurften, da die anderen, auch unabhängig von der Entscheidung der Bischöfe, bereits entscheidendes Stimmrecht besaßen (vgl. S. B. Smith; Elements of Ecclesiastical Law, Bd. 1, 37); 1905 entfernte die Propaganda aus den Acta den Hinweis darauf, daß die Väter dem Diözesanadministrator für Rockhampton und den Prokuratoren der abwesenden Bischöfe entscheidendes Stimmrecht zugebilligt hatten, und stellte fest, daß diesen, unabhängig von der Entscheidung der Konzilsväter, entscheidendes Stimmrecht beim Konzil zukomme (vgl. AP, NS 512, fol. 544). In den Acta fand sich auch ein Hinweis darauf, daß die Väter diesem Personenkreis, und auch dem Abt der exemten Abtei von New Norcia, entscheidendes Stimmrecht zugestanden hätten, doch wurde diese Passage nicht verbessert, nur eine Anmerkung angefügt, daß der Abt der exemten Abtei und der Diözesanadministrator dieses Stimmrecht bereits besäßen (vgl. ebd.).

Eintracht durch einheitliche Gesetzgebung

Das Erste Dekret der Synode 1844 stellte eine Ermahnung an die Bischöfe dar, Eintracht untereinander herzustellen und aufrechtzuerhalten. Aus heutiger Sicht mag der Anschein entstehen, daß ein Großteil der Gesetze nur unbedeutende Kleinigkeiten regelte, doch führte dies zu einer stabilen, einheitlichen pastoralen Praxis, besonders im Hinblick auf den Dienst der Priester und die Handhabung der Sakramente. Dieses gemeinsame Vorgehen wurde beibehalten, wobei die Bischöfe einmütig darauf bestanden, daß, ungeachtet persönlicher Ansichten zu Fragen wie der konfessionsverschiedenen Ehe, man nach außen eine gemeinsame Position beziehen müsse, damit die Kirche nicht dadurch Schaden erleide, daß es den Gläubigen durch bloßes Überschreiten einer Diözesangrenze möglich wäre, einer anderen Praxis zu folgen.

Für Kardinal Moran wurde Eintracht unter den Bischöfe beinahe zur fixen Idee. Er berichtet über das Konzil von 1885, daß „. . .*the greatest concord, charity, and peace prevailed*“ und daß man dort Dekrete verabschiedet habe, „. . .*establishing uniformity of discipline as far as possible, the same catechism, the same ordo for reciting the divine office, the same rules for fasting, for holidays, for reserved cases, etc.*“[13]. Ähnliches berichtet er zehn Jahre darauf: „. . .*The most perfect harmony prevailed*“[14].

Man hielt vier Synoden in Australien ab, noch ehe Australien im Jahre 1901 zu einem einheitlichen Staat wurde[15]. Lange vor Errichtung eines politischen Bundes hatte man auf diesen Synoden eine kirchliche Einheit geschaffen. Moran zeigte wohl auch deshalb großes Interesse an der politischen Einigung und betrieb diese aktiv mit, bewarb sich 1897 sogar um eine Kandidatur zur Bundesversammlung, durch die die australische Verfassung geschaffen werden sollte[16]. In seiner Vision kirchlicher Einheit auf dem Kontinent stell-

---

[13] Vgl. Moran an Kirby, Sydney, 1. Dezemberr 1885, in: IC, NK, Nr. 1885/111; Moran fügte an: „. . .*All the members of the plenary council dined with me each day. It was somewhat expensive, but served to keep us all together*“ (vgl. ebd.).

[14] Vgl. Moran an Kelly, Sydney, 30. Dezember 1895, in: IC, Kelly Korrespondenz, Nr. 1895/304.

[15] Trotz der Tatsache, daß England, Wales, Schottland und Irland während dieser Zeit ein Vereinigtes Königreich bildeten, versuchte man zu keiner Zeit, kirchliche Einheit herzustellen. Da die Küstenprovinzen niemals Bestandteil der Kirchenprovinz Québec gewesen waren, war das Plenarkonzil von 1909 die einzige Synode für ganz Kanada (in den heutigen Grenzen, doch ohne Neufundland, das damals noch nicht zu Kanada gehörte). In den Vereinigten Staaten kann man nur für die drei Plenarkonzilien behaupten, daß sie Gesetze für das Gebiet erlassen hätten, welches heute die „achtundvierzig Staaten“ umfaßt.

[16] Vgl. im einzelnen: Ford, Kardinal Moran and the A.L.P. 199-229.

ten die Plenarkonzilien Glanzlichter dar, da er, schon lange vor den Politikern, der Überzeugung war, daß nicht autonome Kolonien, sondern ein geeintes Australien das Gebot der Stunde sei[17]. Weil er im Hinblick auf die jährlichen Treffen der Metropoliten die Autorität eines Apostolischen Legaten besaß, war er in der Lage, in der Zeit zwischen den Konzilien die Kirchendisziplin zu überwachen und der Propaganda regelmäßig Bericht zu erstatten. Es mag sein, daß die Propaganda noch 1869 auf einer Synode hatte bestehen müssen, doch seit dem Eintreffen Morans in Sydney förderte er durch hohen persönlichen Einsatz die Sache eines regelmäßig stattfindenden Konzils. Nachdem er auf der Zusammenkunft der Erzbischöfe 1894 deren Rat wie auch den Rat der Bischöfe seiner eigenen Provinz eingeholt hatte, bat er um die Erlaubnis des Papstes, ein Plenarkonzil für Australien und Neuseeland für 1895 einzuberufen, wobei er die Auffassung vertrat, daß es große Vorteile mit sich brächte, ein solches Konzil alle zehn Jahre abzuhalten. Im Jahre 1904 bemühte er sich wiederum um eine Erlaubnis des Papstes, damit ein Plenarkonzil, einschließlich Neuseelands, abgehalten werden könne[18] – in Fortführung der Tradition, – die ein solches Konzil alle zehn Jahre vorsah. Man gestattete das Ersuchen, ohne jedoch die Teilnahme Neuseelands zu berücksichtigen[19]. Morans Einheitsdenken blieb aber unter seinen Amtsbrüdern nicht ohne Widerspruch. Wenngleich man auf dem Konzil 1905 dafür stimmte, Sydney zum Erzbistum zu erheben, so weist doch das Abstimmungsergebnis, welches nicht nach Rom übermittelt wurde, aus, daß nur vierzehn dafür, acht aber dagegen gestimmt hatten[20]. Auf dem gleichen Konzil behandelte man die Frage, ob man den australischen Erzbischöfen anläßlich ihrer jährlichen Zusammenkunft die Autorität eines übergeordneten kirchlichen Gerichtes für Berufungsverfahren übertragen solle, welches dazu befugt sei, in kirchlichen Angelegenheiten Berufungen der Diözesan- und Metropolitangerichte entgegenzunehmen, sowie in allen australischen Diözesen die Beobachtung der Dekrete der Plenarkonzilien durchzusetzen.

---

[17] Er äußerte sich sowohl schriftlich als auch mündlich über Australien immer nur als über eine einheitliche Nation, so zum Beispiel: „*There is not in the wide world a national church so devoted to His Holiness as this young Australian church*" (vgl. Moran an Kirby, Sydney, 20. Februar 1890, in: IC, NK, Nr. 1890/7).

[18] Vgl. AP, NS 216, fol. 284-288, fol. 301-303; man sagte Moran, es handle sich bei dem Gebiet um Kontinentalaustralien und Tasmanien, da Neuseeland und die Inseln Ozeaniens eine eigene Hierarchie darstellten. Weitere Ansinnen Morans, Neuseeland miteinzubeziehen, stießen auf beständige Ablehnung, vgl. ebd. fol. 307-308, fol. 331-344.

[19] Vgl. AP, NS 512, fol. 448-451.

[20] Vgl. Syllabus of Some Important Matters suggested for the Consideration of the Third Plenary Synod, 1; vgl. September 9th, 1905, 9th sess., 2, in: SAA, MP, Bd. 230.

Dies wurde zurückgewiesen, nachdem Erzbischof Carr von Melbourne mehrere Gründe dagegen vorgebracht hatte[21].

Moran plante sogar die Errichtung eines Ehrenprimats. Es scheint, daß in Morans Augen dem Primas die Aufgabe hätte zufallen sollen, für die anderen Metropoliten als Berufungsinstanz zu dienen sowie die Rolle der entscheidenden Autorität bei der Umsetzung von Konzilsdekreten zu übernehmen[22]. Doch als er schließlich, nachdem er die anderen Bischöfe konsultiert hatte, die Tagesordnung für das Konzil vorlegte, war die Angelegenheit in zwei voneinander unabhängige Komplexe aufgeteilt: (1) Ehrenprimat in der Australischen Kirche für den Erzbischof von Sydney; (2) das übergeordnete kirchliche Berufungsgericht, welches nicht der Primas, sondern vielmehr die Erzbischöfe darstellten[23]. Falls er wirklich an einen Primas als Appellationsinstanz gedacht hätte, hätte er etwas geplant, was in der lateinischen Kirche nur noch beim ungarischen Primas, dem Erzbischof von Esztergóm, der Fall ist[24].

---

21 Vgl. ebd.; Carr machte Vorbehalte geltend, als er zum erstenmal von Moran davon in Kenntnis gesetzt wurde, daß die Propaganda eine alljährliche Zusammenkunft der Erzbischöfe unter dem Vorsitz Morans als eines Apostolischen Delegaten forderte (vgl. Moran an Carr, Sydney, 25. Februar 1890, in: MDHC, Carr Korrespondenz, A8); er meinte, er werde sich den Wünschen der Propaganda fügen, fürchte aber, daß die Bischöfe nicht dafür seien, woraus sich Unannehmlichkeiten ergäben (vgl. Carr an Moran, Melbourne, 3. März 1890, in: ebd. B16). Für die Vereinigten Staaten ist die Vermutung aufgestellt worden, daß die dortigen Bischöfe dagegen gewesen seien, daß sich ihre Erzbischöfe seit 1889 in jährlichen Abständen trafen (vgl. G.P. Fogarty, American Conciliar Legislation, Hierarchical Structure, and Priest-Bishop Tension, in: The Jurist 32 [1972] 407-408).

22 Vgl. Moran an Gotti, Sydney, 9. Mai 1905, in: AP, NS 512, fol. 452v-453; auf dem Konzil 1905 war die Frage diskutiert worden, welche Mittel zur Durchsetzung der Konzilsdekrete angewendet werden sollten. Auf die Frage, ob er als Apostolischer Delegat die Dekrete durchsetzen könne, erklärte Moran, er sei nur für die Dauer des Konzils ernannt (vgl. Congregatio privata, 30th Nov. 2 p.m., handschriftl. Protokoll, 4-5, in: SAA, MP, Bd. 152).

23 Vgl. Syllabus of Some Important Matters suggested for the Consideration of the Third Plenary Synod, 1, in: SAA, MP, Bd. 230.

24 Vgl. A. Szentirmai, The Primate of Hungary, in: The Jurist 21 [1961] 27-46; seit der Zeit des Heiligen Patrick hielt der Bischof von Armagh de facto die Würde eines Primas in Irland, was manchmal als einem Patriarchat vergleichbar eingestuft worden ist. Schon bald nach der Aufteilung Irlands in vier Kirchenprovinzen im 12. Jahrhundert beanspruchten die Erzbischöfe in Dublin, Patriarchen zu sein. Dies diente eher dazu, der Oberhoheit Armaghs zu entkommen, als dazu, selbst die Jurisdiktionsgewalt über die anderen Metropoliten zu erlangen. Das herausragendste Recht dabei war, Berufungen entgegennehmen zu dürfen, und Moran, der historisch sehr interessiert war, war sich sicherlich bewußt, was dies bedeutete. 1353 hatte Papst Innozenz VI. entschieden, daß dem Erzbischof von Armagh der Titel Primas von ganz Irland zukomme, und der Erzbischof von Dublin den Titel Primas von Irland tragen dürfe. Noch bis ins 18. Jahrhundert stritten sich die beiden Inhaber der Primatialssitze um Appellationsrechte und Vorrang (genaueres bei F. MacEnerney, The Origin and Value of the Distinction „Primate of Ireland", „Primate of All Ireland", in: Irish Ecclesiastical Record,

Ausbau der Diözesanstrukturen

Auf den Synoden von 1844 und 1869 machte man keinen Versuch, Verordnungen über die Struktur der Diözesen zu erlassen. Doch im Anschluß an

---

Serie 3, 10 [1889] 422-432; vgl. A. Coleman, The Primatial See and its Origin, in: ebd. Serie 4, 7, Januar-Juni 1900, 193-208. Die Autoren sind der Ansicht, daß die Jurisdiktion der Irischen Primaten nun an Bedeutung verloren habe).

In den Vereinigten Staaten wurde auf der Siebten Provinzialsynode von Baltimore die erste Petition um einen Primatialssitz für Baltimore eingebracht, sie wurde jedoch nicht beachtet (vgl. CL 3, Sp. 117). 1853 forderte die Propaganda Erzbischof Gaetano Bedini, Apostolischer Nuntius in Brasilien, auf, eine apostolische Visitation der Kirche in den Vereinigten Staaten durchzuführen. Eine der Angelegenheiten, die er untersuchen sollte, war, auf welche Weise man am günstigsten *l'uniformità e la concordia* unter den Kirchenprovinzen aufrechterhalten könne angesichts der *ripetute suppliche fattene da quell' episcopato* um einen Primatialssitz (vgl. AP, Lettere 343, fol. 315v-317r). Bedini sprach sich gegen einen Primas aus und argumentierte, die Geschichte zeige, daß ein Primas in einigen Fällen seine Autorität mißbraucht habe, besonders in Fällen, in denen auch Nationalgefühle eine Rolle gespielt hätten; statt dessen empfahl er einen Apostolischen Nuntius (vgl. AP, SOCG 981, fol. 1202v-1205r); ein neuerliches Ersuchen der Neunten Provinzialsynode von Baltimore führte zu einem Kompromiß: aufgrund eines Dekrets der Propaganda vom 15. August 1858 führt der Erzbischof von Baltimore grundsätzlich den Vorsitz, wenn die anderen Bischöfen der Vereinigten Staaten *in conciliis, coetibus et comitiis quibuscumque* zusammenkommen (vgl. CL 3, Sp. 179).

Als in England die ursprüngliche Kirchenprovinz Westminster im Jahre 1911 geteilt wurde, gewährte man dem Erzbischof von Westminster drei besondere Privilegien, um die Einheit von Legislative und Exekutive zu sichern: 1. das Privileg, Bischofszusammenkünfte für England und Wales einberufen zu dürfen und diesen als *praeses perpetuus* vorzustehen; 2. einen Ehrenvorrang vor den anderen Erzbischöfen zu besitzen, was mit dem Recht verbunden war, Thron, Pallium und Metropolitankreuz in allen genannten Ländern zu benutzen; 3. das Privileg, alle Bischöfe in Verhandlungen mit der Regierung vertreten zu dürfen, jedoch nach erfolgter Konsultation der Bischöfe und gebunden an deren Mehrheitsentscheid (vgl. Pius X., Apostolische Konstitution *Si qua est*, 28. Oktober 1911, in: AAS 3, 1911, 553-555). Wenngleich der Titel Primas nicht verwendet wurde, sind dies doch eindeutig die Rechte eines Primas. Man verzichtete wohl auf den Titel, um sich von den Primatsinhabern der Anglikanischen Staatskirche abzuheben. Während des Zweiten Vatikanischen Konzils wurde der Erzbischof von Westminster als Primas anerkannt, da er seinen Platz bei den anderen Primaten einnahm und außerdem den Titel „Archiepiscopus Westmonasteriensis, Primas Angliae" führte (vgl. ebd. 57, 1965, 71). Im Jahre 1966 bemühte sich jedoch der damalige Erzbischof von Westminster um eine Zurücknahme des ersten Privilegs, um durchzusetzen, daß der Vorsitz der Bischofskonferenz zu einem Amt werde, für das man gewählt werden könne. Am 12. März 1966 gewährte Papst Paul VI. die Bitte, so daß von da ab die *presidenza* der Konferenz als *elettiva e „ad tempus"* galt (vgl. Meeting of the Bishops' Conference of England and Wales at Archbishop's House, Westminster, Tuesday, 19th April and Wednesday, 20th April 1966, Protokolltyposkript, 1).

Bei der Wiedererrichtung der Hierarchie in Schottland erhielt der Erzbischof von St. Andrews nicht mehr die Würde eines Primas, die St. Andrews vor der Reformation innegehabt hatte.

In Kanada wurde die Erzdiözese Québec am 24. Januar 1956 durch Dekret der Konsistorialkongregation zum Sitz eines *Primas ad honorem dumtaxat.* Die Diözese, die ursprünglich ganz Kanada und einen Großteil der Vereinigten Staaten umfaßte, entbehrt eindeutig jeglicher primatialer Jurisdiktionsgewalt (in Anbetracht der Tatsache, daß es in Mexico ältere Bistümer gibt, ist die Bezeichnung ältester Bischofssitz „in America Septentrionali" nicht zutreffend; vgl. AAS 48, 509-510).

das Konzil 1885 findet man sowohl in Australien als auch in Neuseeland Gesetze, mittels derer man eine grundlegende Strukturierung der Diözesen vornahm. Manchmal finden sich dort Klauseln, die jede Entscheidungsmöglichkeit offen lassen, wie zum Beispiel *saltem in dioecesibus in quibus frequens invenitur clerus* bei Dekanen, *in quantum fieri potest* bei Diözesankonsultoren, und *si fieri potest* bei ständigen Rektoren. In anderen Fällen jedoch, wie zum Beispiel hinsichtlich der Synodalexaminatoren, des Diözesansekretärs, des Archivs oder des kleinen Seminars, finden sich solche Klauseln nicht[25]. Das Amt des Generalvikars wurde nicht besetzt. 1895 kamen die Väter überein, daß Generalvikare „. . .wenn möglich" ernannt werden sollten, doch wurde kein diesbezügliches Dekret erlassen[26].

Im allgemeinen vollzog man die Dekrete sogleich[27], wenn auch in einigen Diözesen, in denen die Gläubigen weit verstreut lebten, nur wenige Priester oder nicht genügend materielle Ressourcen zur Verfügung standen, so daß man sich zu Recht auf die Klauseln berufen konnte[28]. Erzbischof Dunne von Brisbane war für seine Mißachtung der Dekrete bekannt und Kardinal Moran, der nicht befugt war, in irgendeiner Weise einzugreifen, klagte in einem Bericht an die Propaganda, daß die Bischöfe die Dekrete[29] nicht beachten würden, wenn es einem Erzbischof ungestraft möglich sei, sie zu ignorie-

[25] Die Forderung nach einem Diözesanseminar wurde jedoch 1895 abgeändert und mit dem Zusatz *in quantum fieri potest* versehen (Dekret 60).

[26] Vgl. Congregatio privata, 22nd Nov. 1895, 10 a.m., 1; vgl. Congregatio privata, 22nd Nov., 2 p.m., 5, in: SAA, MP, Bd. 152.

[27] So zum Beispiel 1888 in Sydney: vgl. Decrees of the Diocesan Synod of Sydney, held at St Patrick's College, Manly, by His Eminence the Cardinal Archbishop, the 29th day of July, 1891, o.O., o.J, 20; 1887 in Melbourne: vgl. Acta et decreta tertiae Synodi dioecesanae Melbournensis, habitae in ecclesia cathedrali Sancti Patritii, die decimasexta novembris, 1887, Melbourne 1887, 8; 1889 in Ballarat: vgl. Acta et statuta Synodi dioecesanae quae habita fuit in ecclesia cathedrali S. Patritii, apud Ballarat die nona octobris 1889, Ballarat 63-65; 1888 in Sandhurst, vgl. Synodus Sandhurstensis 21-22; 1893 in Port Augusta, wo Bischof Maher 1905 in seiner *relatio* an die Propaganda berichtete, daß seine riesige Diözese in acht Bezirke aufgeteilt sei, von denen 1893 drei als ständige Rektorate eingerichtet worden seien (vgl. AP, NS 334, fol. 151).

[28] So berichtete Bischof Cani von Rockhampton 1892 an die Propaganda, daß es keine Pfarrer gebe, sondern alle nur einfache Missionare seien (vgl. AP, SC 17, fol. 1023). Ernennungen zu Diözesankonsultoren und ständigen Rektoren fanden in der weitläufigen Diözese Wilcannia erstmals 1905 statt (vgl. Bischof John Dunne an Moran, Broken Hill, 17. Juli 1905, in: SAA, MP, Bd. 230).

[29] Erst 1915, bei der Ankunft des ersten Apostolischen Delegaten in Australien, richtete der schon ergraute Bischof Dunne kanonische Ämter ein (vgl. T.P. Boland, James Duhig, St Lucia/Queensland, 1986, 118-120).

ren[30]. Wie auch andere Bischöfe berief sich Dunne jedoch auf die Ausnahmeklauseln, wobei er seine Argumente gut darstellen konnte[31]. Daß man den Versuch unternahm, nach europäischem Muster gebildete Strukturen sogar in denjenigen Diözesen zu errichten, die kaum mehr waren als bloße Missionsgebiete, ist beachtenswert. Wo man jedoch die Dekrete nicht sofort vollziehen konnte, bot sich nun wenigstens ein Ziel, auf das man zusteuerte[32]. Außerdem versuchten die Priester auf den Vollzug der Dekrete zu drängen[33]. Auch das Verfahren bei Empfehlungen von Kandidaten für das Bischofsamt scheint sich bewährt zu haben[34].

---

30 Während des *ad limina* Besuchs von Dunne im Jahre 1890 bat dieser Moran, die Erzdiözese Brisbane zu verwalten. Moran konnte so Erfahrungen an der Quelle sammeln und teilte Kardinal Simeoni mit, daß in Brisbane ein Generalvikar fehle, es keine Diözesankonsultoren oder ständige Rektoren gäbe, und außerdem seit drei Jahren keine feierliche Messe mehr in der Kathedrale gefeiert worden sei. Er ersuchte Simeoni darauf zu bestehen, daß die diesbezüglichen Vorschriften in Zukunft beachtet würden (vgl. AP, SC 17, fol. 243-244).

31 Während seines *ad limina* Besuchs 1890 versprach Dunne, Rektorate einzurichten, sobald die Missionen einigermaßen effizient arbeiteten. Er berichtete, er habe bis dahin noch keine ständigen Rektorate errichtet, weil die Missionen noch nicht die von der Propaganda geforderten Voraussetzungen dafür aufwiesen (vgl. ebd. 359). Als er 1905 in Rockhampton als Metropolit den Vorsitz über die Priester führen mußte, die zur Erstellung einer *terna* für die vakante Diözese berechtigt zusammengekommen waren, stellte sich heraus, daß nur drei der sechs Stimmberechtigten erschienen waren und die anderen drei ihre Stimme per Post oder durch Boten überbringen ließen. Er akzeptierte dies und war es zufrieden: „. . .*I kept all things sufficiently before my eyes to be able to segregate thoroughly the results. All six voted for the dignissimus*" (vgl. Dunne an Moran, Brisbane, 27. Mai 1905, in: SAA, MP, Bd. 217). Seinem Bericht an die Propaganda, daß er die Stimmen der Abwesenden auch ohne den vorgeschriebenen Eid anerkannt habe, fügte er schlau hinzu: „*In questa estremità di decisione il „fare al meglio" e una massima suprema*„(vgl. AP, Acta 278, fol. 629).

32 Nach der Feier des Konzils von 1895 ersuchte der Präfekt der Propaganda Kardinal Moran in einem Schreiben, im Namen der Propaganda darauf zu bestehen, daß bezüglich der Dekrete über Konsultoren und ständige Rektoren *la osservanza esatta ed accurata* zu üben sei, und zwar *in ciascuna diocesi,* da dies dem katholischen Glauben in Australien förderlich sei, falls diese Forderung nicht schon auf dem Konzil erhoben worden sei (vgl. Ledóchowski an Moran, Propaganda, 17. Januar 1896, in: SAA, MP, Bd. 91).

33 So forderten die Vertreter der Priester auf dem Konzil 1895, daß in jeder Diözese ständige Rektoren zu ernennen seien und daß man die Formulierung *si fieri potest* im Hinblick auf die Ernennung der ständigen Rektoren ersetze durch *quamprimum* (vgl. Resolutions passed at Meetings of the Priests of the diocesees of Australia and Tasmania held in St Patrick's College, Manly, on Nov. 23rd, 24th and 27th 1895, 2, in: SAA, MP, Bd. 152); auf dem Konzil 1905 forderte der Ausschuß „*De disciplina*", in dem man ein übergeordnetes kirchliches Berufungsgericht befürwortete, „. . .*the canonical erection of diocesan courts from which to appeal*" (vgl. The Adelaide Recommendations, hs, in: ebd. Bd. 230). Man hatte die Dekrete „*De foro ecclesiastico*" von 1885 nicht anwenden müssen.

34 So hatten die fünf Bischöfe, die in der Provinz Melbourne zwischen 1887 und 1917 ihr Amt versahen, jeweils auch Stimmen aus der Fraktion der Priester auf sich ziehen können (vgl. AP, Acta 277, fol. 195-201; 285, fol. 217-226, fol. 261-264; 288, fol. 32-38; 289, fol. 1-6).

Einheitliche Position zu Erziehung und konfessionsverschiedenen Ehen

„*This education question is everything to us. The future of the Church in Australia depends upon it. A few noisy infidels and extreme Protestants would take it from under the control of the Church*"[35]. Mit diesen Worten begrüßte Bischof Goold, ein Vertreter der Pioniergeneration, Bischof Murray von Maitland, einen Anhänger der Cullen-Fraktion. Wenn es überhaupt eine Frage gibt, in der die Bischöfe mit einer Stimme sprachen, so war dies katholische Erziehung und Ausbildung. Sie verankerten nicht nur grundlegende Prinzipien in der synodalen Gesetzgebung 1869 und 1885, sondern lehrten auch durchgängig diesen Prinzipien gemäß.
Im Zusammenhang mit der Formulierung der Dekrete gab es weder unterschiedliche Meinungen noch irgendwelche Spannungen, auch nicht auf den folgenden Konzilien, auf denen man sich darum bemühte, durch Zusätze oder Verbesserungen hohe Leistungsstandards festzuschreiben. 1895 und 1905 verwendete man viel Zeit darauf, die Lehrerausbildung zu diskutieren. Folgende Fragenkomplexe erforderten sorgfältiges Abwägen, Verhandlungsführung mit Fingerspitzengefühl und exakte Planung: a) das Recht der Orden auf eigene Lehrerausbildung für die jeweiligen Ordensangehörigen, und im Zusammenhang damit die Frage, ob dies überhaupt wünschenswert sei; b) man bestand darauf, daß das Bemühen um einen hohen Ausbildungsstandard der Lehrer nicht der gesunden Ordensdisziplin im Wege stehen dürfe; c) Ausbildung und Registrierung der Lehrer sollte gemäß den Vorschriften der staatlichen Behörden erfolgen; d) Errichtung katholischer Lehrerbildungsanstalten; e) in abgelegenen Gebieten sollten Ordensangehörige als Lehrer zur Verfügung stehen. Während in ausführlichen Diskussionen viele unterschiedliche Meinungen zu hören waren, so strebte man doch Vorgehensweisen und Entscheidungen an, die auch in die Tat umzusetzen waren[36]. Einer Meinung waren die Konzilsväter hinsichtlich der Finanzierung bedürftiger Pfarrschulen aus Mitteln der Diözesen, wie auch hinsichtlich des Amtes des Schulinspektors. Die einzige abweichende Meinung stammte von Erzbischof Dunne von Brisbane, der die Frage aufwarf, ob sich nicht aus der Benutzung von Schulbüchern, die speziell für katholische Schulen, nicht jedoch für staatliche Schulen zugelassen seien, Nachteile ergeben könnten, besonders

---

35 Vgl. Goold an Murray, Melbourne, 12. Februar 1867 (MA).

36 Vgl. Congregatio privata, Nov. 25th 2 p.m., handschriftl. Protokoll, 4-5; vgl. Congregatio privata, 26th Nov. 10 a.m., handschriftl. Protokoll, 1-3; vgl. Sept. 5th 1905, 3rd sess., handschriftl. Protokoll, 3-4; vgl. Sept. 5th 1905, 4th sess., handschriftl. Protokoll, 1-3; September 6th, Public session, 1-2; September 9, 1905, 9th sess., 3; September 9, 10 sess., 3, in: ebd. Bd. 230.

dann, wenn Kinder staatliche Examina abzulegen hatten. Sein Einwand weckte jedoch keinerlei Resonanz[37]. Die Bischöfe hielten sich auch an den Rat, der 1895 von allen Synodalen gemeinsam vorgelegt worden war, und erklärten, daß es keinen Reservatfall darstelle, wenn man Kinder auf öffentliche Schulen schicke. Man kam überein, daß das Dekret 238 aus dem Jahr 1885, daß den betreffenden Eltern, wenn sie sich widerspenstig zeigten, die Absolution zu verweigern sei, in seiner Strenge genüge[38].
1869 zeigten sich die Bischöfe, trotz anfänglicher Unstimmigkeiten in der Frage der konfessionsverschiedenen Ehen, vom festen Willen zur Eintracht beseelt, sobald die Gesetze einmal beschlossen worden waren. Den Dekreten des Zweiten und Dritten Plenarkonzils waren die Ehedekrete in einer Übersetzung als Anhang beigefügt, was die Beobachtung einer Vorschrift erleichterte, nach der die Dekrete dem Volk jährlich, am zweiten Sonntag nach Epiphanie, zu verlesen und zu erklären waren[39]. Gleichförmigkeit in der Disziplin wurde angestrebt. Die Diskussion auf dem Konzil 1905 ergab, daß man keiner Abweichung zustimmte, obwohl im Gesetz vorgesehen war, daß *ob graves causas* eine Heirat in der Kirche zugelassen werden konnte, und Bischof Murray von Maitland nannte die Weigerung, das Gesetz großzügig zu handhaben, als „*no greater charity*"[40]. Im Unterschied zur Synode von 1869 unternahmen die Priester 1905 keinen weiteren Versuch, sich mit den Konzilsvätern in eine Debatte darüber einzulassen. Sie gaben statt dessen zu erkennen, daß sie versuchen wollten, katholische Eheschließungen zu fördern, wenngleich einige konfessionsverschiedene Ehen unvermeidbar seien. Ort und Ritual ließen sie unerwähnt[41]. Diese Frage warf man auch 1921 auf der Zusammenkunft der Erzbischöfe auf, wo man feststellte, daß in den meisten Diözesen die Praxis geübt werde, solche Trauungen in einem Zimmer oder in der Sakristei der Kirche vorzunehmen, ohne liturgische Kleidung oder Zeremonie, wenngleich in einigen Diözesen die Feier in einer Kirche erlaubt wurde, um nicht einen guten Katholiken zu bestrafen oder bei einem Nichtkatholiken den Eindruck aufkommen zu lassen, daß in der katholischen Kirche die Würde der Ehe nicht hochgehalten werde[42]. Die Erzbi-

[37] Vgl. September 6th 1905, 5 sess., 1-3, in: ebd.
[38] Vgl. Congregatio generalis, 28th Nov. 10 a.m., 4, in: ebd. Bd. 152.
[39] Vgl. Concilium plenarium Australiense II 177-181; vgl. Concilium plenarium Australiense III 154-159.
[40] Vgl. September 8th, 7 sess., 4, in: SAA, MP, Bd. 230.
[41] Vgl. September 8th 1905, Gen sess. 8 sess., 9-10, in: ebd.
[42] Vgl. Minutes of the Third Annual Meeting of the Archbishops of Australia held in St. Mary's Presbytery, Sydney, Typoskriptkopie, 5-6 (MDHC, Hierarchy file).

schöfe empfahlen den Bischöfen, bis zum nächsten Plenarkonzil nach eigenem Ermessen zu verfahren[43].

Hirtenbriefe

Außer auf der Synode von 1844 gaben die Konzilsväter auf jeder Synode einen Hirtenbrief heraus. Diese Briefe, die nicht nur gedruckt, sondern auch, in Fortsetzungen, in jeder Kirche und Kapelle von der Kanzel verlesen und erklärt wurden, waren zumindest auf kurze Sicht zweifellos von größerer Durchschlagskraft als die meisten Dekrete. Während jedes Konzils in Sydney oder Melbourne nahmen zwar viele Menschen an den feierlichen Messen teil und man hörte die Predigten und Unterweisungen verschiedener bedeutender bischöflicher Kanzelredner, die Hirtenbriefe jedoch erreichten jeden Katholiken, der Sonntags zur Messe ging. Jeder der Hirtenbriefe verdient Bewunderung für die eindrucksvolle Darlegung der festen Prinzipien, die den Vorschriften oder Ermahnungen zu Grunde lagen.

So betonten die Bischöfe auf dem „Konzil" von 1862, daß man in der neuen Heimat durch Gottes reiche Gnade in materiellem Überfluß lebe im Vergleich zu dem, was man in den Herkunftsländern besessen habe. Dies erfordere nun aber, daß man sich entsprechend großzügig zeige, damit die Anzahl der Priester vergrößert, Kirchen und andere Gebäude errichtet und den Armen geholfen werden könne. Man solle es vermeiden, konfessionsverschiedene Ehen einzugehen, da solche Eheleute in der wichtigsten, folgenreichsten und allesbeherrschenden Frage des Lebens getrennt seien. Von großer Bedeutung waren auch katholische Schulen, da sie die religiöse Erziehung und Bildung förderten und nicht nur reine Information vermittelten[44].

1869 verfaßten die Bischöfe erneut ein Schreiben zu den Themen der katholischen Erziehung, der Bedürfnisse der Kirche, der konfessionsverschiedenen Ehen, sowie der Eingeborenen. Ihre diesbezügliche Lehre bestand eigentlich aus Konkretisierungen dessen, was im ersten Teil des Hirtenbriefes im Zusammenhang mit der Gefahr des Indifferentismus, welcher eine antichristliche Gesinnung zur Folge habe, ausgeführt worden war. Auswirkung des religiösen Indifferentismus sei die Beraubung des Grundbesitzes der Eingeborenen, seien Menschen, die weder das Wissen, noch die Selbstbeherrschung besäßen, Geldmittel würdig und mit Augenmaß zu verwenden, sei

[43] Dieses Konzil 1937 führte die Praxis fort. Schließlich findet man heute in Australien viele Kirchen mit außergewöhnlich geräumigen Sakristeien, die noch dazu recht geschmackvoll ausgestattet sind.

[44] Vgl. Polding, The Eye of Faith, 382-387.

unüberlegte Eheschließung und eine Einschätzung der Religion, die in dieser lediglich ein Anhängsel der Erziehung erblickte[45].
Nachdem einige Gesetze in ihren wichtigsten Punkten erklärt worden waren, konzentrierte man sich im Hirtenbrief des Konzils von 1885 darauf, Katholiken dazu zu bewegen, ihre äußeren Lebensumstände zu verbessern. In höherem Maße als jedes andere Konzil war dieses irisch geprägt. Nachdem man klargestellt hatte, daß kirchliche Interessen überall dort auf dem Spiel standen, wo Mitglieder der Kirche lebten, und daß auch die Priester ihr Wirken nicht auf Altar und Gebetbuch beschränken dürften, riefen die Konzilsväter nicht nur zum Familiengebet auf, sondern auch zur Gründung von „Gesellschaften zur Beförderung der Mäßigkeit", da der Alkoholmißbrauch „. . .*has a worse effect on the Irish Catholic than on any of his fellow colonists*" und da man in Irland an die Grenzen gewöhnt sei, die Glaube und Sitte zogen. Die Laien ermahnte man, sich feste Wohnsitze zu schaffen. Wer in ländlichen Bezirken lebte, solle nach Landbesitz streben, den die Kinder erben könnten, statt sich als umherziehende Schafscherer oder Farmarbeiter zu verdingen. Nach dem Schulabgang sollten Jungen oder Mädchen, besonders aber die Jungen, unverzüglich einen festen Beruf ergreifen und auf den Weg des Fleißes und ehrlicher Arbeit gebracht werden. Die Konzilsväter beklagten, daß so viele Katholiken im Polizeidienst stünden, in Marineverbänden oder als Gelegenheitsarbeiter zu finden seien, als Kneipenpächter, Dockarbeiter, Taxifahrer, als Arbeiter, die Dämme und Zäune errichteten, oder auch als Holzarbeiter, da ihre Eltern ihnen keine bessere Ausbildung ermöglicht haben. Sodann handelte man ausführlich über konfessionsverschiedene Ehen und katholische Erziehung[46].
Auf Ersuchen von Kardinal Moran wurde der Hirtenbrief des Jahres 1895 von Bischof Delany, dem Koadjutor von Hobart, entworfen, wobei ihm zur Ausarbeitung der Endfassung Erzbischof Carr von Melbourne und Bischof Gallagher[47], Koadjutor von Goulburn, behilflich waren[48]. Nachdem man festgestellt habe, daß die Vorurteile gegen katholische Lehre und Einrichtungen, die in den Herkunftsländern existiert hätten, verschwunden seien, brachten die Väter die Absicht zum Ausdruck, das Interesse an der Kirche zu wecken und zu erreichen, daß die Menschen sich über die Kirche informierten. Für Nichtkatholiken sei es die einfachste Art der Kontaktaufnahme, mit Katholiken ins Gespräch zu kommen und an deren Leben teilzunehmen.

45 Vgl. ebd. 394-407.
46 Vgl. Pastoral Letter of the Archbishops and Bishops of Australasia, in Plenary Council assembled, to the Clergy and Laity of their charge, Sydney 1886, 38 S.
47 Rietzler-Sefrin VIII 296.
48 Vgl. Congregatio privata, 20 Novembris, handschriftl Protokoll, 4; vgl. Congregatio privata, 29 Nov. 2 p.m., 2, in: SAA, MP, Bd. 152.

Folglich sah man für den Fortschritt des Katholizismus folgende Hindernisse: Verweltlichung, ungeordnetes Streben nach Reichtum und die Lockerung familiärer Bande. Um all dem zu begegnen, sei es notwendig, Christus ernst zu nehmen, indem man ein katholisches Familienleben führe, in Gebet und Selbstbeherrschung, durch Vermeidung konfessionsverschiedener Ehen und durch eine Erziehung, die auf religiösen Überzeugungen beruhe[49].
Kardinal Moran bat Bischof P.V. Dwyer, Koadjutor von Maitland, den Hirtenbrief von 1905 zu entwerfen: „. . . *The present developments of Anglicanism in hostility to the Blessed Virgin and to the divinity of our Saviour, and the Catholic position regarding the sacred scriptures would merit special treatment, and of course, the progress of religion among us, our wants, our hopes, our aspirations would receive due treatment*“[50]. Nach dem Zusammentreten des Konzils teilten jedoch einige der Konzilsväter dem Kardinal ihre Ansicht mit, daß man auf dem Konzil vor allem die Frage des Sozialismus – „ *a burning question of the time*“ – behandeln solle. Im Verlauf der ausführlichen Diskussion forderten die meisten Väter, daß die Gläubigen unzweideutig zu unterweisen seien, welche Aspekte des Sozialismus zu akzeptieren seien und was als dem Glauben widersprechend abzulehnen sei. Der gesamte Hirtenbrief, den Bischof Dwyer entworfen hatte, wurde ausführlich diskutiert und nach geringfügigen Abänderungen angenommen[51]. In ihm stellte man fest, daß die Konzilsväter nicht der Meinung seien, daß der gegenwärtige Zustand der menschlichen Gesellschaft auf Ungerechtigkeit beruhe, mit der Konsequenz, daß das Heilmittel im Umsturz der gegenwärtigen Gesellschaftsordnung liege, wodurch die Güter, vermittels der Abschaffung von Kapitalismus und Christentum, gerechter verteilt werden könnten. Statt dessen betrachteten die Bischöfe den Sozialismus als wirtschaftliches Leitprinzip für diejenigen, die an der Beseitigung von Mißständen und der Linderung von Not arbeiteten, und sahen hier insofern genuin christliche Leitsätze, die sich bereits in sozialen Reformen ausgewirkt hätten. Sie boten eine Lösung an, die die folgenden Elemente enthielt: a) in den Gläubigen das Vertrauen zu wecken, daß die Kirche richtige Grundsätze lehre; b) Eifer für christliche Erziehung; c) jedermanns Recht auf die vier durch den Dekalog geschützten Werte zu wahren, nämlich das Recht auf Leben, auf eine eigene Familie, auf Privateigentum und auf Würde der Person. Bischof John Dunne von Wilcannia hatte

[49] Vgl. Pastoral Letter of the Archbishops and Bishops of Australia in Second Plenary Council Assembled, 1895, Sydney 1895, 47 S.
[50] Vgl. Moran an Dwyer, Sydney, 16. Mai 1905 (MA, Box 4).
[51] Vgl. Concilium Australiense III, xxv; vgl. 2 Septr 1905, 3.30 p.m., handschriftl. Protokoll, 4; vgl. September 4th 1905, 2 sess., handschriftl. Protokoll, 2-4; September 5th 1905, 3 sess., 2; September 9, 10 sess., 5, in: SAA, MP, Bd. 230.

vorgeschlagen, daß die Rechte der Arbeiter in jeder Erklärung der Hierarchie berücksichtigt werden sollten[52]. In dem Hirtenbrief verwies man darauf, daß die Kirche dazu ermutige, auf legalem Wege die eigenen Berufschancen und Aussichten zu verbessern, sowohl für Einzelpersonen wie auch für Gruppen von Menschen, wenn man nur dem Befehl Christi nachkomme, zuerst das Reich Gottes und seine Gerechtigkeit zu sichern. Man fügte dem noch hinzu, daß Pläne für die Errichtung von Siedlungen, für die Verbesserung der Lebensumstände der arbeitenden Bevölkerung, wie auch das Staatsmonopol auf öffentliche Einrichtungen, zu christlichen Prinzipien nicht notwendigerweise in Widerspruch stünden[53].
Der Hirtenbrief der Synode von Melbourne 1907 enthielt eine sorgfältige Analyse der Haeresie des „Modernismus“ und gab Hinweise, wie man dessen Irrtümer erkennen und bekämpfen könne[54]. Alles in allem lassen die Hirtenbriefe erkennen, daß die Konzilsväter entschlossen waren, ihr Lehramt gemeinsam auszuüben. Die Lehre, die sie in den sozialpolitischen Dekreten vertraten, kann nicht als nur fromm oder religiös eingestuft werden, sondern zielte auch weitgehend konkret auf die Lebensumstände der Gläubigen ab. Einiges davon mag stark durch irisches Denken beeinflußt gewesen sein und einiges nach heutigen Maßstäben als zu eng gelten, doch machte die Lehre deutlich, daß Priester und Bischöfe ihr Wirken nicht auf die Sakristei beschränkt wissen wollten, sondern mit ihrem Volk, in Sorge um ihr Volk und als Führer ihres Volkes in Erscheinung traten.

2. Vergleich mit anderen Ortskirchen: Übereinstimmungen und Unterschiede

Leben und Dienst der Priester

Alle in dieser Studie untersuchten Teilkirchen legten gesetzlich fest, daß bei besonderen, genau definierten Anlässen der Bischof dazu verpflichtet war, den Rat eines Klerikergremiums einzuholen, entweder eines Kathedralkapitels oder der Diözesankonsultoren. In einigen Fällen paßte man die herkömmliche Institution des Domkapitels den eigenen Verhältnissen an, in-

---

[52] Vgl. 2 Septr 1905, 3.30 p.m., 4, in: ebd.; Bischof Dunnes Pro-Kathedrale befand sich in Broken Hill, einer Bergarbeiterstadt, Zentrum der Agitation der Labour Party.

[53] Vgl. Pastoral Letter of the Cardinal Delegate, Archbishops and Bishops of the Australian Commonwealth in Plenary Council assembled, to the Clergy and Laity of their charge, Sydney 1905, 39 S.

[54] Vgl. Pastoral Letter of the Archbishop and Bishops of the Province of Melbourne to the Clergy and Laity of the Province, Melbourne 1907, 25 S.

dem man den Mitgliedern nur ein Minimum an Chorgebet auferlegte und auf Residenzpflicht verzichtete. In anderen Fällen wurde das Kapitel durch die neue Institution der Diözesankonsultoren ersetzt. In dieser Studie konnte auch gezeigt werden, daß die Kirche in Australasien zwar beabsichtigte, dem Diözesanbischof zur Ausübung seines Amtes Domkapitel an die Seite zu stellen, von der Propaganda jedoch angewiesen wurde, stattdessen Diözesankonsultoren zu ernennen. Doch nahmen diese Konsultoren in Australasien dadurch eine einmalige Stellung ein, daß sie völlig frei vom Diözesanbischof ernannt wurden, wenigstens einige liturgische Verpflichtungen sowie einen Titel besaßen und an einigen Orten sogar besondere Chorkleidung trugen. Alle in dieser Studie erwähnten Ortskirchen sorgten schließlich dafür, daß zumindest einige der Priester, denen Gemeinden oder Missionen übertragen worden waren, Beständigkeit im Amt erhielten. In Irland waren die Priester der Inamovibilität, die sie bereits vor der Reformation besaßen, niemals verlustig gegangen. Anderwärts erließ man nur in den Vereinigten Staaten, Australien und Neuseeland die gesetzliche Regelung, daß ein prozentualer Mindestanteil an inamoviblen Priestern vorhanden sein müsse. Dabei galten für Australien und Neuseeland zwanzig Prozent als erforderlich, doppelt so viel wie in den Vereinigten Staaten. Außerdem findet sich in der australischen Gesetzgebung ein singulärer Zusatz: Unter bestimmten Voraussetzungen war es möglich, die Beständigkeit von einem Rektorat auf ein anderes zu übertragen, um so sicherzustellen, daß die Gesetzgebung auch in der Praxis durchführbar sei.
Im Verlauf des 19. Jahrhunderts erhielt jedes in dieser Studie berücksichtigte Land mit Ausnahme Kanadas vom Heiligen Stuhl das Privileg, daß zumindest einige Mitglieder des Diözesanklerus aktiv an Bischofsernennungen beteiligt werden konnten. In diesen Ländern wurde das Recht des Heiligen Stuhls, Bischöfe frei zu ernennen, nicht angezweifelt. Abgesehen von Irland, wo seit unvordenklichen Zeiten alle Kanoniker und Pfarrer an einer Bischofsernennung beteiligt waren, wirkten in Australien und Neuseeland mehr Priester mit als anderorts, wo lediglich Kanoniker, Diözesankonsultoren oder ständige Rektoren bei der Bischofsernennung mitsprachen. Man erhielt dieses System einer aktiven Beteiligung der Priester auch dann noch aufrecht, als der Heilige Stuhl anderen Kirchen dieses Privileg schon lange entzogen hatte.

Katholische Volksschulerziehung

Zwar stellten Erziehung und Ausbildung in jeder der hier untersuchten Ortskirchen ein Anliegen dar, jedoch nur in Australien, Neuseeland, den

Vereinigten Staaten von Amerika und in einigen Teilen Kanadas mußte man sich mit dem Problem auseinandersetzen, daß die jeweilige Regierung eine Politik verfolgte, die eine normale, befriedigende katholische Erziehung unter kirchlicher Kontrolle unmöglich machte. Nur in Australasien waren die Bischöfe sich völlig einig darüber, hinsichtlich einer katholischen Erziehung unter der Autorität der Kirche keine Abstriche zu akzeptieren. Sie bestanden darauf, daß das Recht, die Art und Weise der Erziehung und Bildung zu bestimmen, die die Kinder erhalten sollten, nicht dem Staat, sondern den Eltern zustehe. Außerdem bestanden sie auch weiterhin darauf, daß Katholiken ein Recht auf einen Anteil an den öffentlichen Mitteln für Erziehung zustehe, obschon sie ein vollständiges, durch Einkünfte aus den Pfarreien finanziertes katholisches Schulsystem einrichteten. Im Unterschied dazu vertraten die Bischöfe in den Vereinigten Staaten keine einheitliche Meinung und erließen nur auf Drängen des Heiligen Stuhls hin die Regelung, daß katholische Eltern ihre Kinder im Regelfall auf Pfarrschulen zu schicken hätten. Als Ergebnis finden wir heute in ganz Australien ein katholisches Erziehungswesen, das seit einigen Jahrzehnten auch staatlich finanziert wird.

Konfessionsverschiedene Ehen

In den neuen australischen Kolonien tolerierte man konfessionsverschiedene Ehen zunächst als unvermeidlich. Die Trauungen wurden auch wie normale katholische Eheschließungen gefeiert. Nach Ankunft der Bischöfe der Cullen-Fraktion in den sechziger Jahren des 19. Jahrhunderts verfolgte man jedoch eine gesetzlich vorgeschriebene pastorale Praxis, welche zweifellos an Strenge die Vorschriften des Heiligen Stuhls übertraf. Unter bestimmten Umständen ließ nämlich der Heilige Stuhl bei der Trauung konfessionsverschiedener Brautpaare den Vollzug der liturgischen Riten zu, um so größere Übel zu vermeiden. Australien war zwar nicht das einzige Land, in dem man eine solch strenge Haltung einnahm, doch scheint es, daß man sich hier besonders unbeweglich zeigte. Man kann Vermutungen darüber anstellen, inwiefern eine solche Haltung dem Unterschied gerecht wurde, der zwischen der irischen Haltung in Irland und der der australisch-irischen Kirche bestand, war doch Irland, wenngleich der Katholizismus nicht etablierte Staatsreligion war, ein de facto katholisches Land, wogegen in Australien eine pluralistische Gesellschaft bestand. Diesbezüglich die Vor- und Nachteile gegeneinander abzuwägen, wäre zwar eine Untersuchung wert, sprengt jedoch bei weitem den Rahmen dieser Studie.

Kirchendisziplin

Durch den Codex Iuris Canonici von 1917 wurden die Reservatfälle auf einige besonders schwerwiegende Sünden beschränkt[55] In dieser Untersuchung wurde deutlich, daß vor 1917 von den hier betrachteten Ländern nur in Australien und Neuseeland Sündenreservierungen im ganzen Land üblich waren. Man begrenzte diese jedoch auf einige schwerwiegende Fälle, die sich auf Glauben, menschliches Leben oder Ehefragen bezogen. Es ist wohl anzunehmen, daß die Bischöfe Australasiens dieses nun überholte Mittel mit Überlegung anwandten und versuchten, auf diese Weise einige besonders heilige Werte zu schützen. Strafbestimmungen wurden nirgendwo durch Synoden, weder für Laien noch für Kleriker, in übertriebenem Ausmaß vorgesehen, mit Ausnahme Irlands, wo dies für Kleriker der Fall war[56]. In Australien hielt man sich bei der Verhängung von Strafen durch Synoden zurück. Im Bezug auf die Laien machte man davon Gebrauch, um Heiraten *extra Ecclesiam* wie auch Scheidungen zu unterbinden, da man in beiden Fällen einen Versuch erblickte, die sakramentale Ehe der Jurisdiktion der Kirche zu entziehen. Die Priester wurden an Tätigkeiten gehindert, die als unvereinbar mit ihrem Stande galten. Losgelöst von traditionellen europäischen Sitten war es den Bischöfen in der neuentstandenen kolonialen Gesellschaft zweifellos ein Anliegen, daß die Priester ihrer Berufung gerecht wurden und ihr Amt effektiv versahen. Auch werden sie wohl darauf geachtet haben, daß Priester den Laien kein Ärgernis gaben, welche anders als frühere Generationen zwischen Amt und Privatleben von Einzelpersonen zu unterscheiden wußten.

Kirchengüter

Alle hier untersuchten Teilkirchen erließen Gesetze mit dem Ziel, Kirchenbesitz und Eigentum zu bewahren und unter der Kontrolle der Kirche zu erhalten. Die Gesetze zielten darauf ab, betrügerische oder zufällige Veräußerung, oder auch einen Verlust unmöglich zu machen. In keiner der Diözesen bestanden die von manchen europäischen Bistümern bekannten Sorgen im Hinblick auf Benefizien und wertvolles altes Kulturgut. Die Gesetzgebung in Australasien war eindeutig und unkompliziert und gilt in ihren Grundzügen bis heute. Besondere Schwierigkeiten, wie zum Beispiel das in der Kirche der

[55] Vgl. CIC (1917) c. 897.

[56] Diese Studie beschränkt sich auf Provinzialsynoden und Plenarkonzilien. Es ist möglich, daß auf Diözesansynoden in einigen, wenn auch nicht in allen untersuchten Ländern, Vorschriften über Strafmaßnahmen getroffen wurden.

Vereinigten Staaten übliche Trustwesen, beschäftigten die Kirche in Australasien niemals.

Mission bei den Eingeborenen

Die Bistümer in Großbritannien und Irland waren von diesem Problem nicht betroffen. Ansonsten war die Gesetzgebung dazu allenthalben minimal. Die australasischen Gesetze über die Eingeborenen betrafen eher die Nichteingeborenen. Es bestand kein ernsthaftes Interesse, Personen außerhalb der zum größten Teil irisch geprägten Gemeinden anzusprechen. Lob und Bewunderung kann man den Synoden dafür zollen, daß durch sie alle Wesenszüge der europäischen, vor allem der irischen Kirche, Einzug in einem neuen Land fanden. In dieses Schema paßten die Eingeborenen jedoch nicht hinein. Während einer kurzen Phase romantischer Missionsbereitschaft richtete sich das Interesse nicht so sehr auf Australien als vielmehr auf Asien. Hatte die katholische Eingeborenenmission einmal Erfolg, so ist dies, wie die Geschichte zeigt, auf bemerkenswerte Einzelpersönlichkeiten und das enorme Engagement einiger weniger Ordensgemeinschaften zurückzuführen, und nicht so sehr ein Verdienst der australischen Kirche insgesamt.

Die Quellen für die australische Gesetzgebung

Hatte die Synode von 1844 für ihre Dekrete großenteils auf das Vorbild der Mailänder Synoden des heiligen Karl Borromäus zurückgegriffen, so scheint die Gesetzgebung des Jahres 1869 originär zu sein, mit Ausnahme einiger Regelungen zu konfessionsverschiedenen Ehen, welche der irischen Nationalsynode von Thurles entstammen. Als Antwort auf Erzbischof Vaughans Ersuchen um die Erlaubnis zur Einberufung einer Provinzialsynode schlug die Propaganda 1882 ein Plenarkonzil vor und drängte auf sorgfältige Vorbereitung. Hierfür mußten die Gesetzgebung des Ersten Vatikanischen Konzils und der Synoden von Westminster, Baltimore und Québec herangezogen und Konsultationen mit Theologen und Kirchenrechtlern geführt werden[57]. Zu diesem Zweck ließ die Propaganda im Juli 1885 Kardinal Moran ein Exemplar der Akten und Dekrete des Konzils, welches im vorangegangenen Jahr in Baltimore abgehalten worden war, zugehen, „. . .*per avere una norma*

[57] Vgl. AP, Lettere 378, fol. 525.

del modo di agire"[58]. Trotzdem stellte in der Hauptsache die Synode von Maynooth 1875 jenes Gesetzgebungskorpus dar, welches die Bischöfe 1885 zumeist verwendeten, wobei ein Großteil wörtlich übernommen wurde, während die Gesetzgebung von Baltimore nur in geringem Maße Berücksichtigung fand. Im Jahre 1895 empfahl die Propaganda erneut die Gesetzgebung von Baltimore als Modell für die Dekrete. Darüber hinaus erhielt Kardinal Moran ein Exemplar der *Acta et decreta* des Dritten Plenarkonzils zusammen mit dem Hinweis, daß die *Acta et decreta* der ersten beiden Plenarkonzilien vom Erzbischof von Baltimore zu beziehen seien[59]. Von diesen fanden dann auch die Dekrete 313 und 318 Eingang in die Erziehungsgesetzgebung von 1895, allerdings erst nachträglich[60]. Zuerst hatte Kardinal Moran darauf verweisen müssen, daß man in den neuen Dekreten sehr wenig zu Erziehung und Ausbildung finde, um sodann den Konzilsvätern den Vorschlag zu unterbreiten, einiges aus der Gesetzgebung von Baltimore zu übernehmen, welche die Propaganda ihnen als Beispiel empfohlen habe[61]. Von den Dekreten des Jahres 1905 waren hingegen alle originär.

In den Jahren 1885 und 1905 sandten die Konzilien Schreiben an die irische Hierarchie. 1885 schrieb man auch den Bischöfen von China, Deutschland, Spanien und der Vereinigten Staaten, 1905 auch den französischen Bischöfen. In keinem Fall richtete man Schreiben an die Bischöfe Kanadas oder Großbritanniens. Bischof Kelly von Geraldton schlug 1905 vor, den amerikanischen Bischöfen zu schreiben, „. . .*especially having reference to Manila in which we are so much interested*". Nach der Rede Kardinal Morans über den Zustand der Kirche auf den Philippinen hielten die Väter es jedoch für unklug, ein solches Schreiben abzufassen[62]. Abschließend ist festzustellen,

---

58 Vgl. ebd. 381, fol. 392; später übersandte man ihm eine Liste der Angelegenheiten, die auf der vorbereitenden Sitzung für die Synode von Baltimore in Rom zusammengestellt worden waren, zusammen mit einigen Themen, die in Briefen und Berichten an die Propaganda von Bedeutung gewesen waren (vgl. Capita nonnulla disciplinae quae Sacra Congregatio de Propaganda Fide censuit proponenda ut ab episcopis in prima plenaria synodo Australiensi coadunatis in disceptationem revocentur, in: SAA, MP, Bd. 5).

59 Vgl. AP, NS 216, fol. 307-308.

60 Vgl. Concilium plenarium Baltimorense III 105-107, 112-113.

61 Vgl. Congregatio privata, 27 Nov. 10 a.m., handschriftl. Protokoll, 1-2, in: SAA, MP, Bd. 152.

62 Vgl. 2 Septr 1905, 3.30 p.m., 3, in: ebd.; Moran meinte: „. . .*Immorality reigns supreme, and Manila people do not want whitefaced priests, and won't support them; only Spaniards or native clergy*". 1889 im Spanisch-Amerikanischen Krieg verlor Spanien die Philippinen an die Vereinigten Staaten. Details über die weitverbreitete Ablehnung der amerikanischen Besatzung durch die Priester und Versuche, die Kirche auf den Philippinen zu amerikanisieren,1 bei J. N. SCHUMACHER, Revolutionary Clergy: The Filipino clergy and the Nationalist movement, 1850-1903, Quezon City 1981, 298 S.

daß die australischen Bischöfe in den Jahren 1869 bis 1905 nur mit einer Hierarchie in dauerndem Kontakt standen, nämlich mit der irischen[63]. Man wird darum im Ergebnis die Behauptung zurückweisen müssen, daß die australischen Konzilsväter das Dritte Plenarkonzil von Baltimore als Muster zur Erstellung ihrer Dekrete wählten[64], und auf die Frage, inwiefern die Gesetze von Baltimore Einfluß auf die Gesetze in Australien hatten, eine fast ausschließlich negative Antwort geben müssen[65].

---

63 Man kann Vermutungen anstellen, ob Moran wohl antiamerikanisch voreingenommen war, denn sein Sekretär und Vertrauter während all seiner Bischofsjahre, Mgr. Denis O'Haran schrieb einmal: „. . .*Our yankee doodle bishops may be permitted to dream for themselves that the sun rises and sets on the ‚states' alone. We laugh at the delusion; [. . .] if they want to keep ahead of us they will want to step out and step briskly*" (vgl. O'Haran an Kirby, Sydney, 25. März 1886 IC, NK).

64 Vgl. A.S. Will, Life of Cardinal Gibbons, Archbishop of Baltimore Bd. 1, New York 1922, 235.

65 Vgl. P.K. Guilday, A History of the Councils of Baltimore (1791-1884), New York 1932, 249.

V. Zusammenfassung und Ausblick

Nach der Erhebung des Apostolischen Vikariats Neuholland und Van Dieman's Land zu einer in Diözesen aufgeteilten Kirchenprovinz wurde dort sogleich auf einer Provinzialsynode eine einheitliche pastorale Praxis eingeführt, besonders was die Sakramentenverwaltung und das Missionsapostolat betraf. Auf weiteren Provinzialsynoden und Plenarkonzilien Australiens leistete man wertvolle Arbeit zur Aufrechterhaltung einer einheitlichen pastoralen Praxis.

1862 fand in Melbourne ein „Provinzialkonzil" statt, bei dem nur vier der sieben stimmberechtigten Konzilsväter anwesend waren. Den Dekreten dieses „Konzils" verwehrte der Heilige Stuhl 1864 die *recognitio*, da die Dekrete den formalen Erfordernissen nicht genügten und die Propaganda nicht hinlänglich über die Umstände, unter denen einige der Gesetze zustandegekommen waren, informiert war. Man wies die Bischöfe an, ihre konziliare Arbeit von neuem zu beginnen, und zwar nach dem Vorbild der Synode von 1844. Die darauf folgende Synode wurde in Melbourne im Jahre 1869 durchgeführt.

Durch die 1844 erlassene Taufgesetzgebung war es um des lieben Friedens willen erlaubt worden, wenn die Eltern darauf bestanden, auch einen nichtkatholischen Taufpaten zuzulassen. 1885 änderte man dieses Dekret dahingehend ab, daß Nichtkatholiken in keinem Fall als Taufpaten zugelassen werden konnten.

Nachdem man in mehreren australischen Kolonien den Konfessionsschulen die staatliche Unterstützung entzogen hatte, schrieb die konziliare Gesetzgebung nicht nur fest, daß katholische Eltern eine katholische Erziehung ihrer Kinder gewährleisten müßten und die Priester katholische Schulen einzurichten hätten, sondern man forderte darüber hinaus auch Rechte ein: für die Eltern das Recht, ihre Kinder persönlich zu erziehen oder durch einen selbstgewählten Vertreter erziehen zu lassen, sowie das Anrecht auf einen gerechten Anteil an öffentlichen Mitteln, um katholische Schulen und Lehrerbildungskollegien zu unterhalten. Wurde die katholische Erziehung der Kinder absichtlich vernachlässigt, so betrachtete man dies als objektive moralische Schuld. Wie bei jeder schwerwiegenden Sünde, so konnte auch hier die Absolution nicht erteilt werden, ehe das Hindernis beseitigt war.

Nach einer Abstimmung mit vierzehn Ja- und acht Nein-Stimmen erließ man auf dem Dritten Plenarkonzil 1905 das Dekret, das dem bischöflichen

Sitz von Sydney einen Ehrenprimat zuerkannte. Da es jedoch ausschließliches Recht des Heiligen Stuhls ist, Partikularkirchen zu errichten und ihre hierarchischen Ränge zu bestimmen, wandelte die Propaganda korrekterweise das Dekret in eine Petition an den Papst um, welche aber abschlägig beschieden wurde.

Den Vorschlag, die jährliche Zusammenkunft der Erzbischöfe Australiens als übergeordnetes kirchliches Berufungsgericht zu konstituieren, in dessen Zuständigkeit die Durchführung der konziliaren Dekrete fallen sollte, lehnte das Konzil von 1905 ab.

Seit 1869 verurteilten die Synoden konfessionsverschiedene Ehen und verhängten diesbezüglich strenge Verbote, da konfessionverschiedene Ehen schlimme Folgen zeigten. Seit 1869 beschloß man auf jeder Synode drastische Abschreckungsmaßnahmen (Verbot des Rituals, geistliche Gewänder, geweihte Orte), und für Heiraten *extra Ecclesiam* verhängte man Kirchenstrafen.

Das Plenarkonzil von 1885 verfügte, daß Domkapitel einzusetzen seien, die die Diözesanbischöfe zu beraten hätten. Doch änderte die Propaganda die Dekrete dahingehend ab, daß man bis auf weiteres die Domkapitel durch Diözesankonsultoren ersetzte. Es folgte kein weiterer Versuch zur Errichtung von Domkapiteln.

Aufgrund der Tatsache, daß der apostolische Delegat Kardinal Moran von seinem Stimmrecht Gebrauch machte, dekretierte das Plenarkonzil von 1885, daß in jeder Diözese einige Missionen in Pfarreien mit Pfarrern umzuwandeln seien. Die Propaganda änderte diese Dekrete ab und ersetzte darin die Pfarreien und Pfarrer durch ständige Rektorate und ständige Rektoren, wie sie zu dieser Zeit auch für England und die Vereinigten Staaten vorgeschrieben waren. Als man 1917 im Codex Iuris Canonici gesetzlich festlegte, daß Diözesen ausschließlich in Pfarreien zu unterteilen seien, die ständiger oder nichtständiger Natur sein könnten, wurden die Rektorate zu ständigen Pfarreien und aus den Rektoren wurden Pfarrer.

Auf dem Plenarkonzil 1885 erließ man die Bestimmung, daß Kanoniker und Pfarrer einer Diözese dem Heiligen Stuhl und den Bischöfen einer Kirchenprovinz im Falle einer anstehenden Bistumsbesetzung oder der Ernennung eines Bischofkoadjutors, drei Kandidaten vorzuschlagen hätten. Dieses Gesetz wurde vom Heiligen Stuhl ratifiziert (mit den entsprechenden Bezeichnungsänderungen in Diözesankonsultoren und ständige Rektoren). Das Plenarkonzil 1895 veränderte diese Gesetzgebung, so daß in einigen Diözesen auch andere Priester als die genannten herangezogen werden konnten, um so sicherzustellen, daß genügend Priester beteiligt würden. Dieses Privileg war bis 1938 in Kraft.

Hinsichtlich der Lossprechung in der Beichte wandten australische Synoden das heute nicht mehr bestehende Mittel der Reservatfälle an, um heilige Werte wie den Glauben, das menschliche Leben und die Ehe zu schützen. Auch bedienten sich die Konzilien kirchlicher Strafmaßnahmen, um die Menschen von Heiraten *extra Ecclesiam* abzubringen und um zu gewährleisten, daß die Kleriker ihr Standesdekorum wahrten.

Als relativ unkompliziert erwies sich die Gesetzgebung der australischen Synoden im Hinblick auf die Verwaltung zeitlicher Güter. Man erließ praktische Bestimmungen, um den Verlust von Eigentum und Gütern durch Betrug oder Mißgeschick zu verhindern. Seit 1885 muß jeglicher Kirchenbesitz durch ein Treuhändergremium aus mindestens drei Personen verwaltet werden.

Im Unterschied zur persönlichen Ansicht einiger Bischöfe ergriff man auf den Synoden keinerlei Initiative zur Missionierung der Eingeborenen und zeigte trotz mehrfacher Aufforderung durch den Heiligen Stuhl dafür keine Begeisterung. Man könnte es als ein Abschieben der Verantwortung bezeichnen, wenn diese Aufgabe in einigen Dekreten an Ordensgemeinschaften übertragen wurde.

Drei Synoden suchten beim Heiligen Stuhl um eine teilweise Befreiung der Priester von der Verpflichtung zum Breviergebet nach an Tagen, an denen die Messe zweimal gelesen wurde oder an denen viele Beichten zu hören waren. Dies wurde stets abschlägig beschieden. Man erteilte vielmehr den Rat, die Lehre der Moraltheologie zum Maßstab zu nehmen.

Die Korrekturen der Propaganda zielten immer darauf ab, die Rechte von Ordensangehörigen zu gewährleisten und aufrecht zu erhalten. Auf den Plenarkonzilien hatten die Konzilsväter diese Rechte manchmal übergangen.

Das Konzil von 1885 orientierte sich weitgehend an den Dekreten der irischen Plenarkonzilien der Jahre 1850 und 1875, von denen viele im Wortlaut übernommen wurden. Von diesen abgesehen, gibt es keine weitere bedeutendere Quelle für die Dekrete, und es scheint, daß ein Großteil der Dekrete von 1895 und 1905 auf diesen Konzilien selbst entworfen wurde. Insbesondere erwies sich die Gesetzgebung von Baltimore nicht als maßgeblich für die Konzilsväter.

Gemäß der Tradition pflegte man bei australischen Synoden möglichst viele nichtbischöfliche Teilnehmer mit beratendem Stimmrecht zu beteiligen. Daß man traditionsgemäß auch möglichst viele Personen mit entscheidendem Stimmrecht beteiligte, deutet ebenfalls darauf hin, daß die Bischöfe in der Vergangenheit dafür offen waren, möglichst viele Personen in den Entscheidungsprozeß einzubeziehen.

Unbestritten ist die Tatsache, daß der Tätigkeit der Konzilien im 19. Jahrhundert große Bedeutung zukam und daß sich daraus im 20. Jahrhundert die Institution der Bischofskonferenz entwickelte. Das gegenwärtige Kirchenrecht kennt beide Einrichtungen: die Konferenz, eine dauernde Institution mit eigenen Statuten und einem ständigen Ausschuß, die zumindest einmal jährlich zusammentritt, und außerdem Synoden, die immer dann abzuhalten sind, wenn dies nötig oder vorteilhaft erscheint[66]. Nachdem heutzutage Bischofskonferenzen vorgeschrieben sind, müssen die Diözesanbischöfe ihrer gemeinsamen pastoralen Sorgfaltspflicht auf diesem Wege genügen. In der Vergangenheit war jedoch die regelmäßige Durchführung von Synoden gesetzlich vorgeschrieben, zumindest auf der Ebene der Kirchenprovinz[67], wogegen nach geltenden Recht freigestellt ist, ob man Synoden abhält, wenngleich der Gesetzentwurf zum gegenwärtigen Codex Iuris Canonici Plenarkonzilien im Abstand von je zwanzig Jahren festschreibt[68]. Beide Einrichtungen dienen dazu, den örtlichen Bedürfnissen der Pastoral Rechnung zu tragen. Das Konzil besitzt dabei Regierungsgewalt, besonders gesetzgebende Gewalt, während die Konferenz nur in den Fällen allgemeingültige Dekrete verabschieden kann, die im gemeinen Recht vorgesehen sind, oder wenn ein besonderer Auftrag des Heiligen Stuhls vorliegt. Man kann sagen, daß auf

[66] Vgl. CIC (1983) cc. 447-459, 439-446.

[67] Das Erste Konzil von Nicäa dekretierte 325, daß Provinzialkonzilien zweimal jährlich abzuhalten seien (vgl. MANSI, II Sp. 669-670); 451 wiederholte das Konzil von Chalcedon diese Bestimmung (vgl. ebd. VII, Sp. 389-390). Nach dem Zweiten Konzil von Nicäa 787 reduzierte man die Synodenzahl auf eine Synode pro Jahr (vgl. ebd. Bd. 13, Sp. 750-751); 1215 wiederholte das Vierte Laterankonzil diese Bestimmung (vgl. ebd. Bd. 22, Sp. 991-992). Das Fünfte Laterankonzil reduzierte nochmals auf eine Synode alle drei Jahre (vgl. ebd. Bd. 32, Sp. 911). Das Tridentinum wiederholte dies 1536, übertrug außerdem dem ältesten Suffraganbischof die Verpflichtung, die Synode einzuberufen, wenn der Metropolit aus gutem Grunde dazu nicht in der Lage sei, und verpflichtete die Bischöfe, die dem Papst direkt unterstanden, an den Synoden einer benachbarten Metropole teilzunehmen (vgl. ebd. Bd. 33, 157-158). Das Erste Vatikanum sah im Dekretentwurf „*Schema consuetudinis de episcopis, de synodis e de vicariis generalibus patrum examini propositum*" die Zelebration von Synoden in fünfjährigem Abstand vor (vgl. ebd. Bd. 50, Sp. 344). Doch kam dieser Entwurf nicht mehr zur Abstimmung, als das Konzil auf unbestimmte Zeit ausgesetzt wurde. Der Codex Iuris Canonici schreibt eine Provinzialsynode alle zwanzig Jahre vor (c. 283) außer in Gebieten, die der Propaganda unterstehen. In diesem Fall wurde keine zeitliche Bestimmung getroffen (c. 304 §2).

[68] Vgl. Communicationes, 17, 1985, 106; im Entwurf von 1977 schreibt man jedoch nicht vor, in welchen Zeitabständen ein Konzil abzuhalten ist (vgl. Pontificia Commissio Codici iuris canonici recognoscendo, Schema canonum libri II de Populo Dei, 1977, 84). Das Zweite Vatikanum dekretierte, daß auf der ganzen Erde Bischofskonferenzen einzurichten seien, forderte dazu auf, mit neuer Energie Konzilien abzuhalten (vgl. „*Christus Dominus*", Nrn. 36-38; AAS 58, 692-693. CIC [1983] c. 439 §1 gibt die gegenwärtig gültige Norm für die Häufigkeit von Plenarkonzilien vor, „- *quoties id - necessarium aut utile videatur*". Die Norm für Provinzialsynoden findet sich c. 440 §1, „- *quoties id - opportunum videatur*„).

Bischofskonferenzen die Kollegialität der Bischöfe deutlich zum Ausdruck kommt, wogegen durch Provinzialsynoden und Plenarkonzilien mehr die *communio* unter den Partikularkirchen betont wird.
Diese historisch-kirchenrechtliche Untersuchung stellt kein Plädoyer für die regelmäßige Abhaltung von Synoden dar. Doch stellt sich die Frage, ob es, nachdem das konziliare Erbe des 19. Jahrhunderts in Australien und in begrenztem Umfang auch anderer englischsprachiger Länder untersucht wurde, noch wünschenswert erscheint, daß Synoden de facto durch eine Bischofskonferenz ersetzt werden und so die Bischofskonferenz die einzige Koordinationsinstanz für Pastoral und Verkündigung bei den Partikularkirchen einer Nation oder Region wird. Während die Bischofskonferenz *per definitionem* einen Zusammenschluß von Bischöfen darstellt[69], sind Partikularsynoden repräsentativ für alle Glieder der betreffenden Diözese: Bischöfe, Kleriker, Ordensleute beiderlei Geschlechts, Universitäten und Seminare, Institute und Gesellschaften, wie auch Einzelpersonen mit Leitungsaufgaben in der Diözese, sowie alle Gläubigen[70]. In Australien bildete sich auf den Synoden die Tradition heraus, eine möglichst breite und aktive Beteiligung zu erreichen, wenngleich dafür nach gegenwärtigem Kirchenrecht nur Geistliche (Weltgeistliche und Ordensangehörige)[71] zugelassen sind. Möglichst breite Repräsentation (einschließlich Ordensangehöriger, die keine Priester sind, und einschließlich Laien) kann schwerlich als nachteilig gewertet werden. Die Vielzahl der Teilnehmer mag organisatorische Probleme mit sich bringen, wenngleich das Gesetz Obergrenzen festlegt, um die Anzahl der Teilnehmer überschaubar zu halten[72], und die Regeln für die betreffenden

---

69 Vgl.CIC (1983) c. 447; vgl. auch cc. 368, 381 §2.

70 Vgl. CIC (1983) c. 443.

71 In gewissem Maße wurde die Abwesenheit der Laien auf den Plenarkonzilien durch die drei großen Katholikenkongresse zu Beginn des 20. Jahrhunderts ausgeglichen. So nahmen am zweiten Kongreß in Melbourne 1904 2014 registrierte Delegierte teil, die überwiegende Mehrzahl der zweiundsiebzig Arbeitspapiere wurde in Arbeitsgruppen, in denen Diskussionen stattfanden, erstellt, und der Kongreß verabschiedete fünfundzwanzig formelle Resolutionen (vgl. Proceedings of the Second Australasian Catholic Congress, held in the Cathedral Hall, Melbourne, October 24th to 31st, 1904, Melbourne 1905, 54 S.). Die Gesetzgebung auf dem Plenarkonzil 1905 und der Provinzialsynode 1907 in Melbourne ähnelt in manchem den Resolutionen von 1904, was nicht unwichtig ist. (So zum Beispiel hinsichtlich der Schulbücher, der Australian Catholic Truth Society, der Katholischen Wohlfahrtsverbände und der Temperanz-Vereinigungen).

72 Vgl. CIC (1983) c. 443 §3, 2, 4; §§ 4-5; wäre 1988 in Australien ein Plenarkonzil zelebriert worden, dann wären nach der Vorschrift in c. 443 weniger als 300 erschienen: 29 Diözesanbischöfe, 11 Weihbischöfe, 10 emeritierte Bischöfe, 60 Generalvikare und Bischofsvikare, die keine Bischöfe waren, der Rektor und der Dekan einer theologischen Fakultät und vier Seminarrektoren. Da es 258 Superioren (wie in c. 620 definiert) religiöser Orden und Gesellschaften des apostolischen Lebens mit Sitz in Australien gibt, kann man die Ansicht vertreten,

Zeremonien und Formalitäten vereinfacht wurden und nunmehr flexibler gehandhabt werden können[73]. Auf einem Plenarkonzil findet sich eine der Bischofskonferenz vergleichbare Zahl von Teilnehmern mit entscheidendem Stimmrecht[74]. Alle anderen Teilnehmer besitzen nur beratendes Stimmrecht. Konsultationen sind ein wichtiger Bestandteil des Gesetzgebungsprozesses, doch ist dies keinesfalls gleichbedeutend damit, daß man nach Art eines Parlaments verfahren oder Konsultoren zu allen Sitzungen zulassen müßte. In den Ausschußsitzungen leisten die Teilnehmer mit beratendem Stimmrecht einen vollgültigen und besonders wertvollen Beitrag, indem sie fachmännischen Rat beisteuern, beim Entwurf und auch bei der Emendierung von Dekretentwürfen mithelfen und Forschungsarbeit leisten. Kurz, sie sind den Diözesanbischöfen dabei behilflich, so viele Fakten wie möglich zur Verfügung zu haben und alle pastoralen Bedürfnisse eines Gebietes zu kennen, ehe sie die entscheidende Abstimmung vornehmen. Im Kodex des kanonischen Rechts ist nicht festgelegt, auf welche Weise man Konsultationen vorzunehmen habe oder wie beratendes Stimmrecht ausgeübt werden solle. Man kann daher die Meinung vertreten, daß ein Großteil der Arbeit in den Ausschüssen zu verschiedenen Zeiten und an unterschiedlichen Orten geleistet werden könne, was alle Bedenken hinsichtlich der Unterbringung so vieler Menschen über einen längeren Zeitraum hinweg gegenstandslos macht. Im Caeremoniale Episcoporum findet sich nur die Bestimmung, daß alle Teilnehmer eines Konzils bei der Eröffnungsmesse anwesend zu sein haben[75].

---

daß 30 gewählte Vertreter eine großzügig bemessene Vertretung gewährleisteten. Es gab kein Domkapitel, und nur neun Diözesen besaßen einen Pastoralrat, was 18 Mitgliedern auf dem Konzil entspräche. Die Priesterräte stellten 58 Mitglieder. Nach den Bestimmungen CIC (1983) c. 443 §4 wären nicht mehr als 72 Konzilsteilnehmer zu laden. Diese Statistik schließt die drei Eparchien der Ostkirchen nicht mit ein (vgl. Official Directory of the Catholic Church in Australia 1988-1989, 463 S.).

[73] Vgl. Caeremoniale episcoporum Clementis VIII, Innocentis X et Benedicti XIII iussu editum, Benedicti XIV et Leonis XIII auctoritate recognitum, Regensburg 1902, 126-131; vgl. Caeremoniale episcoporum ex decreto Sacrosancti Oecumenici Concilii Vaticani II instauratum auctoritate Ioannis Pauli Pp. II promulgatum, 1985, 277-278.

[74] Aufgrund der Bestimmung CIC (1983) c. 443 §2 kann manchmal davon abgewichen werden: andere Titularbischöfe, sogar solche, die im Ruhestand leben, können eingeladen werden, wenn sie im jeweiligen Gebiet wohnhaft sind. Darüber hinaus kann ihnen auch entscheidendes Stimmrecht zugebilligt werden. Zur Bischofskonferenz sind solche Bischöfe als Teilnehmer allerdings laut CIC (1983) c. 450 nicht zuzulassen. Neuere Rechtsvorschriften sehen jedoch vor, daß solche Bischöfe im Ruhestand mit beratender Stimme bei der Bischofskonferenz teilnehmen dürfen (vgl. Kongregation für die Bischöfe: *„Normae de episcopis ab officio cessantibus"*, 31. Oktober 1988, in: Communicationes 20 [1988] 168).

[75] vgl. Caeremoniale episcoporum ex decreto Sacrosancti Oecumenici Concilii Vaticani II 277.

Auf den Synoden Australiens unternahm man nicht den Versuch, jeden Teilaspekt des kirchlichen Lebens zu behandeln. Auf der Synode von 1844 ging es hauptsächlich um die Verwaltung der Sakramente und den missionarischen Dienst, was damals natürlich vordringliche Anliegen waren. Bereits 1869 gab es dagegen Probleme, die behandelt werden mußten, nämlich Erziehung und konfessionsverschiedene Ehen. 1885 wurden aufgrund des bemerkenswerten Bevölkerungszuwachses Normen für feste Ämter und Diözesanverwaltung notwendig. Man schaffte jedoch die ältere Gesetzgebung nicht ab, sondern paßte sie, wo dies notwendig war, den Umständen an. Keine Zeit verschwendete man auf Dinge, die für Australien von nachgeordneter Bedeutung waren[76]. Weitere Synoden Australiens sollten von der Tradition, auf aktuelle Probleme in der Pastoral einzugehen, profitieren[77].

Synoden und Konzilien finden nicht einfach statt. Man muß sie einberufen, planen, vorbereiten, durchführen. Im Anschluß an die *recognitio* folgt sodann die Promulgierung der Gesetze und die Durchführung der Entscheidungen. Das Zweite Vatikanische Konzil, angekündigt 1959, wurde von 1962 bis 1965 abgehalten. Häufig hört man die Meinung, daß das Konzil ohne die Initiative des Papstes Johannes XXIII. nicht stattgefunden hätte und die Durchführung der Konzilsbeschlüsse noch immer nicht vollendet sei. Auch einige der Synoden Australiens kamen aufgrund der Initiative einer einzelnen Persönlichkeit zustande[78]. Nach dem gegenwärtigen Recht liegt die Verantwortung für die Einberufung eines Plenarkonzils bei der Bischofskonferenz, stellt also keine Individualentscheidung dar. Verantwortlich für die Einberufung eines Provinzialkonzils ist nun nicht mehr allein der Erzbischof, sondern dieser holt dazu die Zustimmung seiner Suffraganbischöfe ein. Kollegia-

---

[76] So teilte Kardinal Moran auf dem Konzil 1895 den Vätern mit, daß das Schema „*De foro ecclesiastico*" übergangen werden müsse, da es mehr Zeit in Anspruch nehme, als man zur Verfügung hätte. Man könne aber auch die diesbezügliche Gesetzgebung von Baltimore *in globo* übernehmen. Man überging die Frage also und griff sie nicht einmal mehr auf dem Konzil von 1905 auf (vgl. Congregatio privata, 29. Nov. 10 a.m., 1; Schema de foro externo seu de iudiciis ecclesiasticis, 8 S., in: SAA, MP, Bd. 152). In dem Dekretentwurf behandelte man kirchliche Gerichte und Gerichtsverfahren, Ehefälle, gab detaillierte Anweisungen bezüglich zeitlicher Güter und Treuhändergremien, die sich aus Laien zusammensetzten. Dies stellt einen Unterschied zur Gesetzgebung von Baltimore dar, wo all diesen Punkten wesentliche Bedeutung bei der Gesetzgebung zukam (vgl. Concilium plenarium Baltimorense III 149-181).

[77] So ging auch die Bischofssynode vor, die auf jeder Sitzung nur eine oder doch nur wenige Angelegenheiten behandelte.

[78] Dies trifft in ganz besonderer Weise für Erzbischof Polding und das Provinzialkonzil 1844 sowie für Kardinal Moran und die Plenarkonzilien 1895 und 1905 zu. Außerdem scheint auch das Konzil 1937 als Ergebnis der Bemühungen der Apostolischen Delegaten Erzbischof Bartolomeo Cattaneo und Erzbischof Filippo Bernardini zustande gekommen zu sein (vgl. Concilium plen. IV Aust. et N.Z., 1).

les Handeln wird durch das gegenwärtige Recht zweifellos erleichtert. Doch können die Gesetze in der Praxis auch zu einer Einschränkung der persönlichen Initiative führen. Für Kardinal Moran stellten die ersten drei Plenarkonzilien eine gute Möglichkeit dar, seine außergewöhnlichen organisatorischen Fähigkeiten unter Beweis zu stellen, einschließlich der Arbeiten in dem Bereich, der für gewöhnlich Sekretären überlassen bleibt – er führte selbst die Korrespondenz mit dem Heiligen Stuhl --, und der vorausschauenden Detailplanung auch in unbedeutenden Kleinigkeiten[79]. Nach Theologie und kirchlichem Recht der Zeit oblag es einem Apostolischen Delegaten, ein Plenarkonzil einzuberufen und dabei den Vorsitz zu führen. Er galt als Teilhaber an der höchsten kirchlichen Jurisdiktionsgewalt, der des Papstes[80]. Moran nahm dies sehr ernst, und die Tagesordnung eines Konzils wie auch die Tagesordnung der einzelnen Sitzungen unterlagen offenbar seiner direkten Kontrolle. So trugen diese Konzilien natürlich seinen Stempel[81], was natürlich nicht bedeutet, daß er die Autonomie der jeweiligen Diözese oder die Rechte des jeweiligen Bischofs mißachtete. Zwar meldete Moran Fehlverhalten der Bischöfe an den Heiligen Stuhl weiter, drängte während der Konzilien auf einheitliche Vorgehensweise und sprach sich für eine Iurisdiktionsgewalt des Primas aus, wodurch er die Möglichkeit erhalten hätte, solche Dekrete

---

[79] So schrieb er zum Beispiel an den Rektor des Irischen Kollegs in Rom: „. . .*At the preliminary meeting on the 16th, we will adopt the following telegraphic despatch to you for the Holy Father: ‚Cardinals [. . .]‚. When the sending of the despatch has been agreed upon, I will send you a telegram with the single word Yes. This means that you will present to the Secretary of State at once the telegraphic despatch as set out in Latin, so that we may have the reply early next day*" (vgl. Moran an Kelly, Sydney, 30. September 1895 IC, Kelly Korrespondenz Nr. 1895/232).

[80] Im CIC (1917) wurde das Kapitel „*De conciliis plenaris et provincialibus*" zusammen mit anderen unter den Abschnitt „*De suprema potestate deque iis qui eiusdem sunt ecclesiastico iure participes*" eingeordnet.

[81] Bis heute wurde noch kein Versuch unternommen, eine Biographie Morans zu verfassen, obgleich er in jeder Studie zur Kirchengeschichte Australiens als eine zentrale Figur erscheint. Den besten Überblick bietet Patrick O'Farrell, der auf Morans rastlose, effiziente Arbeit, seine Fähigkeit, die alltäglichen Dinge bis ins Detail zu organisieren, seine reservierte Haltung gegenüber einem extrem irisch geprägten Katholizismus, wie auch auf seine Vision des Katholizismus in Australien, der jegliche Provinzialität fremd war, verweist. Seine Ideen wurden für die Entwicklung maßgeblich.Wie Cullen in Irland, so verkörperte er Mittelpunkt und Quelle der Macht in der Kirche Australiens (vgl. O'Farrell, The Catholic Church and Community 194-297). Andere Autoren beschreiben „*. . . a life of great drive and activity . . . leadership extending to the whole of the Catholic Church in Australia" (vgl. Ford, Cardinal Moran and the A.L.P., xx); „. . .scholar, statesman, democrat and prince of the Church, his wide interests and enlightened leadership influenced the youngest of the nations in the most critical and constructive years of her history*" (vgl. J.G. Murtagh, Australia: The Catholic Chapter, Melbourne 1969, 152); „. . .*Moran saw himself as a prince-bishop and the Catholic Church triumphantly progressing under divine providence*" (vgl. K.T. Livingston, The Emergence of an Australian Catholic Priesthood, 1835-1915, Sydney 1977, 112).

durchzusetzen, die ignoriert worden waren, doch war er sich der Tatsache bewußt, daß seine bischöfliche Jurisdiktionsgewalt nur bis zur Grenze seiner eigenen Erzdiözese reichte. Auf sein Einfühlungsvermögen und seinen Respekt gegenüber jeder Teilkirche deutet die Tatsache, daß er, statt die übliche Formel *episcopi Australiae* zu benutzen, die *archiepiscopi et episcopi ecclesiarum Australiensium* einberief[82], wie auch seine Begrüßungsansprache auf dem Konzil 1885, in der er die Konzilsväter als *„the angels of all Australian churches"* begrüßte[83].

Zweifellos wird es in Zukunft nicht mehr üblich sein, Plenarkonzilien unter solch straffer Führung einer Einzelpersönlichkeit durchzuführen. Da man Plenarkonzilien heute als Ausdruck der *communio* unter den Teilkirchen betrachtet[84], unterstehen sie der verantwortlichen Leitung durch die ganze Bischofskonferenz, die die Konzilien einberuft, den Konzilsort auswählt, die Tagesordnung festlegt und die zu behandelnden Angelegenheiten bestimmt, Beginn und Dauer festlegt, jeglichen Aufschub, Verlegung oder Auflösung des Konzils verkündet, sowie einen Vorsitzenden aus den Reihen der Diözesanbischöfe erwählt[85]. Wenngleich dieser Vorsitzende durch den Heiligen Stuhl bestätigt wird, so kommt ihm doch nicht mehr die Autorität eines Apostolischen Delegaten oder Legaten zu.

Zum Abschluß bleibt festzuhalten, daß die Konzilien in Australien immer einen Anlaß zu öffentlichen Feiern in großem Stil gaben. Obschon dies einen Triumphalismus widerzuspiegeln scheint, der heute nur wenige Befürworter findet, so erscheint es doch sehr sinnvoll, Überzeugungen der Gegenwart und Visionen für die Zukunft feierlich zu verkünden und dabei die ganze Gemeinschaft der Katholiken miteinzubeziehen. Selbst wenn man den Gebrauch von Massenmedien und anderen Kommunikationsmitteln voll ausschöpft, können die Entscheidungen einer Bischofskonferenz doch den Eindruck erwecken, als seien sie aus großer Distanz zur Gesellschaft getroffen. Darüber hinaus mag sogar der Eindruck entstehen, daß allein dem Episkopat wirkliche Verantwortung für den Auftrag der Kirche zukomme, zumindest im Hinblick auf alle Fragen, in denen nicht nur eine Teilkirche betroffen ist. So stellt ein Konzil, in würdigem Rahmen gefeiert, eine nicht gering zu schätzende Möglichkeit dar, sichtbar zu machen, wie groß die Möglichkeiten zum Meinungsaustausch und zur Mitwirkung wirklich sind.

---

[82] Vgl. Concilium plenarium Australasiense, viii; vgl. Concilium plenarium Australiense II, vii; vgl. Concilium plenarium Australiense III, viii.

[83] Vgl. Preparatory Session, in: SAA; MP, Bd. 88.

[84] Im gegenwärtigen Codex Iuris Canonici wird das Kapitel „*De conciliis particularibus*" unter dem Abschnitt „*De ecclesiarum particularum coetibus*" eingeordnet.

[85] Vgl. CIC (1983) c. 441.

VI. Anhang

1. Chronologische Entwicklung der Diözesen Australiens

1. 1804, *Sydney*
– Apostolische Praefektur Neuholland, 29.1.1804
– Apostolisches Vikariat Kap der Guten Hoffnung, Madagaskar, Mauritius, Neu Holland und benachbarte Inseln, 5.4.1819
– Apostolisches Vikariat Neuholland und Van Dieman's Land, 3.6.1834
– Diözese Sydney, 5.4.1842
– Erzdiözese Sydney, 22.4.1842

2. 1842, *Hobart*
– Diözese Hobart, 5.4.1842
– Erzdiözese Hobart, 3.8.1888

3. 1842, *Adelaide*
– Diözese Adelaide, 5.4.1842
– Erzdiözese Adelaide, 10.5.1887

4. 1842, *Mission bei den Eingeborenen*
– Apostolische Praefektur der Mission bei den Eingeborenen, 12.6.1842
– (abgeschafft nach der Abreise des apostolischen Präfekten, 4.7.1847)

5. 1845, *Perth*
– Diözese Perth, 6.5.1845
Erzdiözese Perth, 28.8.1913

6. 1845, *The Sound*
– Apostolisches Vikariat Sound, 6.5.1845
– (abgeschafft, Wiedereingliederung nach Perth, bzw. Adelaide, 25.6.1847)

7. 1845, *Essington*
– Apostolisches Vikariat Essington, 6.5.1845
– (abgeschafft, Wiedereingliederung nach Perth, bzw. Sydney, 25.6.1847)

8. 1847, *Melbourne*
– Diözese Melbourne, 25.6.1847
– Erzdiözese Melbourne, 31.3.1874

9. 1847, *Darwin*
– Diözese Port Victoria, 25.6.1847
– Diözese Victoria und Palmerston, 10.8.1888
– Diözese Darwin, 29.3.1938

10. 1847, *Maitland*
– Diözese Maitland, 25.6.1847

11. 1859, *Brisbane*
– Diözese Brisbane, 12.4.1859
– Erzdiözese Brisbane, 10.5.1887

12. 1862, *Canberra und Goulburn*
– Diözese Goulburn, 28.11.1862
– Erzdiözese Canberra und Goulburn, 5.2.1948

13. 1862, *Armidale*
– Diözese Armidale, 28.11.1862

14. 1865, *Bathurst*
– Diözese Bathurst, 20.6.1865

15. 1867, *New Norcia*
– exemte Abtei New Norcia, 12.3.1867
– (abgeschafft, Wiedereingliederung nach Perth, 12.3.1982)

16. 1874, *Ballarat*
– Diözese Ballarat, 31.3.1874

17. 1874, *Sandhurst*
– Diözese Sandhurst, 31.3.1874

18. 1877, *Cairns*
– Apostolisches Vikariat Queensland, 30.1.1877
– Apostolisches Vikariat Cooktown, 10.5.1887
– Diözese Cairns, 8.7.1941

19. 1882, *Rockhampton*
– Diözese Rockhampton, 29.12.1882

20. 1887, *Lismore*
– Diözese Grafton, 10.5.1887
– Diözese Lismore, 13.6.1900

21. 1887, *Wilcannia-Forbes*
– Diözese Wilcannia, 10.5.1887
– Diözese Wilcannia-Forbes, 28.7.1917.

22. 1887, *Sale*
– Diözese Sale, 10.5.1887

23. 1887, *Port Pirie*
– Diözese Port Augusta, 10.5.1887
– Diözese Port Pirie, 7.6.1951

24. 1887, *Broome*
– Apostolisches Vikariat Kimberley, 10.5.1887

– Apostolisches Vikariat Kimberley in West Australien, 28.11.1918
– Apostolisches Vikariat der Kimberleys, 13.11.1959
– Diözese Broome, 7.6.1966

25. 1887, *Queensland für die Eingeborenen*
– Apostolisches Vikariat Queensland für die Eingeborenen, 10.5.1887, (niemals formal eingerichtet, gelöscht aus dem *Annuario Pontificio per l'anno 1933* und folgenden)

26. 1898. *Geraldton*
– Diözese Geraldton, 30.1.1898

27. *Dryesdale River*
– Missio sui iuris Dryesdale River, 4.5.1910
– Missio sui iuris Kalumburu, 8.9.1971
– (abgeschafft, Wiedereingliederung nach Broome, 11.5.1981)

28. 1917, *Wagga Wagga*
– Diözese Wagga Wagga, 28.7.1917

29. 1929, *Toowoomba*
– Diözese Toowoomba, 28.5.1929

30. 1930, *Townsville*
– Diözese Townsville, 12.2.1930

31. 1951, *Wollongong*
– Diözese Wollongong, 15.11.1951

32. 1954, *Bunbury*
– Diözese Bunbury, 12.11.1954

33. 1958, *St. Peter und Paul der Ukrainer von Melbourne*
– Apostolisches Exarchat der Ukrainer des byzantinischen Ritus in Australien, 10.5.1958
– Apostolisches Exarchat der Ukrainer des byzantinischen Ritus in Australien, Neuseeland und Ozeanien, 12.12.1958
– Eparchie St.Peter und Paul der Ukrainer von Melbourne, 24.6.1982

34. 1969, *Australisches Militärordinariat*
– Australisches Militärvikariat, 6.5.1969
– Australisches Militärordinariat, 21.6.1986

35. 1973, *St.Maron der Maroniten von Sydney*
– Eparchie St.Maron der Maroniten von Sydney, 25.6.1973

36. 1986, *Parramatta*
– Diözese Parramatta, 8.4.1986

37. 1986, *Broken Bay*
– Diözese Broken Bay, 8.4.1986

38. 1987, *St. Michael der katholischen griechischen Melchiten von Sydney*
-- Eparchie St. Michael der katholischen griechischen Melchiten von Sydney, 20.3.1987

2. *Vergleich der Originalversionen (=O) mit den korrigierten Fassungen (=K) der Dekrettexte zu Diözesankonsultoren*

(O) De Canonicis
29. Quamquam Ecclesiarum Australiensium circumstantiae nondum esse videantur quae cum praescripta a Sacris Canonibus Capitulorum erectione omni ex parte componi possent, tamen aliquot Titulares Canonicos in singulis Dioecesibus constituendos opportunum ducimus qui inter clerum dignitate emineant, et clare definita munera exercentes Episcopo adiumentum in regenda Ecclesia praebeant, et veluti ex officio Consultores illius sint in Dioecesanis maioris momenti negotiis.

(K) De Consultoribus Dioecesanis
29. Quamquam Ecclesiarum Australiensium circumstantiae nondum esse videantur quae cum praescripta a Sacris Canonibus Capitulorum erectione omni ex parte componi possent, tamen aliquot Consultores in singulis Dioecesibus constituendos opportunum ducimus qui inter clerum dignitate emineant, et clare definita munera exercentes Episcopo adiumentum in regenda Ecclesia praebeant.

(O) 30. Ut autem uniformitas, in quantum fieri potest, servatur, volumus ut in quaque Dioecesi sex vel ad minus quatuor eiusmodi Canonici constituantur; ubi vero tot Sacerdotes omnibus requisitis dotibus instructi haberi non possunt, sint saltem Canonici duo.

(K) 30. Ut autem uniformitas, in quantum fieri potest, servatur, volumus ut in quaque Dioecesi sex vel ad minus quatuor eiusmodi Consultores constituantur; ubi vero tot Sacerdotes omnibus requisitis dotibus instructi haberi non possunt, sint saltem Consultores duo.

(O) 31. Canonicorum autem in suis respective Dioecesibus attributiones hae sunt:
(1) Vacante Episcopali sede eorum erit coniunctim cum parochis inamovibilibus tria Ecclesiasticorum nomina proponere Provinciae Episcopis, iuxta normam iam descriptam.

(2) Saltem bis in anno in praecipuis solemnitatibus, quae in Synodo Dioecesana definientur, inter Missarum solemnia Episcopo in Cathedrali Ecclesia adsistent.
(3) Canonicorum consilium exquiretur ab Episcopo: (a) in assignando tempore quo singulis annis Synodus Dioecesana celebrabitur; (b) quoad nova Statuta si qua forte in Synodo Dioecesana proponenda sint; (c) quoties paroecia aliqua dismembranda sit in quo casu pariter exquirendum erit consilium Parochi seu Sacerdotis qui parochialem districtum administrat; (d) quoties paroeciae alicuius administratio familiae Religiosae tradenda sit, ad cuius transactionis validitatem requiritur etiam venia Sanctae Sedis; (e) de novo eligendo Canonico, quoties Canonicatus vacare contigerit.

(K) 31. Consultorum autem in suis respective Dioecesibus attributiones hae sunt:
(1) Vacante Episcopali sede eorum erit coniunctim cum Rectoribus Paroecialibus inamovibilibus tria Ecclesiasticorum nomina proponere Provinciae Episcopis, iuxta normam iam descriptam.
(2) Saltem bis in anno in praecipuis solemnitatibus, quae in Synodo Dioecesana definientur, inter Missarum solemnia Episcopo in Cathedrali Ecclesia adsistent.
(3) Consultorum consilium exquiretur ab Episcopo: (a) in assignando tempore quo singulis annis Synodus Dioecesana celebrabitur; (b) quoad nova Statuta si qua forte in Synodo Dioecesana proponenda sint; (c) quoties paroecia aliqua dismembranda sit, in quo casu pariter exquirendum erit consilium Rectoris seu Sacerdotis qui parochialem districtum administrat, servata constitutione „Romanos Pontifices"; (d) quoties paroeciae alicuius administratio familiae Religiosae tradenda sit, ad cuius transactionis validitatem requiritur etiam venia Sanctae Sedis; (e) de novo eligendo Consultore.

(O) 32. Insuper necessarium erit Canonicorum consilium, in scriptis tradendum, quoties agitur de alienandis bonis Ecclesiasticis quae valorem bis centum librarum sterlingarum superant, necnon in constituendis hypothecis aliisque quae speciem alienationis praeseferunt, quoad praedictam summam.

(K) 32. Insuper necessarium erit Consultorum consilium, in scriptis tradendum, quoties agitur de alienandis bonis Ecclesiasticis quae valorem bis centum librarum sterlingarum superant, necnon in constituendis hypothecis aliisque quae speciem alienationis praeseferunt, necessaria praeterea in huiusmodi alienationis venia S. Sedis.

(O) 33. Sede Episcopali vacante Administrator Dioecesanus Canonicorum consilium exquirere tenetur iuxta praefatam normam. Si autem eo tempore canonicatus vacare contigerit non ab Administratore sed a novo Episcopo Canonicus est eligendus.

(K) 33. Sede Episcopali vacante Administrator Dioecesanus Consultorum consilium exquirere tenetur iuxta praefatam normam. Si autem eo tempore canonicatus vacare contigerit non ab Administratore sed a novo Episcopo Consultor est eligendus.

(O) 34. Canonicus renunciare potest suo muneri, invitus autem removeri non potest ab Episcopo nisi legitima accedente causa qualis in Beneficii Ecclesiastici privatione haberi solet et habito insuper caeterorum Canonicorum consilio.

(K) 34. Consultores eligentur ad triennium. Postquam electi fuerint nullus eorum invitus removeri potest, nisi ex legitima et iusta causa et de consilio caeterorum Consultorum. Iusta autem aderit causa, si ob senectutem, infirmitatem et similia ad Consultoris partes obeundas inabilis effectus fuerit, aut graviter delinquendo munere huiusmodi honorifico indignum sese reddiderit, vel propria culpa notabile passus sit famae detrimentum. In locum Consultorum recedentis, sive remotionis, sive renunciationis via, Episcopus alium sufficiet de consilio tamen reliquorum Consultorum. Casu quo triennium expirare contigerit tempore vacationis sedis Episcopalis, Consultores in officio manebunt usque ad accessum novi Episcopi qui intra sex menses a consecratione sua ad Consultorum electionem instituendam tenetur.

3. Provinzialsynoden und Plenarkonzilien des 19. und 20. Jahrhunderts in Großbritannien, Irland und Nordamerika

KANADA

1. 1851 Erste Provinzialsynode von Québec
2. 1854 Zweite Provinzialsynode von Québec
3. 1857 Erste Provinzialsynode von Halifax
4. 1863 Dritte Provinzialsynode von Québec
5. 1868 Vierte Provinzialsynode von Québec
6. 1873 Fünfte Provinzialsynode von Québec
7. 1875 Erste Provinzialsynode von Toronto
8. 1878 Sechste Provinzialsynode von Québec
9. 1886 Siebte Provinzialsynode von Québec

10. 1889 Erste Provinzialsynode von St.- Boniface
11. 1895 Erste Provinzialsynode von Montreal
12. 1909 Erstes Plenarkonzil von Québec
13. 1938 Erste Provinzialsynode von Kingston
14. 1938 Zweite Provinzialsynode von Toronto

ENGLAND UND WALES

1. 1852 Erste Provinzialsynode von Westminster
2. 1855 Zweite Provinzialsynode von Westminster
3. 1859 Dritte Provinzialsynode von Westminster
4. 1873 Vierte Provinzialsynode von Westminster

IRLAND

1. 1817 Provinzialsynode von Tuam
2. 1849 Provinzialsynode von Tuam
3. 1850 Irisches Plenarkonzil in Thurles
4. 1853 Provinzialsynode von Dublin
5. 1853 Provinzialsynode von Cashel
6. 1854 Provinzialsynode von Armagh
7. 1854 Provinzialsynode von Tuam
8. 1858 Provinzialsynode von Tuam
9. 1875 Irisches Plenarkonzil in Maynooth
10. 1900 Irisches Plenarkonzil in Maynooth
11. 1907 Provinzialsynode von Tuam
12. 1907 Provinzialsynode von Cashel
13. 1908 Provinzialsynode von Dublin
14. 1908 Provinzialsynode von Armagh
15. 1927 Irisches Plenarkonzil in Maynooth
16. 1933 Provinzialsynode von Tuam
17. 1938 Provinzialsynode von Armagh
18. 1956 Irisches Plenarkonzil in Maynooth

MEXICO

1. 1892-93 Erste Provinzialsynode von Antequera
2. 1896 Fünfte Provinzialsynode von Mexico
3. 1896 Erste Provinzialsynode von Durango

4. 1896-97 Erste Provinzialsynode von Guadalajara
5. 1897 Erste Provinzialsynode von Michoacan

SCHOTTLAND

1. 1886 Erstes Schottisches Plenarkonzil

VEREINIGTE STAATEN VON AMERIKA

1. 1829 Erste Provinzialsynode von Baltimore
2. 1833 Zweite Provinzialsynode von Baltimore
3. 1837 Dritte Provinzialsynode von Baltimore
4. 1840 Vierte Provinzialsynode von Baltimore
5. 1843 Fünfte Provinzialsynode von Baltimore
6. 1846 Sechste Provinzialsynode von Baltimore
7. 1848 Erste Provinzialsynode von Oregon City
8. 1849 Siebte Provinzialsynode von Baltimore
9. 1852 Erstes Plenarkonzil von Baltimore
10. 1854 Erste Provinzialsynode von New York
11. 1855 Achte Provinzialsynode von Baltimore
12. 1855 Erste Provinzialsynode von Cincinnati
13. 1855 Erste Provinzialsynode von St. Louis
14. 1856 Erste Provinzialsynode von New Orleans
15. 1858 Neunte Provinzialsynode von Baltimore
16. 1858 Zweite Provinzialsynode von Cincinnati
17. 1858 Zweite Provinzialsynode von St.Louis
18. 1860 Zweite Provinzialsynode von New York
19. 1860 Zweite Provinzialsynode von New Orleans
20. 1861 Dritte Provinzialsynode von Cincinnati
21. 1861 Dritte Provinzialsynode von New York
22. 1866 Zweites Plenarkonzil von Baltimore
23. 1869 Zehnte Provinzialsynode von Baltimore
24. 1873 Dritte Provinzialsynode von New Orleans
25. 1874 Erste Provinzialsynode von San Francisco
26. 1880 Erste Provinzialsynode von Philadelphia
27. 1881 Zweite Provinzialsynode von Oregon City
28. 1882 Vierte Provinzialsynode von Cincinnati
29. 1882 Zweite Provinzialsynode von San Francisco
30. 1883 Vierte Provinzialsynode von New York
31. 1884 Drittes Plenarkonzil von Baltimore

32. 1886 Erste Provinzialsynode von Milwaukee
33. 1889 Fünfte Provinzialsynode von Cincinnati
34. 1891 Dritte Provinzialsynode von Oregon City
35. 1932 Vierte Provinzialsynode von Portland in Oregon
36. 1957 Fünfte Provinzialsynode von Portland in Oregon

Register

Abbates nullius 38
Aberdeen 71
- Bistum 72
Abfall vom Glauben 65, 111
Absolution des Komplexes „in peccato turpi" 30, 63, 161
Abstinenzgesetze 54
Abstinenzregeln 51, 58-61
Abtreibung 30, 65, 119, 120
- vorsätzliche 118
Adelaide 13, 15-17, 19, 27, 34, 41, 57, 85
- Bischöfe 21, 39
- Erzbischöfe 31, 49
- Erzbistum 12-14, 45, 46
Ad-limina-Besuch 147
Administratoren vakanter Diözesen 38
Adriana, Bistum i.p.i. 48
Äbte 141
Afrika, Bischöfe 51
Alacoque, Margareta Maria, hl. 47
Alberta, Provinz in Kanada 101
Alia, Bistum i.p.i. 9
Alkoholismus 50, 122, 127, 151
Allerheiligen, Fest 52
Allerseelentag 44
Alters- und Pflegeheim für Geistliche 37
Amerika 75
- Bischöfe 73, 81
- Hierarchie 70, 79
Amerikaner 71
Amerikanische Hierarchie 70
Amerikanischer Nationalcharakter 70
Amtsbezirk 82
Amtsführung der Priester 28
Anarchisten 125
Anbetung, vierzigstündige 119
Anglikaner 7, 90
Anglikanische Bischöfe 15
- Gottesdienste 7
- Kirche 12, 90
-- Primatsinhaber 145
Antarktis 8
Antiamerikanismus 159
Antikatholizismus der Gesellschaft 132
Apostolische Administratoren 38
- Delegaten 169
- Vikare 12, 38
- Vikariate 44, 45
Appellationsrechte 145
Arbeiterrechte 153
Archive 41, 146
- bischöfliche 125
- Mißbrauch bischöflicher 126
Argyle and the Isles, Bistum 72
Armagh, Erzbischof 144, 145
- Kirchenprovinz 125, 127
- Synode von 1854 106, 112, 121
Armidale 22, 34, 44
- Administrator 21
- Bischöfe 39, 49, 57
- Bistum 15
Aschermittwoch 46
Asien 157
Auckland 44, 56
- Bischöfe 39
- Bistum 24, 38, 39, 45
Aufnahme Mariens in den Himmel 52
Augustiner, spanische 45, 134
Australasia, Meeting of the Hierarchy 1897 23
Australasien 24, 68, 74, 80, 83, 86, 136, 154-156
- Bischöfe 73, 156
- Gesetze über die Eingeborenen 157
- Kirche 48, 157
- Konzil von 1885 22, 135
Australia Felix = Kolonie Victoria 15
Australian Catholic-Truth-Society 58, 59, 165
Australien 1-3, 7, 8, 22, 23, 32, 38, 42, 74-78, 81-85, 89-94, 107, 110, 118, 122-125, 128-130, 132, 141, 142, 154-156
- Apostolische Präfektur 133
- Bischöfe 3, 38, 48, 51, 56, 84, 159
- Bischofskonferenz 25
- Bistümer 4
-- Vermehrung 16
- Errichtung einer Kirchenprovinz 12
- Erzbischöfe, jährliches Treffen 24
- Evangelisierung der Eingeborenen 133-136
- Gesetze 159
- Gesetzgebung 2, 116, 117, 154, 157-159
- Goldrausch 16, 21, 33, 74

- Hierarchie 4, 12, 91, 159
- Katholizismus 168
- Kirche 22, 38, 45, 148, 168
-- Ehrenprimat 144
-- Erziehungsgesetzgebung von 1895 158
- Kirchendisziplin 51
- Kirchengeschichte 4, 168
- Kirchenprovinzen 1, 62
- kirchliche Einheit 142
- Kolonien 25, 155, 161
- konfessionsverschiedene Ehen 108-110
- konziliare Gesetzgebung 67-137
- Konzilien 169
- Labour Party 153
- Missionare 74
- Missionsgebiete 136
- 1. Plenarkonzil in Sydney von 1885 17, 22, 38–48, 83, 92, 128, 134, 135, 141, 142, 151, 157, 158, 162, 163, 169
--- Hirtenbrief 151
- 2. Plenarkonzil in Sydney von 1895 3, 32, 48-56, 58, 64, 68, 69, 86, 110, 124, 128, 135, 141, 143, 147, 149, 162, 167, 169
--- Hirtenbrief 151
- 3. Plenarkonzil in Sydney von 1905 3, 55-62, 64, 77, 85, 110, 122-124, 128, 135, 141, 143, 144, 149, 158, 161, 165, 167, 169
--- Befreiung der Priester an Sonntagen von Matutin und Laudes 60
--- Dekrete 60, 144
--- Eheschließung außerhalb der Kirche 61
--- Geldsammlungsverbot 61
--- Hirtenbrief 152
- und Neuseeland, 4. Plenarkonzil von 1937 84, 129, 150, 167
- Plenarkonzilien 143, 161, 169
- politische Einigung 142
- Reservierte Sünden 118-120
- 1. Provinzialsynode in Sydney von 1844 2, 17, 18, 33, 42, 90, 108, 113, 118, 122, 128, 133, 139, 142, 146, 150, 157, 161, 167
- 2. Provinzialsynode in Melbourne von 1869 33, 42, 47, 92, 111, 134, 141, 143, 146
- Provinzialsynoden 4, 5
- staatliches Schulsystem 32
- Synodale Gesetzgebung von 1869 und 1885 148
- Synode von 1862 141
- Synoden 27-65, 127, 161, 167
-- breite Beteiligung 165
- Verfassung 142
- Verwaltung von Kirchengut 128-130
Australier 83
Australisch-irische Kirche 155

Ballarat / Australien 16, 41, 62, 146
- Bischöfe 39, 49, 57
- Bistum 16, 25, 37, 83
- Kathedrale St. Patrick 85
Baltimore/ USA 48, 61, 68, 86, 98, 131, 167
- Dekrete 81, 100, 101
- Diözesansynode von 1791 113, 131
- Erzbischof 137
- Erzbistum 4
- Gesetze 159
- Gesetzgebung 158, 163
- Kirchenprovinz 113
- Konzil von 1884, Akten und Dekrete 157
- Konzil von 1905, Dekrete 158
- 1. Plenarkonzil von 1852 94, 132, 158
- 2. Plenarkonzil von 1866 37, 79, 96, 114, 132, 158
- 3. Plenarkonzil von 1884 4, 42, 45, 47, 54, 68-70, 77, 80, 86, 93, 98, 99, 131, 157-159, 167
--- Acta et Decreta 158
- 1. Provinzialsynode von 1829 74, 79, 126, 131
- 2. Provinzialsynode von 1833 131, 137
- 3. Provinzialsynode von 1837 117, 131, 137
- 4. Provinzialsynode von 1840 111, 113
- 7. Provinzialsynode von 1849 145
- 8. Provinzialsynode von 1855 86, 95
- 9. Provinzialsynode von 1858 95, 145
- 10. Provinzialsynode von 1869 96
- Rituale 53, 61, 115-117
- Synoden 46, 94, 157
Barnabò, Alessandro, Kardinal 33
Bartverbot der Priester 67
Bathurst / Australien 34, 50
- Bischöfe 21, 39, 49, 57
- Bistum 15
Beagle Bay / Westaustralien 136
- Kloster OCR 48, 135
Bedini, Gaetano, Erzbischof, Apostolischer Nuntius von Brasilien 145
Beechinor, Daniel, Prokurator 57
Befreiung von Matutin und Laudes 63
Beichte 30, 52, 119
- Lossprechung 163
Beichtjurisdiktion 60
Benalla / Australien 52
Benediktiner 39, 49, 135
- englische 11
Benziger, Gebr., amerikanischer Verlag 54, 93, 94

Bernardini, Filippo, Erzbischof 167
Berufsschulen 96
- katholische 106
Berufungsgericht, kirchliches 144
Beschneidung des Herrn 52
Besserungsanstalten für Jugendliche 96
Bestialität 121
Bethsaida, Bistum i.p.i. 34
Bigamie 30
Bildungseinrichtungen, höhere katholische 103
Bischöfe 22, 40, 84, 142
- amerikanische 51
- emeritierte 165
Bischöfliche Jurisdiktion 133, 169
Bischöflicher Stuhl als Rechtsperson 131
Bischof, Eigentumsübertragung von Gütern an den Bischof persönlich 131
Bischof als Treuhänder, Übereignung von Gütern 131
Bischof-Koadjutor 84
Bischofsamt, Kandidaten 140, 147, 162
Bischofsernennungen 83-89, 154
Bischofskoadjutoren 38
Bischofskonferenz von 1858 19
Bischofskonferenzen 164-167
Bischofsvikare 165
Blasphemie 61
Bordelle 120
Borromäus, Karl, hl. 18, 31, 157
Bourgeois, Vincent OSB 28
Brady, John, Generalvikar von Westaustralien, Bischof von Perth 14, 18
Brady, Sean 3
Bramston, James Yorke, Bischof von Usula i.p.i. 11
Brand, Henry Robert, Viscount Hampden 50
Brandstiftung 122
Brasilien 145
Brautmesse 116
Brautsegen 113, 116, 117
Bréhéret, Jean-Baptiste SM, Apostolischer Präfekt 44
Brevier 31, 61
Breviergebet 51, 163
Briand, Jean-Olivier, Bischof von Québec 87
Brisbane 19, 20, 34, 40, 57, 75, 146-148
- Bistum, Apostolisches Vikariat 37
- - - für Eingeborene 134
- Diözesankonsultoren 147
- Erzbischöfe 21, 32, 39, 49
- Erzbistum 15, 16, 37, 45, 46, 134, 147
- Generalvikar 147
- Kathedrale 147
- ständige Rektoren 147
Britische Kolonien 101
- Regierung 87, 122
- Überseeische Gebiete 1
Britisches Empire 9
British Columbia 101
Broken Bay, Bistum 16
Broken Hill 153
Broome, Bistum 17
Bruderschaft von der Christlichen Lehre 53
- von der Hl. Familie 53
Bunbury / Westaustralien, Bistum 17
Burns, J. H., Mons. 3
Bußsakrament 29, 41, 42, 46
Byrne, Joseph, Bischof von Bathurst 50

Caeremoniale episcoporum 1985 166
- - Regensburg 1902, promulgatum 1985 166
Cairns / Australien, Bistum 17, 44
Cani, Giovanni, Bischof von Rockhampton 41, 44, 55, 146
Canon Law Society, Australia and New Zealand 25
Caronari 125
Caritas 62
Carr, Thomas Joseph, Bischof von Galway und Kilmacduagh, Erzbischof von Melbourne 25, 49, 62, 64, 65, 144, 151
Carroll, John, Bischof von Baltimore 86, 131
Cashel, Kirchenprovinz 107
- - Provinzialsynode von 1853 89, 106, 112
- Synoden 121
Catholic Emancipation Act 101
Catholic-Truth-Society 53, 59, 63
Cattaneo, Bartolomeo, Erzbischof 167
Celjun, Chantal 3
Cerretti, Bonaventura, Erzbischof 84
Chalcedon, Konzil von 451 164
Chanel, Peter, hl. 51
Chicago 80
China, Bischöfe 45, 158
- Mission 136
Chinesische Seeleute 7
Choralmessen 136
Chorgebet 71, 154
Chorhemd 30, 31
Chorkleidung 154
Christchurch 44, 45, 56
- Bistum 24
Christentum 152

Christi Himmelfahrt 54
Cincinnati, Kirchenprovinz 95
- 1. Provinzialsynode von 1855 95, 132
- 2. Provinzialsynode von 1858 95
- 3. Provinzialsynode von 1861 95
- 4. Provinzialsynode von 1882 97, 114, 120
- 5. Provinzialsynode von 1889 81, 99
- Provinzialsynoden 95
Clancy, Edward Bede, Erzbischof von Sydney, Kardinal 3
Clarke, Leo M., Bischof 4
Claver, Peter, hl. 51
Clemens XIII., Papst 87
Codex iuris Canonici von 1917 1, 24-26, 129, 156, 162, 164, 168
- - - von 1983 5, 164, 166
Common Schools Act 91
Conolly, Philip, Priester 10
Cook, James 7
Cooktown 57
- Bistum 16, 17, 55
- Vikariat 39, 44, 46, 49, 136, 141
Coolgardie, Bistum 52, 54
Corbett, James Francis, Bischof von Sale 50, 57, 62
Corpus des kanonischen Partikularrechts für Australien und Neuseeland 23
Courtfild, Grafschaft Hereford / England 21
Crane, Martin OSA, Bischof von Sandhurst 39
Cullen, Paul, Erzbischof von Dublin, Kardinal 20, 22, 126, 168
Cullen-Fraktion 22, 34, 111, 116, 148, 155
Cummins, John 3

Darwin, Bistum 17
Dekalog 152
Dekane 22, 40, 146
Dekrete 146-149
Delany, Patrick, Erzbischof von Hobart 49, 50, 151
Demokratieverständnis der Amerikaner 132
Deutsche Einwanderer in die USA 95
Deutschland, Bischöfe 45, 158
Dilworth, Gerard Mark OSB 4
Diözesanarchive 127
Diözesanbischöfe 38, 165
Diözesangerichte 143
Diözesankapitel 68, 87
Diözesanklerus 154
Diözesankonsultoren 52, 68-70, 84-86, 146, 154, 162
Diözesansekretär 128, 146
Diözesanseminare 32, 41, 146
Diözesansynoden 37, 76, 78, 156
Diözesanverwaltung 167
Diözesen 14-16, 139
- Delegierte 139
Disziplin 40, 41, 58, 62
- in den Bistümern 17
- der Kleriker 23
Dixon, James 7, 8
Dockarbeiter 151
Dominguez, Fulgentius OSB, Abt von New Norcia 48
Domkapitel 38, 39, 70, 73, 82, 88, 139, 153, 154, 162, 166, s. auch Diözesankapitel
Drysdale River/ Australien, Priorat Nullius der Benediktiner 17, 59
Dublin 20, 22, 89
- Erzbischöfe 144, 145
- Kirchenprovinz 121
- Provinzialsynode von 1853 106, 112
Duell 121
Dunedin / Neuseeland 24, 38, 51, 56
- Erzbistum 39, 45, 46
Dunne, John, Bischof von Wilcannia 152
- Robert, Erzbischof von Brisbane 40, 54, 57, 136, 146-148
Dwyer, Bischof-Koadjutor von Maitland 57, 152

Edinburgh 71, 72
Ehe 41, 163
- extra Ecclesiam 123
- und Erziehung 4
- Heiligkeit der 108
Ehedekrete 35, 42, 149
Ehedispense 60
Ehefälle 125, 167
Ehefragen 35, 156
Ehegesetzgebung 30, 110, 123
Ehehindernisse 30
Ehen, konfessionsverschiedene 4, 21, 31, 33, 35-37, 51, 58, 60, 61, 111-113, 115, 118, 121, 123, 142, 148-152. 155157. 162. 167
- - Dispenserteilung 115
- sakramentale 156
Ehescheidung 52, 125
- nach dem Zivilrecht 120
Eheschließung 119, 122, 126, 151
- katholische 149, 155
- außerhalb des Kirchengebäudes 109
- in der Kirche 114
- konfessionsverschiedene durch Bischöfe in Chorkleidung 113

- vor einem protestantischen Geistlichen 120
- zu Lebzeiten des ersten Ehepartners 118, 119
Eheschließungsritus 110, 117
Eier, Mangel an 51
Eigenpfarreien 83
Eingeborene (Aborigines) Australiens 5, 13, 23, 27, 33, 38, 41, 42, 49, 133-137, 150, 157
-- Bekehrung 21
-- Verfolgung durch Siedler 135
Eingeborenenmission 157, 163
Einkommensnachweise 131
Einkünfte, Aufstellung 128
Ellis, John Tracy 137
Engländer 44
England 1, 7, 10, 19, 67, 70-72, 74, 75, 77-80, 83, 87-89, 105, 111, 112, 120, 137, 142, 145, 162
- Bischofszusammenkünfte 145
- Hierarchie 71, 78
- konfessionsverschiedene Ehen 67
- Konzilien 125
- Staatskirche 112
- Theaterverbot für Priester 126
- Verwaltung von Kirchengut 130
- Wiedererrichtung der Hierarchie 1850 13
Englisch als Konzilssprache 34
Englische Sprache 134
Englischer Sprachraum, Konziliare Gesetzgebung 67-137
Englischsprachige Länder 1
Erbbesitz 132
Erstkommunion 30, 96, 119
Erzbischöfe 84, 167
Erziehung 23, 32, 40, 42, 45, 58, 62, 96, 148-151, 167
- christliche 152
- Gesetzgebung 108
- katholische 21, 33, 36, 98, 150, 155, 161
- laizistische 107
- als Staatsmonopol 96
Erziehungsausschuß 98
Erziehungslehre, christliche 90
Erziehungswesen 39, 62
Essington / Australien, Apostolisches Vikariat 14
- Bistum Port Victoria 15
Esztergóm / Ungarn, Erzbischof 144
Eucharistie 30, 41, 42
Eucharistisches Dogma 30
Europa 11, 14, 20, 32, 34, 90
- Kirche 157
- Städte 16
Europäer 7
Evangelisierung 33, 133-137
Ewiges Licht 46
Exerzitien, geistliche für Priester 29
Exkommunikation 36, 54, 110, 112, 123, 125

Familie 152
Familienleben, katholisches 152
Farbige 137
Farmarbeiter 151
Fasten 23, 41, 42, 58
Fastengebot 51, 54, 59-61, 63
Fastenregeln 142
Fastenzeit 44
Fasttage, Fleischgenuß 121
Feehan, Patrick, Erzbischof von Chikago 80
Feuerversicherung für kirchliche Gebäude 58, 59
Fidschi, Apostolische Präfektur 44
Fidschi-Inseln 46, 135
Finanzen der Kleriker 32
Firmung 41, 64, 96, 119
Fisch, Mangel an 51
Flinders, Matthew 7
Formosa 8
Fort Augustus Council 140
Forum ecclesiasticum, Konzilsschema 1895 167
Frankreich, Bischöfe 58, 158
Franziskaner 39, 49
Französisch 87
Französische Seeleute 7
Frauenorden 23, 47, 129
Freimaurer 53, 125

Gälische Sprache 106, 107
Gallagher, John, Koadjutor, Bischof von Goulburn 49, 151
Gamaschenhosen 30
Geheimgesellschaften 125
Geisteskranke, Anstalten 59
Geistliche 165
- alkoholabhängige 50, 58
Geiz der Priester 126
Geldsammlungen 32, 122
Gelegenheitsarbeiter 151
Gemeindeschulen 98
Gemüse, Mangel an 51
Generalbeichte 119
Generalvikare 52, 146, 165

Geoghegan, Patrick OFM, Bischof von Adelaide 15, 19, 20
Georg III., König von Großbritannien und Irland 7
Geraldton 54, 57, 136
- Bischöfe 57, 59, 135, 136
- Bistum 17, 52
- 2. Plenarkonzil von 1895 84
Gerichte, kirchliche 41, 167
Gerichtsverfahren 167
Geschlechtsverkehr mit Priestern 120
Gesellschaft 152
Gesellschaften zur Beförderung der Mäßigkeit 151
Gesellschaftsordnung, Umsturz der gegenwärtigen 152
Gesetzgebung, kirchliche 45
Gesetzgebungsprozeß 166
Gibbons, James, Erzbischof von Baltimore 79, 86, 98-100
Gibney, Bischof von Perth 57, 124
Glasgow, Erzbistum 72
Glauben 40-42, 58, 156, 163
- Gefahren 40
Glaubensabfall 118, 119, 121
Glaubensbekenntnis 40
- für Konvertiten 61
Glaubensunterweisung 100
Goold, James Alipius OSA, Erzbischof von Melbourne 15, 18-21, 34, 39, 75, 148
Gottesdienstordnung 29
Gotti, Girolamo Maria OCD, Kardinal 55, 56, 62, 64, 65
Goulburn/Australien 34, 41, 50, 85, 151
- Erzbischöfe 21, 49, 57
- Erzbistum 15, 16, 20, 39, 83
Grafton 52, 55
- Bischöfe 49
- Bistum 16, 44, 46
Gregor XVI., Papst 1, 11-14, 117
Gregorianischer Choral 59, 96, 136
Grimes, John SM, Bischof von Christchurch 56
Griver, Martin, Erzbischof von Maitland, Apostolischer Administrator von Perth 15, 20, 34, 44
Großbritannien 1, 4, 7, 42, 90, 101, 120, 125-127, 142, 157
- Bischöfe 2, 158
- Evangelisierung der Eingeborenen 137
- konfessionsverschiedene Ehen 111-113
- Regierung 9
- Verwaltung von Kirchengut 130
- Volksschulerziehung 104, 105
Grundbesitz der Eingeborenen 150
Grundschulerziehung 41, 42
- katholische 4
Güter, zeitliche 167

Häresie 30
Halifax 72
- Domkapitel 72
- Kirchenprovinz 126, 137
- 1. Provinzialsynode von 1857 82, 101, 102, 115, 125
Hanly, John 3, 4
Harold, James 7, 8
Haushälterinnen 53, 67
Hayes, James B. OSA 34
Hl. Messe 17, 29, 30, 42
Hl. Öle, Postversand 59-61
Hl. Stuhl 3-5, 8, 12, 14, 18, 19, 23, 25, 26, 30, 32, 35, 37, 38, 43, 44, 48, 51, 56, 59-61, 63-65, 72, 78, 83, 84, 86-88, 94, 97, 101, 107, 108, 111, 112, 117, 119, 122, 123, 129, 154, 155, 161-164, 168
Hl. Herz Jesu 47
Hl. Offizium 54, 64, 119
Heirat eines Katholiken vor einem nichtkatholischen Geistlichen 119
- extra Ecclesiam 156, 162, 163
Heiss, Michael, Erzbischof von Milwaukee 98
Hereford/England, Sankt Michael, Kathedralkloster 21
Hierocaesarea, Bistum i.p.i. 11
Higgins, Joseph, Bischof von Ballarat 49, 62
Hirtenbriefe 150-153
Hobart 10, 13, 18-20, 26, 27, 34, 41, 50, 57, 108, 151
- Bistum, später Erzbistum 12, 13, 16, 49, 84
- Erzbischöfe 21, 39, 49
Hobart Town, Bistum 14
Hobart, Lord 8
Hochzeiten, nichtkatholische 64
Holländische Seeleute 7
Holland 8, 14, 70
Holzarbeiter 151
Hutchinson, John OSA, Titularbischof von Cooktown, Apostolischer Vikar von Queensland 39, 46, 49, 50

Inamovibilität 47, 75, 77, 79-81, 154
Ince Blundell/ England 21
Indiana/ USA 95
Indianer 137
Indianermission 137

Indifferentismus 91
- religiöser 37, 150
Inkardination 32
Innozenz VI., Papst 145
Inventare 128, 131
Inzest 121
Ireland, John, Erzbischof von St. Paul 99, 100
Iren 7, 68, 83, 151
Irisch geprägte Gemeinden 157
Irische Gefangene 8
- Heilige 44
Irischer Katholizismus 20
Irisches Brevierproprium 60
Irisches Denken 153
Irland 1, 4, 7, 8, 10, 15, 22, 44, 61, 68, 73, 74, 82, 83, 89, 112, 121, 122, 125-127, 140, 142, 154-157, 168
- antikatholische Strafgesetze 73
- Bischöfe 2, 45, 58, 61, 83, 89, 112
- Bischofsernennungen 154
- Erzbischöfe 83
- Evangelisierung von Eingeborenen 137
- Hierarchie 108, 158, 159
- Katholiken 151
- als katholisches Land 155
- Kirche 157
- Kirchenprovinzen 112
- konfessionsverschiedene Ehen 67, 111-113
- Konzilsdekrete 163
- Märtyrer 45
- Penal Laws 83
- Plenarkonzil von 1850 163
-- von 1875 121, 163
-- von 1900 121
- Plenarkonzilien 128, 163
- Presentation Nuns 61
- Priester 75
- Primas 144, 145
- Provinz der Augustiner 134
- Rituale 117
- Sisters of Mercy 61
- Synoden 137
- Verwaltung von Kirchengut 130
- Volksschulerziehung 105-107
Italien 8
- Regierung 45
Italiener 44

Janny, Ambroise OCR, Abt von Beagle Bay/ Western Australia 48
Japan, Mission 136
- Missionsseminar 59
Jesuiten 34, 37, 39, 49, 52, 137, 140
Johannes XXIII., Papst 1, 167
Joliette, Bistum, Domkapitel 72
Joosten, Jan 14
Jurisdiktion, bischöfliche 71
Jus patronatus 132

Kalumburu, Bistum 17
Kanada 1, 13, 72, 73, 81, 87, 103, 117, 120, 125-127, 145, 154, 155
- Bischöfe 158
- Evangelisierung der Eingeborenen 137
- französische Herrschaft 81
- konfessionsverschiedene Ehen 115, 116
- Plenarkonzil von 1909 133, 142
- Verwaltung von Kirchengut 133
- Volksschulerziehung 101-103
Kanoniker 40, 42, 47, 67-74, 83, 88, 89, 154, 162
Kanonische Strafen 122-127
- Suspendierung 18
Kanonischer Prozeß 47
Kap der Guten Hoffnung 38
---- Apostolisches Vikariat 9
Kapitalismus 152
Kapitel, Delegierte 141
Kapitularvikar 88
- Wahl 72
Karmeliten 39, 49
Katechese 82
Katechismus 44, 59, 60, 63, 99, 142
- irischer 53, 56
Katechismusunterricht 96, 100, 104
Katholikenemanzipation in Großbritannien 10
Katholikenkongresse 165
Katholizismus 152
- als Staatsreligion 155
- irisch geprägter 168
Keaney, John 3
Kelche, konsekrierte 29
Kelly, Michael, Koadjutor, Erzbischof von Sydney 58
Kelly, William, Bischof von Geraldton 54, 57, 136, 158, 168
Kentucky/ USA 95
Kilfenora, Bistum 25
Kimberley/ Nord-West-Australien 45, 59, 134
- Apostolisches Vikariat 46, 49, 54, 57, 135, 136, 140
--- Trappistenkloster 140
- Bistum 17
King, Philip Gidley, Gouverneur 8

Kirche, finanzielle Unterstützung 33
- Körperschaft des öffentlichen Rechts 131
Kirchenbesitz 128, 131, 156
- bischöfliche Verfügungsgewalt 131
- Veräußerung 129
- Verwaltung 163
- Verwaltung durch ein treuhänderisches Gremium 129
Kirchendisziplin 39, 45, 117, 118, 143, 156
Kirchengesang 52
Kirchengeschichte 63, 94
Kirchengüter 41, 64, 120, 156, 157
- Verwaltung 33, 63, 128-133
Kirchenkonsekration 131
Kirchenprovinzen 164
Kirchenrecht 69, 84, 88, 164, 165
Kirchenrechtler 157
- als Konzilsberater 141
Kirchenrektoren 52
Kirchenstuhlgebühr 37
Kirchliches Gericht für Berufungsverfahren 143
Klandestinehen 51, 125
Klausur 52
Klerikale Kleidung 28, 67
Kleriker 124
- Disziplin 63
- Besitz 33
- Standesdekorum 163
Kneipenpächter 151
Knox, James R., Kardinal 2, 3, 28, 31, 33
Körperliche Gewalt gegen Eltern oder Geistliche 122
Kollekten 44
- für die Mission 135
Kommission zur Revision der Provinzialsynoden 78
Kommunisten 125
Konfessionsschulen 90, 105
- staatliche Unterstützung 161
Kongregationen 139, 140
Konkubinat 120
Konsistorialkongregation 89
Konsultoren 68-74
Konvertiten, Glaubensbekenntnis 60
Konzilien 140, 163
- Eröffnungsmessen 166
- im 19. Jahrhundert 163, 164
Konzilsbeteiligung der Priester 141
Konzilsdekrete 61
Konzilskongregation 125
Konzilsväter 57, 140, 141
Kultverschiedenheit als Ehehindernis 61

Laien in der Kirche 5
Lanigan, William, Bischof von Goulburn 20, 34, 40, 41, 50
Latein als Kirchensprache 33
Lateinamerika 74
Lateinische Sprache bei Sakramentenspendung 37
4. Laterankonzil von 1215 117, 164
5. Laterankonzil von 1512-1517 164
Laudes 61
Lebensführung der Missionare 41
Ledóchowski, Mieczyslaw, Kardinal 55, 85, 100, 147
Lehrerbildung 148
Lehrerbildungsanstalten, katholische 59, 148
Lehrerbildungskolleg 94
Lehrerbildungskollegien, öffentliche Mittel für katholische 161
Leighlin/ Irland 22
Lenihan, George, Bischof von Auckland 56
Leo XIII., Papst 16, 31, 32, 38, 42, 48, 49, 55, 71, 83, 100
Lesebuch, katholisches 94
Letzte Ölung 41, 46, 118, 119, 130
Liberalismus 90, 103
Limerick 121
Lismore, Bischöfe 57
- Bistum 16, 52
Liturgie 81, 96
Liturgische Kleidung 29
- Regeln 29
Lockerung familiärer Bande 152
London 9-11, 13
Luck, John Edmund, Bischof von Auckland 44

McCarthy, Les 3
MacDonald, John, Bischof von Aberdeen 71
MacHale, John, Erzbischof von Tuam 106
McKenna, Maurice, Erzpriester, Generalvikar von Melbourne 123
McKillop, Mary 42, 47
Madagaskar 9
Madras 11
Männerorden 23, 42
Maher, James, Administrator, Bischof von Port Augusta 49, 50, 57, 146
Mailand, Synoden des hl. Karl Borromäus 18, 31, 157
Maitland, Bischöfe 21, 49
- Bistum 4, 15, 19, 20, 22, 34, 39, 41, 57, 74, 83, 108, 149, 152
Manila 158

Manitoba/ Kanada 101
Manly/ New South Wales 22
Manly/ Sydney 40
Manly, St. Patricks College 50, 141, 147
Mansi, Giovanni Domenico 2
Maoris 45, 46
Maranoa/ Warwick, Bistum 52, 54
Marchi, Giovanni de OSM 78
Marianhill, Missionare 135
Marineverbände 151
Maristen 34, 39, 45, 46, 49, 52
Materialismus 103
Matutin 61
Mauritius 9, 11, 38
Maynooth, Plenarkonzil von 1875 41, 44, 46, 73, 89, 106, 112, 126, 158
- Plenarkonzil von 1900 107
- St. Patrick's College 25
Meineid 30, 118-120, 122
Melbourne 15, 16, 18-21, 26, 34, 45, 57, 64, 65, 85, 108, 123, 144, 146, 151
- Archbishops House 23
- Bischofskonferenz von 1862 31, 74
- Cathedral Hall 165
- 2. Diözesansynode von 1885 124
- Erzbischöfe 49
- Erzbistum 3, 15, 16, 18, 39, 46
- Kathedrale St. Patrick 18, 20, 34, 62, 124
- Kirchenprovinz 21, 25, 26, 32, 45, 147
- Kleriker des Erzbistums 124
- 2. Kongreß von 1904 165
- Konsultoren 74
- Metropolitansitz 37
- Provinzialgesetzgebung 125
- Plenarkonzil von 1937 125
- Provinzialseminar 37
- Provinzialsynoden 21, 32, 122
- Provinzialsynode von 1862 74, 122, 161
- Provinzialsynode von 1869 21, 122, 123, 161
- 1. Provinzialsynode von 1907 3, 20, 21, 25, 26, 62-65, 78, 85, 94, 110, 119, 122, 124, 129, 130, 153, 165
- - Dekret zur Erziehung 63
- Seminar für die Kirchenprovinz 32
- Synoden 63, 150
Menevia, Bistum 71
Menschliches Leben 156, 163
Meßopfer 41
Meßstipendien 63, 64
Meßwein, nichtapprobierter 127
Metropolitangerichte 143
Metropolitankreuz 145
Mexikanische Synoden 1
Mexiko 1
- Bistümer 145
Michigan, Staat 95
Militärbischof 16
Milwaukee 98
- 1. Provinzialsynoden von 1886 80
Mischehe, Ablehnung 115
Missa pro populo 31, 47, 76, 77, 82
Missale 35
- Rubriken 29
Missionare, Lebensführung 41
Missionare vom Heiligen Herzen 49
Missionarischer Dienst 167
Missionen 44, 82
- ad nigritos 51
Missionierung der Eingeborenen 137
Missionsapostolat 161
Missionsgebiete, priesterlose 9
Missionsgesellschaften 137
Missionskolleg, ausländisches 136
Missionspriester 67
Missionsrektoren 67, 78, 81, 82
Missionsseminare 137
Modernismus 103, 153
Montgolfier, Etienne 87
Montréal 72, 87
- Domkapitel 72
- Kirchenprovinz 102
- 1. Provinzialsynode von 1895 82, 102, 116
Moore, Priester 41
Moraltheologie 28, 54, 163
Moran, Patrick Francis, Bischof von Olba i.p.i., Erzbischof von Sydney, Koadjutor von Ossory, Kardinal 3, 22, 23, 33, 34, 38-41, 43, 44, 48-50, 52, 54-57, 60, 62, 65, 73-75, 83, 85, 92, 108, 109, 135, 140-144, 146, 147, 151, 152, 157-159, 162, 167, 168
Moran, Patrick, Bischof von Dunedin 92
Mord 30, 119, 121
- vorsätzlicher 118
Morris, William Placid OSB, Bischof von Troas i.p.i. 9
Moylough, County Galway-Irland 25
München-Freising, Erzbistum 93
Mulkearns, R. A., Bischof 3
Munday, J. E. 3
Murphy, Daniel, Erzbischof von Hobart 34, 41, 57, 108, 109
Murphy, Francis, Bischof von Adelaide 13, 19, 27
Murray, Daniel, Erzbischof von Dublin 89

Murray, James, Bischof von Maitland 22, 34, 35, 38, 40, 41, 50, 57, 74, 83, 108, 109, 148, 149

Neufundland 87, 101, 142
Neuguinea 8
Neuholland 7, 14, 38
- Apostolische Präfektur 8
- Kirchenprovinz 161
- Vikariat 11, 12, 161
Neuseeland 17, 23, 24, 38, 45, 56, 84, 89, 90, 129, 135, 146, 154, 156
- Bischöfe 22, 23, 38, 45, 55, 56
- Missionsarbeit 135
- Seminar 23
New Brunswick 101
Newman, John Henry, Kardinal 5
New Norcia/ Westaustralien 15, 20
- Abt 141
- Abt-Koadjutor 140
- Abtei OSB 15, 48, 49, 57, 59
- Benediktiner 44, 136
New Orleans/ USA, Bistum 70
- 1. Provinzialsynode von 1856 79, 95
- 2. Provinzialsynode von 1860 114
- 3. Provinzialsynode von 1873 96
- 5. Provinzialsynode 126
Newport, Bistum 71
New South Wales 7, 9, 14, 15, 25, 50
- Bistum 16
New York, Plenarkonzil von 1866 120
- 1. Provinzialsynode von 1854 95
- 2. Provinzialsynode von 1860 95
- 3. Provinzialsynode von 1861 95
- 4. Provinzialsynode von 1883 98, 115, 120
Nicäa, 1. Konzil von 325 164
- 2. Konzil von 787 164
Nichteuropäer 137
Niederkanada 101
Nordamerika 1, 4, 7, 14, 145
- Bischöfe 2, 51
Norfolk Island 7
Northern Territory 14, 17, 58
- Bistum 16
- Jesuitenmission 135
Norton, John, Prokurator von Port Augusta 57
Nottaufe 29
Nottingham/ England 13
Nova Scotia 101

Oberkanada 101
Oblaten 137
O'Brian, James 57
O'Farrell, Patrick 168
O'Flynn, Jeremiah, Apostolischer Präfekt (Ex-Trappist) 8, 9
O'Haran, Denis, Kanzler 49, 57, 159
Ohio/ USA, Staat 95
Olivenöl 46
O'Mahoney, Timothy, Bischof von Armidale 22, 34
O'Neil, Peter 8
Ontario/ Kanada 101, 102
- Bischöfe 102
Opera superstitiosa 121
Opern- und Theateraufführungen 124
Ordensangehörige 148
- männliche 41
- Rechte 163
Ordensdiziplin 148
Ordensfrauen 41, 58
- Testament 52
Ordensgemeinschaften 139, 140, 163
- Zusammenlegung 61
Ordenskongregation zur Evangelisierung der australischen Ureinwohner 37
Ordensprovinziale 38
Ordo for reciting the divine office 142
Oregon, 1. Provinzialsynode von 1848 95
- 2. Provinzialsynode von 1881 97, 114, 132
- 3. Provinzialsynode von 1891 80, 99, 120
- Provinzialsynode von 1932 80
- Provinzialsynode von 1957 80
Oregon City 79
O'Reily, Erzbischof von Adelaide 49
Ossory 41
Osterbeichte 119
Osterkommunion 121
Ostersakramente 46
Ostkirchen, Eparchien 16, 166
Ottawa 72
- Bistum 102
- Domkapitel 72
Ozeanien 51
- Inseln 143

Pallium 31, 145
Palmerston, Bistum 17, 54
- Jesuitenmission 44
Panico, Giovanni, Erzbischof von Giustiniana i.p.i. 24
Papua 8
Paramente 29
Parramatta, Bistum 16

Partikularsynoden 165
Passionisten 13, 49, 139
Passionisten 27
Pastoral 165, 167
Pastorale Praxis 142
Pastoralrat 166
Patenen 29
Patrick, hl. 44, 144
Patronatsrecht 131
Paul VI., Papst 145
peccato turpi 30, 31, 118, 119
Perth 15, 16, 18, 20, 34, 39, 44, 45, 57
- Bischöfe 21, 49, 135, 136
- Erzbistum 14, 15, 46
Peter- und Paulsoktav 46
Peterspfennig 37
Pfarrarchive 127
Pfarrbibliotheken 56
Pfarreien 76-78, 81-83, 162
Pfarrer 40, 42, 67, 74-78, 80-84, 89, 146, 154, 162
Pfarrkonkurs 41, 76, 79
Pfarrmissionen 119
Pfarrschulen 97, 99-102, 148, 155
Pfarrstellen 43
Pferderennen 28, 124
Philadelphia, 1. Provinzialsynode von 1880 97
- Schisma 131
Philippinen 8, 45, 74, 134, 158
- eingeborener Klerus 158
- Mission 136
- Missionsseminar 59
Pius VII., Papst 8, 9, 61, 131
Pius IX., Papst 15, 16, 35, 36, 71, 92, 93, 104, 112, 134
- Epistola encyclica Quanta cura 1864 96
- Syllabus errorum 1864 36, 96
Pius X., Papst 32, 56, 60, 62, 64, 145
Pius XI., Papst 24
Pius XII., Papst 16
Plenarkonzilien 25, 60, 62, 63, 76, 156, 165-169
- Dekrete 143
Pluralistische Gesellschaft 155
Plymouth, Bistum 71
Polding, John Bede OSB, Bischof von Hierocaesarea i.p.i., Erzbischof von Sydney 4, 10-15, 17-21, 27, 28, 30, 33, 34, 51, 74, 75, 108, 109, 133, 167
Polizeidienst 151
Pompallier, Jean-Baptiste François, Bischof 17
Pontbriand, Henri-M. de, Bischof von Québec 87
Pontificia Commissio Codici iuris canonici recognoscendo 164
Pontifikale 28, 31, 39, 50, 58
Port Augusta 49, 57, 85, 146
- Bistum 17, 44, 46
- Diözesanadministrator 141
Port Nicholson, Bistum 38
Port Pirie, Bistum 17
Portsmouth/ England 7
Portugiesische Seeleute 7
Port Victoria 15, 19, 20, 34, 44
- Bischöfe 21, 39
Port Victoria = Victoria und Palmerston, Bistum 17, 44, 49
Poynter, William, Bischof von Alia i.p.i., Apostolischer Vikar von London 9
Priester 130
- alkoholkranke 53, 140
- Androhung von Suspendierung wegen Besitz oder Geld etc. 129
- australische 136
- Dienst 153
- geisteskranke 58
- Lebensführung 127, 153
- als Testamentsvollstrecker für Laien 37
Priesteramt, Beständigkeit 154
Priesterkonferenzen, Abwesenheit bei 126
Priestermangel 43
Priesterräte 166
Prince Edward Island 101
Privateigentum 152
Prokuratoren abwesender Bischöfe, Stimmrecht 141
Provinziale 141
Provinzialkonzilien, zweimal jährlich 164
Provinzialseminar 33
Provinzialsynoden 1, 25, 64, 76, 156, 164, 165

Quasipfarreien 77
Québec 73, 87
- Domkapitel 87
- Erzbistum 145
- französisches Regime 133
- Kirchenprovinz 13, 102, 142
- 1. Plenarkonzil von 1909 103, 116
- Provinz 72, 81, 101, 102
-- französische Besiedlung 101
- 1. Provinzialsynode von 1851 81, 82, 101, 120
- 2. Provinzialsynode von 1854 81, 82, 101
- 3. Provinzialsynode von 1865 72

- 5. Provinzialsynode von 1873 102, 120
- 6. Provinzialsynode von 1878 115
- 7. Provinzialsynode von 1886 102
- Provinzialsynoden 115, 133, 157
- Synoden 133, 157
- Rituale 117
Queens Colleges 122, 127
Queensland 7, 51, 55, 134, 136
- Apostolisches Vikariat = Cooktown 39, 44, 46, 49, 136
- Bistum 16, 52, 54
- Kolonie 15
- Ureinwohner 45, 134
Quinn, James, Bischof von Brisbane 19, 20, 34, 75
Quinn, Mathew, Bischof von Bathurst 34, 108

Radikaler Liberalismus 97
Recht auf Leben 152
recognitio 21, 29, 31, 33, 37, 48, 64, 122, 167
Rector emeritus 48
rectores parochiales amovibiles 85
Redemptoristen 39, 49
Redwood, Francis SM, Erzbischof von Wellington 40, 44, 56
Reformation 71, 73, 83, 145, 154
Reformen, soziale 152
Regionalsynoden 1
Reich Gottes 153
Rekollekten 137
Rektorate, ständige 146, 162
Rektoren 38, 74-78, 81-83, 85
- ständige 80, 146, 162
Religionsunterricht 59, 96
Rennplätze 126
Requiemmessen 60
Reservatfälle 142, 156, 163
Residenzpflicht 71, 154
Reville, Stephen OSA, Bischof von Sandhurst 39, 40, 49, 57, 62, 75
Revolution von 1848 18
Reynolds, Priester 41
Riccio, Vittorio OP 8
Rigney, John, Archidiakon von Sydney 41
Rimouski/ Kanada, Bistum, Domkapitel 72
Rituale Romanum 29, 31, 35, 53, 113, 117
Rochett 74
Rockhampton/ Australien 41, 44, 57, 146, 147
- Bischöfe 39, 49
- Bistum 17
- Diözesanadministrator 141
Römische Instruktionen 117
Rom 10, 12-14, 16-18, 21, 23, 24, 26, 27, 32, 33, 40, 42, 51, 56, 60, 63, 70, 76, 79, 98, 99, 105, 108, 111, 143, 158
- Irish College 3, 22
-- Rektor 168
- Seminar St. Peter und Paul für ausländische Missionen 134
- Vorbereitung für das 3. Plenarkonzil von Baltimore 1883 86
Roosevelt, Theodore 57
Rosenkranzgebet 53
Ryan, Patrick, Koadjutor, Erzbischof von St. Louis 80
Ruspae, Bistum i.p.i. 9
Russisch-japanischer Krieg 1904-1905 57

Sacra Congregatio de Propaganda Fide 1, 5, 8, 9, 12-14, 18, 20, 23, 31, 34, 37, 38, 45, 46, 54, 55, 68, 70, 71, 73, 76-79, 81-84, 87-89, 93, 94, 98, 108-111, 113, 122-126, 134-136, 140, 143-147, 154, 157, 158, 162, 163
- Kardinalpräfekt 45
St. Andrews 71, 72
- Erzbischof 145
St. Boniface, 1. Provinzialsynoden von 1889 82, 103, 115, 120, 125
St. Hyacinthe/ Kanada, Domkapitel 72
St. Louis 80
- 1. Provinzialsynode von 1855 95
- 2. Provinzialsynode von 1858 95, 126, 132
St. Paul 99
Sainte Marie and Marquette/ Michigan, Bistum 95
Sakramente 17, 23, 28, 40, 41, 58, 62, 82, 142
Sakramentenausschuß 119
Sakramentenempfang 52
Sakramentenspendung 29
Sakramentenverwaltung 28, 29, 31, 161, 167
Sale/ Australien 50, 57, 62
- Bischöfe 49, 57
- Bistum 16, 25, 44, 46, 55
Salesianer 135
Salvado, Rosendo OSB, Bischof von Adriana i.p.i. und Port Victoria 15, 19, 20, 34, 44, 48-50, 135
San Francisco, 1. Provinzialsynode von 1874 96, 114, 120
- 2. Provinzialsynode von 1882 97
Sandhurst 16, 50, 57, 62, 146
- Bischöfe 39, 49, 57
- Bistum 16, 25
Santo Domingo 70
Saskatchewan, Staat 101

Satolli, Francesco, Erzbischof 100
Schafscherer 151
Schematismus 136
Schottisches Erziehungs- und Ausbildungsgesetz von 1918 105
- Katholisches Nationalarchiv 4
Schottland 1, 71, 81, 88, 89, 120, 126, 137, 142
- Bischöfe 81, 88. 104
- Ehegesetzgebung von 1886 113
- Hierarchie 71
- Kongregationen 139
- Konzilien 125
- Plenarkonzil von 1886 81, 88 104, 105, 130
- Provinziale 140
- Orden 139
- Wiedererrichtung der Hierarchie 145
Schulaufsicht 53
Schulausschüsse 99
Schulbibliotheken 107
Schulbücher 93, 165
Schulen, gemischte 37
- höhere 90
- katholische 33, 36, 59, 100, 106, 107, 148, 150, 161
- öffentliche Mittel für katholische 161
- staatliche 90, 148
- weiterführende 41
Schulinspektor 93, 148
Schulsystem, katholisches 155
Schulvisitation 127
Schwerhörige, Taube 47
Schwestern vom Hl. Joseph vom Heiligen Herzen 42, 43, 47
Seghers, Charles, Erzbischof von Oregon City 79, 80
Sekten 125
Seminare 23, 38, 42, 56, 146
Seminarrektoren 141
Serafini, Luigi, Kardinal 46, 47, 77
Serra, José, Bischof von Perth 15, 18, 19
Sheehy, Samuel John Augustine OSB, Administrator von Armidale 34, 51, 141
Shiel, Lawrence Bonaventure OFM, Bischof von Adelaide 34, 35
Simeoni, Giovanni, Kardinal 38, 48, 71, 75, 147
Simonie 29
Sisters of Charity 12
Sisters of Mercy 43
Slater, Edward Bede OSB, Bischof von Ruspae i.p.i. 9
Slattery, Patrick, Archidiakon 40
Smithe, Lawrenc, Prokurator 57
Sodomie 121
Sollizitation 30, 65, 118-120
Sonntag 61
Sonntagsmesse 30
Sorgfaltspflicht 131
Soutane 30, 113
South Australia 7, 16, 17
- Bistum 16
Sozialismus 58, 152
Sozialisten 125
Spanien 158
- Bischöfe 45, 158
Spanier 44, 158
Spanisch-Amerikanischer Krieg von 1889 158
Spanische Seeleute 7
Spenden für Missionsbezirke 130
Staatsmonopol auf öffentliche Einrichtungen 153
Ständiger Pfarr-Rektor statt Pfarrer 77
Steinhuber, Andreas SJ, Kardinal 45, 68, 76, 77
Stellenbewerbungsverfahren 22, 23
Sterbematrikel 30
Sternbeck, Michael 4
Stimmenkauf 122
Stola 31
Strafbestimmungen für Kleriker 156
Strafen, Verhängung durch Synoden 156
Streben nach Reichtum 152
Strele, Anton SJ, Apostolischer Administrator von Victoria und Palmerston 49, 50, 135, 140
Südamerika, Bischöfe 51
Südaustralien 14
Südirland, Britische Regierung 7
Südsee 38
Sünden, reservierte 118, 121 s. auch Reservatfälle
Suffraganbischöfe 13, 164, 167
Suspendierung 122, 123, 127
- von Priestern 127
Sydney 1, 3, 4, 8, 10-15, 17-22, 26, 27, 33, 34, 41, 52, 57-59, 74, 143, 146
- Ehrenprimat für Bischofssitz 162
- Erzbischof 144
- Erzbistum 3, 12-14, 22, 27, 38, 40, 44, 61, 143
-- Apostolische Delegatur 61
- Kathedrale 39, 49, 50, 56, 58
- Kirchenprovinz 16, 25, 30, 45, 84
- Plenarkonzilien 23, 150
- 1. Plenarkonzil von 1885 4, 22, 38
- 2. Plenarkonzil von 1895 23

- 3. Plenarkonzil von 1905 23
- 4. Plenarkonzil von 1937 24, 25
- St. Patrick's College 40, 56
- Primatialsitz 56
- Rathaus 50
- Synode von 1844 28
Syllabus errorum 36, 96
Synodale Gesetzgebung 29
Synodalexaminatoren 22, 41, 42, 46, 146
Synoden alle drei Jahre 164
- alle fünf Jahre 164
- eine pro Jahr 164
- Ersetzung durch Bischofskonferenzen 165
- regelmäßige Abhaltung 165

Tanzveranstaltungen 28, 121
Tasmania, Bistum 16
Tasmanien 7, 48, 141, 143, 147
Taubstumme 93, 59
Taufbrunnen 29
Taufe 41, 42, 110, 122, 126
- protestantische 60
Taufgesetzgebung 161
Taufpaten 29
- nichtkatholische 161
Taufunterweisung der Laien 127
Taufwasser 60, 61
Taufwasserweihe 60
Taxifahrer 151
Temperenzvereine 53, 165
Temporalien 133
Tennessee/ USA, Staat 95
Terra Australis 8
-- Apostolische Präfektur 8
Testamente 127, 128, 130, 131
- von Priestern 37
Theater 28
Theologen 141, 157
Therry, John Joseph, Priester 10, 18
The Sound, Apostolisches Vikariat 14
Thorpe, A. R. 28
Thron 145
Thurles/ Irland 112
- Nationalsynode von 1850 105, 111, 157
Titularbischöfe, Sitze in partibus infidelium 12
Titularkanoniker 69
Tomkos, Jozef, Kardinal, Präfekt der Propaganda-Kongregation 3
Toowoomba, Bistum 17, 84
Toronto, 1. Provinzialsynode von 1875 82, 102, 115, 133
Torregiani, Elzeario OFMCap, Bischof von Armidale 22, 44
Torres, Fulgentius OSB, Abt von New Norcia 57
Totenfürbitte 130
Townsville, Bistum 17, 52, 54
Trappisten 54, 135, 136, 140
- Aufstehen um zwei Uhr morgens 136
- Klosterideal 136
- französische 135
Trauung 47
- liturgische Riten 155
Trauungen von Personen, die nicht der Pfarrgemeinde angehören 127
Trauungsmatrikel 122
Trauungszeremonien in nichtkatholischen Kirchen 119
Treibjagden, Teilnahme 126
Treuhänder 128, 131, 132, 167
Trient, Konzil 25, 38, 110, 117, 164
Troas, Bistum i.p.i. 9
Trois Rivières/ Kanada, Bistum, Domkapitel 72
Trunksucht der Pfarrer 77
Trustees 131
Tuam/ Irland, Erzbistum 25
- Kirchenprovinz 105-107, 121, 127
- Provinzialsynode von 1817 121, 122
- Provinzialsynode von 1854 112, 122
- Provinzialsynode von 1907 122

Ullathorne, William OSB 10, 11
Ungarn, Primas 144
Unio Apostolica 53
Universitätsausbildung 41, 90
Unterhalt der Bischöfe und Priester 33, 36
Unterrichtssystem, laizistisches 33
Unterweisung der Gläubigen 29
Ureinwohner s. Eingeborene
Usula, Bistum i.p.i. 11

Vaccari, Raimondo 13
Väter vom Hl. Geist 135
Valencuelas, Pedro Armengol OdeM 64
Van Dieman's Land (Tasmanien) 7, 11, 12, 14, 38, 161
--- Kirchenprovinz 161
Vatikan, Ritenkongregation 51
- Staatssekretariat 168
Erstes Vatikanisches Konzil 37, 39, 157, 164
Zweites Vatikanisches Konzil 1962-1965 1, 96, 145, 164, 167

Vaughan, Roger Bede OSB, Erzbischofs-Koadjutor und Erzbischof von Sydney, Erzbischof von Nazianzus i.p.i. 4, 21, 22, 157
Verdin, Michael, Bischof von Dunedin 51, 56
Vereinigte Staaten von Amerika 1, 4, 57, 67, 70, 74, 76, 77, 79-83, 86, 87, 94, 95, 100, 103, 120, 125-127, 133, 142, 144, 145, 154, 155, 157, 158, 162
- Apostolischer Nuntius 145
- Apostolische Visitation der Kirche 1853 145
- Bischöfe 45, 107, 158
- Bischofsernennungen 86
- Evangelisierung der Eingeborenen 137
- Kirchliches Trustwesen 130
- konfessionsverschiedene Ehen 113
- Plenarkonzilien 142
- Provinzialsynoden 95
- staatliches Schulsystem 97
- Verwaltung von Kirchengut 130, 131
Vereinigtes Königreich (Großbritannien) 142
Vergehen, sexuelle 119
Verkündigung 165
Verschiebung der Feier einiger höherer Feste am Sonntag 60
Versicherungsgesellschaft, katholische 129
Verwaltung zeitlicher Güter 163
Verweltlichung 152
Victoria (Australien) 7, 25, 52, 90, 91
- Bistum 16, 17, 54, 124
Victoria und Palmerston, Apostolischer Administrator 141
-- Bistum 49, 57, 59, 140
-- Bistum, Superior der Jesuitenmission 140
Vierzigstündige eucharistische Anbetung 52
Vinzentiner 39, 49
Volksmissionen 11, 52
Volksschulerziehung, katholische 90-108, 154
Vorurteile gegen katholische Lehre und Einrichtungen 151

Wagga-Wagga, Bistum 16, 84
Wales 88, 142
- Bischofszusammenkünfte 145
Walsh, William Mason, Administrator von Rockhampton 57
Walter, George, Pallotinersuperior 136
Warrnambool 52
Weihbischöfe 13, 38, 165
Wellington 40, 44, 46, 56
- Bischöfe 39
- Erzbistum 24, 38, 45
- Kirchenprovinz 56
- Provinzialsynode von 1898 56
- 1. Provinzialsynode von 1899 23, 90, 129
- St. Josephskirche 23
Werk der Glaubensverbreitung 37, 59
Westaustralien 14, 52, 58, 134
Western Australia 7, 16, 19, 48, 90
-- Bistum 16, 17
West-Iria 8
Westminster, Diözesanarchiv 4
- Erzbischof 145
- Kirchenprovinz 145
- Bischofskonferenz für England und Wales von 1966 145
- 1. Provinzialsynode von 1852 71, 74, 75, 78. 88, 104, 111
- 2. Provinzialsynode von 1855 4, 19, 130
- 4. Provinzialsynode von 1873 4, 21, 42, 88, 104, 112
- Synoden 46, 104, 157
Westozeanien 17
- Apostolisches Vikariat 38
Wilcannia = Wilcannia Forbes (seit 1917), Bischöfe 49, 57
- Bistum 16, 44, 46, 55, 84, 146, 152
Willson, Robert William, Bischof von Hobart 13, 18-20, 27
Wohlfahrtsverbände 165
Wollongong, Bistum 16, 44
Würde der Person 152

Yankee-doodle-bishops 159
Yukon-Gebiet 101

Zehntabgaben 133
Zentralaustralien 15
Zivilgericht, Ehescheidung 123
Zölibatsverletzung 48, 77